Der Name Ulrich von Hassells ist untrennbar mit der Opposition gegen das Hitler-Regime verbunden. Als einer der führenden Köpfe des deutschen Widerstandes hat sich Hassell in die Geschichte des „anderen Deutschland" eingeschrieben. Nach dem gescheiterten Staatsstreich des 20. Juli 1944 wurde er in Plötzensee hingerichtet. Das Buch des Erlanger Historikers Gregor Schöllgen zeichnet auf der Grundlage umfangreicher Recherchen in deutschen, englischen und amerikanischen Archiven ein differenziertes Portrait des Konservativen, Diplomaten und Oppositionellen und verschafft dem Leser zugleich Zugang zu einem der bewegtesten Kapitel deutscher Geschichte.

Gregor Schöllgen, geboren 1952 in Düsseldorf, ist Professor für Neuere Geschichte an der Universität Erlangen. Er arbeitete als Gastprofessor in New York, Oxford und London und ist Autor zahlreicher zeitgeschichtlicher Bücher, darunter der Einführung „Die Außenpolitik der Bundesrepublik Deutschland. Von den Anfängen bis zur Gegenwart" (bsr 1291), die seit 2004 in erweiterter und aktualisierter Auflage vorliegt.

Gregor Schöllgen

Ulrich von Hassell
1881–1944

Ein Konservativer in der Opposition

Verlag C.H.Beck

Die erste Auflage dieses Buches erschien 1990 in gebundener Form
im Verlag C.H.Beck

Mit 12 Abbildungen im Text

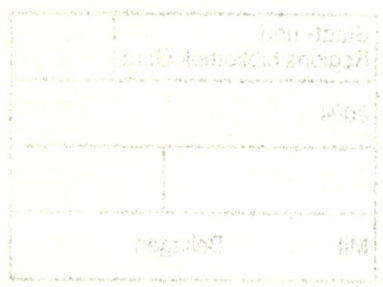

Aktualisierte Neuausgabe in der Beck'schen Reihe 2004
© Verlag C.H.Beck oHG, München 1990
Satz: Appl, Wemding
Druck und Bindung: Druckerei C.H.Beck, Nördlingen
Umschlagentwurf: + malsy, Bremen
Umschlagillustration: Ulrich von Hassell vor dem Volksgerichtshof
(Foto: Bilderdienst Süddeutscher Verlag)
Printed in Germany
ISBN 3 406 49491 9

www.beck.de

Inhalt

Anhang

Dokumente

Vorwort zur Neuausgabe

Das biographische Portrait des im September 1944 hingerichteten Konservativen, Diplomaten und Oppositionellen Ulrich
von Hassell, das auf der Grundlage umfassender Recherchen in
deutschen, englischen und amerikanischen Archiven entstand,
erschien 1990 in erster Auflage. Gegenüber dieser ersten ist die
neue Auflage in der Substanz unverändert, da hier keine Revision notwendig war; zudem konnte sich das Buch, das mit einer
Einleitung Michael Balfours auch in einer englischen und in
einer amerikanischen Ausgabe erschienen ist, fest in der For-
schungslandschaft etablieren. Das Quellen- und Literaturverzeichnis wurde aktualisiert und insbesondere um die 1994
durch eine Enkelin Ulrich von Hassells herausgegebenen, in
der Haft begonnenen Lebenserinnerungen des Diplomaten
ergänzt, die mir seinerzeit als Manuskript zur Verfügung standen.

Erlangen, im Januar 2004   Gregor Schöllgen

Einleitung

Im Sommer des Jahres 1939 wurde dem Herausgeber einer Schweizer Zeitschrift ein Manuskript übergeben, das in dem neutralen Land noch im gleichen Jahr anonym publiziert werden sollte, tatsächlich aber erst 25 Jahre später erschien. Der Artikel enthielt eine grundsätzliche Kritik der deutschen Politik in der Zeit des ausgehenden Kaiserreiches, der Weimarer Republik und des „Dritten Reiches" und klagte die nationalsozialistischen Machthaber in Deutschland an, „alle vorhandenen ethischen Werte zerstört" zu haben. Sein Verfasser war Ulrich von Hassell[1]. Der politisch konservative Diplomat, zuletzt Hitlers Botschafter in Rom, war im Februar 1938 wegen seiner wachsenden Distanz zum außenpolitischen Kurs des „Dritten Reiches" in den Wartestand versetzt worden. Zum Zeitpunkt der Niederschrift seines Manuskripts stand er bereits in Verbindung mit der sich formierenden Widerstandsbewegung um Carl Goerdeler und Ludwig Beck. Dieses Buch berichtet über den Weg des Diplomaten in die für einen Konservativen durchaus ungewöhnliche Haltung eines Oppositionellen.

Eine Biographie Ulrich von Hassells liegt bislang nicht vor. Der an seinem Leben und politischen Wirken Interessierte ist vor allem auf die Standardwerke der Widerstandsforschung angewiesen[2], die sich auf den Oppositionellen der Jahre 1938–44 konzentrieren. Der Karriere-Diplomat der Weimarer Republik und des „Dritten Reiches" hat indessen nur am Rande das Interesse der Historiker gefunden[3]. In der jüngsten Darstellung der Weimarer Außenpolitik wird Hassell nicht einmal erwähnt[4], obgleich der Diplomat 1925–32 mehrfach als Staatssekretär des Auswärtigen Amtes bzw. der Präsidialkanzlei sowie als Außenminister der Weimarer Republik im Gespräch war. So gut wie unbekannt aber sind die Aktivitäten und die Gedankenwelt des „jungen Konservativen", vor allem in der Zeit des Ersten Weltkrieges, der

„Revolution" und der Gründungsphase der Weimarer Republik[5].

Dieser Befund muß überraschen: Hassells spätere Vorstellungen, insbesondere in seiner Zeit als Oppositioneller,
unterscheiden sich zwar in manchen zeitbedingten Aspekten
von seinen frühen Überlegungen. Ohne Kenntnis der ersten
Erfahrungen und Äußerungen des „jungen Konservativen"
sowie der politischen Gedankenbildung des Diplomaten der
Weimarer Republik ist jedoch seine Entwicklung als Oppositioneller, ja sein Entschluß zu dieser Haltung selbst, kaum
verständlich. Hassells Ringen um den „Staat der Zukunft"
weist zwischen 1881 und 1944, also in der Zeit der Monarchie, der Republik und der Diktatur, sowie hinsichtlich einiger politischer, aber auch ethischer Grundüberzeugungen
eine erstaunliche Kontinuität auf, und das heißt eben auch:
Hassells Denken war innen- wie außenpolitisch in hohem
Maße durch die Gegebenheit des Kaiserreiches geprägt.
Namentlich durch die „Bismarcksche Staatskunst"
geschaffene Großmacht Deutsches Reich blieb der Bezugspunkt seines Denkens; für dessen Erhaltung bzw. Wiederherstellung setzte er sich ein, für dieses Ziel wirkte er als
junger Konservativer, als Diplomat, als Oppositioneller. Das
gilt auch und gerade für jene Perioden der deutschen
Geschichte, in denen er dem politischen System reserviert
bzw. ablehnend gegenüberstand.

Die Untersuchung dieser politischen Gedankenwelt Ulrich
von Hassells wird in drei Schritten vorgehen. In einem *ersten*
Kapitel gilt es, die Ideen des „jungen Konservativen", als den
sich Hassell 1918 bezeichnete, zu rekonstruieren. Dafür ist
ein Rückblick auf seine Herkunft, seine frühe Entwicklung
sowie auf die ihn prägenden Persönlichkeiten unabdingbar.
Im Zentrum dieses Kapitels aber wird Hassells Tätigkeit in
der inneren Verwaltung und dann in der sich konstituieren-
den konservativen Partei der Weimarer Republik, der DNVP,
stehen. Er nutzte diesen – durch seine schwere Verwundung
in der Marne-Schlacht bedingten – Rückzug aus dem auswärtigen Dienst zur Publikation einer ganzen Serie von Zeitungsartikeln. In diesen wird erstmals jene innen- wie
außenpolitisch akzentuierte Konzeption greifbar, die – unbe-

schadet zeitbedingter Modifikationen – auch noch für das Denken des Oppositionellen charakteristisch sein sollte.

Das *zweite* Kapitel widmet sich den politischen Vorstellungen des Diplomaten von seinem Wiedereintritt in den auswärtigen Dienst im November 1919 und seinen ersten Tätigkeiten in Rom bzw. Barcelona (1920–26) bis hin zu seiner Versetzung in den Wartestand Anfang Februar 1938. Die Arbeit dieser Jahre hatte drei deutlich erkennbare Schwerpunkte: seinen Einsatz für die Wiederherstellung der deutschen Großmachtbasis in Europa, sein damit aufs engste verbundenes Bemühen um die erneute Einbindung der deutschen in die Weltwirtschaft sowie sein Engagement für das „Deutschtum" im Ausland. Dabei zeigt sich, daß – abgesehen von seiner Botschafterzeit in Rom und wiederum mit Blick auf die weitere Entwicklung – besonders zwei Stationen Hassells politisches Denken nachhaltig prägen sollten: Seine Tätigkeit als Gesandter in Kopenhagen (1926–30) und Belgrad (1930–32) hat ihn, gewissermaßen vor Ort, von der Bedeutung einerseits des „Ostseeraums" und andererseits Südosteuropas für eine künftige deutsche Großmachtpolitik überzeugt. Der Niederschlag gerade dieser Erfahrung ist in seiner römischen Korrespondenz sowie in den nach 1938 entstandenen Publikationen allenthalben greifbar.

Das besondere Augenmerk hat jedoch seiner Arbeit als deutscher Botschafter am Quirinal während der Jahre 1932–38 zu gelten, und dies aus zwei Gründen: Zum einen hat Hassell hier zunächst der Außenpolitik der neuen Machthaber wichtige Dienste geleistet, jedenfalls solange sich diese noch auf der Linie des Weimarer Revisionismus zu bewegen schien und insofern mit seinen Vorstellungen vereinbar war. In diesem Zusammenhang ist daher auch nach Hassells Verhältnis zum Nationalsozialismus zu fragen. Zum zweiten aber geriet der Botschafter nicht zuletzt über die Frage der weiteren Gestaltung deutscher Außenpolitik sowie insbesondere ihrer Methoden seit 1935/36 in zunehmende Distanz zu den Machthabern des „Dritten Reiches", die sich schließlich zu einer Oppositionshaltung verdichten sollte.

Der Oppositionelle steht dann auch im Zentrum des *dritten* Kapitels. Hier gilt es zunächst seine verschiedenen Aktivitäten zu rekonstruieren. Dazu zählen etwa seine Tätigkeit im „Mitteleuropäischen Wirtschaftstag", die ihm u. a. zahlreiche Auslandsreisen ermöglichte, seine Bemühungen um Kontakte zu Vertretern der westlichen Regierungen mit dem Ziel eines Friedensschlusses oder nicht zuletzt sein Engagement und seine Rolle innerhalb der konservativen Opposition gegen Hitler bis hin zum gescheiterten Staatsstreichversuch des 20. Juli 1944. Sodann aber ist nach den leitenden Motiven für seine Haltung als Oppositioneller zu fragen. Und gerade hier wird sich zeigen, wie stark Hassell seiner Herkunft und seiner frühen Gedankenwelt verhaftet und verpflichtet blieb und wie unverständlich sein Handeln ohne Kenntnisnahme dieses Hintergrundes bleiben muß. Daß er 1938–44, und zwar mitunter wörtlich, an seine Ideen und Vorschläge aus den Jahren 1918/19 anknüpfte, war eben *kein* Zufall.

Welche Fragen ihn nach seinem erzwungenen Rückzug aus dem diplomatischen Dienst vor allem beschäftigten und welche politischen Antworten er mit Blick auf den „Staat der Zukunft" fand, zeigen die Ergebnisse seiner enorm produktiven und vielseitigen publizistischen Tätigkeit, auf die er sich auch jetzt – ähnlich wie schon einmal während der Jahre 1917–19 – wieder verstärkt konzentrierte, und natürlich gilt es in diesem Zusammenhang, den *Schriftsteller* Ulrich von Hassell ausführlich zu würdigen. Die Lektüre und Analyse seiner zahlreichen Artikel, Aufsätze und Bücher lassen nicht nur die Konturen seiner auf die Tagespolitik bezogenen Gedanken noch deutlicher hervortreten, sie zeigen Hassell auch als einen literarisch und historisch interessierten und zugleich höchst versierten Zeitgenossen.

Daß der Schwerpunkt der Untersuchung auf den Jahren 1932–44, also auf seiner Zeit als deutscher Botschafter in Rom und als Oppositioneller gegen die Berliner Diktatur liegt, wird kaum überraschen: In vieler Hinsicht war dieser Abschnitt sicher der wichtigste seines Lebens, und zudem hat Hassell gerade in diesen Jahren auf sehr unterschiedliche Weise einen erkennbaren Einfluß auf die deutsche Politik genommen.

Die *Quellenbasis* für dieses Unternehmen darf als sehr günstig gelten. Zum einen ist Hassells Tätigkeit als Diplomat

und damit natürlich auch seine politische Gedankenwelt in
den Akten des Auswärtigen Amtes vorzüglich dokumentiert.
Diese bilden auch eine wichtige Grundlage der Untersuchung. Soweit die entsprechenden Dokumente in den inzwischen fast vollständig vorliegenden „Akten zur deutschen
auswärtigen Politik" publiziert sind, wurde auf diese Edition
zurückgegriffen. Das ist namentlich für die Jahre 1932–38
der Fall. Für den davorliegenden Zeitraum ist die Spur Hassells in den gedruckten Akten spärlich bzw. – für seine Tätigkeit in Barcelona – gar nicht vorhanden. Vor allem hier also
mußten die unveröffentlichten Archivalien des Politischen
Archivs des Auswärtigen Amtes in Bonn für die Darstellung
herangezogen werden. Die zweite wichtige Quellengruppe
bilden Hassells schon erwähnte zahlreiche Publikationen,
bestehend aus Zeitungsartikeln, Aufsätzen in Zeitschriften
wissenschaftlichen, populären oder auch propagandistischen
Zuschnitts sowie mehreren Büchern. Als dritte bedeutende
Quelle sind Ulrich von Hassells Tagebücher aus den Jahren
1938–44 zu nennen, die – erstmals 1946 publiziert – seit 1988
in einer erweiterten und kommentierten Edition vorliegen[6].
Sie sind, wie schon Hans Rothfels bemerkt hat[7], „ebenso
überraschend durch die Tatsache ihrer Existenz wie die ihrer
Erhaltung" und dienten bereits im sogenannten „Wilhelmstraßen-Prozeß" als wichtiges Beweis-Dokument[8]. Ergänzt
wird diese Quellenbasis durch Materialien weiterer Ar-
chive, wie des Public Record Office (London), der Franklin
D. Roosevelt Library (Hyde Park, New York) oder des Bun-
desarchivs (Koblenz), zahlreiche im Quellenverzeichnis auf-
geführte Editionen und Dokumentationen unterschiedlich-
ster Natur sowie einige im Familienbesitz befindliche Dokumente. Dazu zählen insbesondere jene Fragment gebliebenen
und bislang unveröffentlichten „Erinnerungen", mit deren
Niederschrift Hassell während seiner Haft im August und
September 1944 begann[9]. Zwar reichen diese nur bis zu seiner Kopenhagener Zeit und befassen sich eher am Rande mit
der „großen" Politik, doch dürfen sie als wertvolle Ergänzung des Bildes der Persönlichkeit Ulrich von Hassells dienen.
Um dieses in seinen Konturen so deutlich und so authen-

tisch als möglich hervortreten zu lassen, wird der Studie ein
Anhang beigegeben. Die dort abgedruckten Dokumente
beleuchten die innen- wie außenpolitischen Konzeptionen
des jungen Konservativen, des Diplomaten und des Oppositionellen Ulrich von Hassell in den Jahren 1918–1944. Sie
geben u. a. auch Antworten auf die Fragen, wie sich Hassell
zur Zeit der Weimarer Republik und in der Anfangsphase
des „Dritten Reiches" den Wiederaufbau der Großmacht
Deutsches Reich vorstellte und welche Methoden er bei der
Realisierung dieses Vorhabens für geeignet hielt. Schließlich
aber läßt namentlich Hassells wohl letzter, hier erstmals
publizierter Aufsatz „Deutschland zwischen West und Ost"
erkennen, in welchem Maße die Gedankenwelt des Konservativen in der Opposition auch noch 1944 durch die Gegebenheiten jenes Bismarckreiches geprägt waren, in welches
er 1881 hineingeboren wurde.

I. Der junge Konservative
(1881–1919)

1. Herkunft, Lehr- und Wanderjahre

Christian August Ulrich von Hassell wurde am 12. November 1881 in Anklam (Pommern) geboren. Es war eine Zeit des Umbruchs bzw. des Übergangs, auch wenn das von vielen Zeitgenossen nicht bewußt wahrgenommen wurde[1]. Das „liberale" bzw. „bürgerliche" Zeitalter neigte sich dem Ende zu, Europa befand sich in der Phase der sogenannten „Großen Depression". Dabei handelte es sich zwar nicht um eine schwere Krise im strengen Sinne des Wortes, wohl aber um eine Periode verlangsamten Wachstums, also allgemeiner Stagnation. In breiten Schichten schlug sich diese Entwicklung in einem eher diffusen Gefühl relativer Unsicherheit, ja Gefährdung nieder. Dieses wiederum verdichtete sich zu jenem Krisenbewußtsein, das sich in den folgenden Jahrzehnten – trotz des in der Mitte der 90er Jahre erneut einsetzenden wirtschaftlichen Aufschwungs – noch verstärken sollte.

Für dieses Phänomen maßgeblich mitverantwortlich war nun allerdings die Entwicklung der internationalen Beziehungen: Mit der 1881, dem Geburtsjahr Ulrich von Hassells, erzwungenen Errichtung des französischen Protektorats über Tunesien und der britischen Okkupation Ägyptens im Jahre darauf begann jener letzte Wettlauf der europäischen Mächte um die Aufteilung der Erde, der dem Zeitalter seinen Namen gegeben hat. Die Konkurrenzsituation in der außereuropäischen Welt forderte indessen alsbald ihren Tribut: Die sich hier entwickelnden Spannungen zwischen den Mächten sollten auf den alten Kontinent zurückschlagen und schließlich dort, aufgeladen durch einen allenthalben greifbaren Nationalismus, bis zum Krisen- bzw. Katastrophenpunkt eskalieren. Diesem Sog, so scheint es, konnte sich im Zeitalter des Imperialismus keine europäische Großmacht entziehen.

Das gilt auch für das Deutsche Reich, mit dessen Gründung, wie der 39jährige Ulrich von Hassell dann im November 1918 formulieren sollte, das „deutsche Ideal der Jahrhunderte verwirklicht" worden war. Zum Zeitpunkt seiner Geburt war dieses „Bismarcksche Werk" gerade zehn Jahre alt. Aber das junge Reich hatte sich inzwischen als ein allgemein respektiertes Mitglied im Kreis der europäischen Großmächte zu etablieren vermocht. Die erfolgreiche Abwicklung des Berliner Kongresses hatte dies 1878 eindrucksvoll demonstriert. Mit der engen Anlehnung an Österreich-Ungarn und Italien in den Jahren 1879 bzw. 1882 wurde dann das Fundament für jenes Bündnissystem gelegt, das einerseits dem Deutschen Reich, jedenfalls aus der Sicht Bismarcks, seine Sicherheit garantieren, dessen Grundkonstellation dann aber andererseits das Denken der Zeitgenossen nachhaltig prägen sollte, und zwar auch noch über die Zäsur der Jahre 1918/19 hinaus.

Schließlich tat Deutschland 1884/85 mit der Begründung seines Kolonialreiches auch formell den Schritt, der es von der Großmacht zur Weltmacht, aber zugleich eben auch in ein bislang unbekanntes Spannungsfeld führen sollte. Diese erneute „Formwandlung" war der jungen Großmacht – in den Worten des Historikers Otto Hintze[2] – geradezu „aufgezwungen" worden. Nur so konnte „dieselbe Stellung und Geltung", die man sich „in dem alten europäischen Staatensystem seit den Zeiten des Großen Kurfürsten und Friedrichs des Großen errungen hatte, auch in dem weiteren Kreise des neuen Weltstaatensystems" behauptet werden. Die Wandlung von der Groß- zur Weltmacht war gerade für jene Generation gleichermaßen notwendig und selbstverständlich, die in den 8oer Jahren aufwuchs und der auch Ulrich von Hassell angehörte[3]: Schon der Primaner war begeistert von den ersten Etappen deutscher „Weltpolitik", wie der Besetzung und Pachtung Kiautschous oder der Erwerbung der Marianen-, Karolinen- und Palau-Inseln in den Jahren 1897–99. Allerdings machte Hassell, auch noch rückblickend, keinen Hehl aus seinen schweren Bedenken gegen manche *Methode* Wilhelminischer Außenpolitik, wie etwa den – die zweite Marokkokrise auslösenden – sogenannten

Der Schüler am Prinz-Heinrich-Gymnasium in Berlin.

„Panthersprung" nach Agadir im Sommer des Jahres 1911, den er als junger Diplomat auf seinem ersten Posten in Genua erlebte und den er auch noch 1944 als „fast unbegreiflichen, grundsätzlichen Fehler" bezeichnen sollte. Hassell pflegte in diesem Zusammenhang gerne Tirpitz zu zitieren, wonach man gegen Frankreich durch Mobilisieren in Elsaß-Lothringen Stärke zeige, „aber nicht auf dem Ocean, der britischen Domäne". Hassell war daher auch in der Rückschau noch überzeugt, daß der für die Aktion zuständige Staatssekretär des Auswärtigen Amtes und sein damaliger Chef, Alfred von Kiderlen-Wächter, zwar ein politisch fähiger Kopf gewesen sei, aber „leider noch ganz befangen im kontinentalen Denken auf der Grundlage des einstigen Dreiecks Paris-Wien-Petersburg, ohne die neue Weltentwicklung und oceanische Gesichtspunkte zu begreifen". An seiner Überzeugung von der Notwendigkeit *und* der Legitimation deutscher „Weltpolitik" änderte freilich auch dieser „Fehler" nichts: Ulrich von Hassell war eben ganz und gar ein Kind seiner Zeit.

Seine Mutter, Margarete von Stosch, war eine Nichte Albrecht von Stoschs, des Preußischen Staatsministers und Chefs der Admiralität. Sie war im übrigen die Urgroßenkelin jener Henriette Vogel, die Heinrich von Kleist im November 1811 in den Freitod mitgenommen hatte. Ulrich von Hassell hat später nicht ausgeschlossen, daß seine stets wachsende Bewunderung für den Dichter durch diesen Umstand mitgeprägt worden ist. Sein Großvater mütterlicherseits war der Patensohn des Grafen Neithardt von Gneisenau. Das erklärt das besondere Interesse Ulrich von Hassells an dem preußischen Reformer, das seinen Niederschlag unter anderem in einigen Veröffentlichungen fand. Sein 1805 geborener Großvater väterlicherseits, Christian von Hassell, hatte die Juristenlaufbahn gewählt, eine Ausnahme in der Tradition der alten hannoverschen Familie. Deren Mitglieder waren durchweg Gutsbesitzer gewesen oder hatten die Offizierslaufbahn eingeschlagen.

Das gilt auch für den Vater Ulrich von Hassells, Ulrich von Hassell senior, der im übrigen noch 1866 als junger hannoverscher Offizier bei Langensalza gegen die Preußen gekämpft hatte. Seit 1878 war er mit Margarete von Stosch verheiratet, und knapp drei Jahre später wurde der Sohn Ulrich geboren, der das einzige Kind bleiben sollte. Im September 1882 siedelte die junge Familie aufgrund der Versetzung des Vaters als Kompaniechef im Leibgrenadierregiment Nr. 8 von Anklam nach Frankfurt an der Oder über und von dort, im Oktober 1890, nach Berlin. Ulrich von Hassell senior bekleidete hier den Posten eines Eisenbahnlinienkommissars, bis er im Juni 1896, 47 Jahre alt, wegen eines Gehörschadens im Rang eines Regimentskommandeurs aus dem aktiven Dienst ausschied. Fortan war er als Vorstandsmitglied und Bibliothekar des „Christlichen Vereins Junger Männer" in Berlin tätig und entwickelte sich zu einem Vorkämpfer der christlichen Jungmänner-Bewegung. Überdies hatte er von 1896 bis 1905 die Schriftleitung der konservativen „Monatsschrift für Stadt und Land" inne, für die er bereits seit 1895 – bis zu seinem Ausscheiden aus dem Offiziersdienst anonym – als Kolonialberichterstatter monatliche Berichte geschrieben hatte.

In der letzten Phase des Weltkrieges engagierte er sich vor allem in der „Deutschen Vaterlandspartei". An deren Spitze standen mit Alfred von Tirpitz und Wolfgang Kapp zwei Männer, die auch im Leben des Sohnes eine Rolle gespielt haben. In zahlreichen Werbereden forderte Ulrich von Hassell senior, ganz in Übereinstimmung mit den Zielen der Partei, wie er 1919 rückblickend formulierte, „eine *kräftige Auslandspolitik* im Gegensatz zu der bisherigen schwächlichen Bethmann Hollwegs, stellte *England als Hauptfeind* hin, forderte die Stellung *Belgiens* unter [deutschen] Einfluß, *Rückgabe der [. . .] geraubten Kolonien* und *Freiheit der Ostseeprovinzen, bessere Grenzen im Osten [. . .]"*[4]

Verfolgt man die Vorstellungen und Konzeptionen des Sohnes, so scheint kaum ein Zweifel möglich, daß dieser von der christlichen und konservativen Grundhaltung des Vaters sowie in vieler Hinsicht und nicht zuletzt von dessen außenpolitischen Interessen und Ideen nachhaltig geprägt worden ist: „Alle Kräfte für Deutschland einzusetzen", so erinnerte er sich 1944, war schon von „früher Kindheit" an sein „vom Vater bewußt gepflegter Wunsch". Politisch nahm er seinen Ausgang vom „christlichen Konservativismus" des Vaters,

aber bald schon in starker „sozialer Abwandlung". Geprägt
worden ist Hassell auch von der väterlichen Neigung zu
schriftstellerischer Betätigung. Ulrich von Hassell senior
ermunterte schon den Studenten zu Rezensionen in der
„Monatsschrift". Er selbst verlegte sich schließlich, nach
Beendigung des Krieges und anknüpfend an seine langjäh-
rige journalistische Tätigkeit, ganz auf das Schreiben. Zu
nennen sind hier seine 1919 veröffentlichten Memoiren oder
sein ein Jahr darauf publiziertes, ebenfalls zu Teilen auf persönlichen Erinnerungen basierendes Buch über Alfred von
Tirpitz[5]. Beide Studien sind natürlich auch für die Biographie
des Sohnes, Ulrich von Hassell junior, nicht ohne Interesse.

Dieser besuchte in Berlin das Prinz-Heinrich-Gymnasium
und legte dort am 19. September 1899 die Reifeprüfung ab[6].
Es folgte vom Wintersemester 1899 bis zum Sommerseme-
ster 1902 das Studium der Rechtswissenschaften. Ausgestattet mit einem Stipendium der Bremisch-Verdenschen Ritter-
schaft ging Hassell, vor allem um das Französische zu
erlernen, zunächst nach Lausanne, von dort nach Tübingen
und schließlich nach Berlin. In der Hauptstadt hörte er allerdings auch Vorlesungen in anderen Fächern, so beispielsweise „Allgemeine und theoretische Nationalökonomie" bei
Adolph Wagner oder Verwaltungsrecht bei Hugo Preuss.
Daß er des weiteren ein Kolleg über die „Stein-Hardenberg-
schen Reformen" bei dem bekannten Historiker Otto Hintze
besuchte, ist bemerkenswert, sollte er sich doch in den kommenden Jahrzehnten, und insbesondere während der Jahre
1916–19 und 1938–44, immer wieder mit dem „organischen
Staatsgedanken des Freiherrn vom Stein" befassen, wie er
dann 1939 einen seiner Aufsätze betitelte.

In Berlin bestand Hassell auch am 3. Januar 1903 sein
Referendarexamen mit der Note „gut" und wurde damit zum
Preußischen Referendar ernannt. Daran schloß sich vom
1. Oktober 1903 bis zum 30. September 1904 die Ableistung
des Militärdienstes als Einjährig-Freiwilliger beim 2. Garde-
regiment zu Fuß an, den er als Vizefeldwebel der Reserve
beendete. Am 15. Oktober 1904 trat Hassell den Vorberei-
tungsdienst bei der 16. Zivilkammer des Königlichen Land-
gerichts I in Berlin an. Hier nahm er u. a. als Gerichtsschrei-

ber an der Verhandlung gegen jenen Schuster Voigt teil, der als „Hauptmann von Köpenick" in die Geschichte eingegangen ist. Ebenfalls in der Hauptstadt legte er dann am 8. Dezember 1908 seine Assessorprüfung ab, wiederum mit der Note „gut".

Der Ausbildungsgang des jungen Juristen weist insofern eine Besonderheit auf, als er vom 18. Juni 1905 bis zum 27. Juni 1906 als Referendar am Kaiserlichen Gericht in Kiautschou beschäftigt war. Diese Tätigkeit war seiner späteren Bewerbung für den auswärtigen Dienst sicher ebenso förderlich wie die Tatsache, daß er die Gelegenheit nutzte und sich zweimal „zur Erweiterung seines Gesichtskreises" für Reisen nach Tientsin, Peking, dem oberen Jangtse und Schanghai (November/Dezember 1905) bzw. nach Japan (Mai 1906) beurlauben ließ. Die dort gesammelten, ganz offenkundig bleibenden Eindrücke fanden dann fast 35 Jahre später, also während des Zweiten Weltkrieges, Eingang in einen Aufsatz über „Chinas Erwachen um die Jahrhundertwende"[7].

Der Beginn seiner schriftstellerischen Betätigung fällt übrigens in diese Zeit des Vorbereitungsdienstes. Hassells Erstlingsarbeiten erschienen 1904/05 in der zu diesem Zeitpunkt noch von seinem Vater mitherausgegebenen „Monatsschrift für Stadt und Land". Seine Buchbesprechungen, davon zwei in Aufsatzform, wurden unter dem Pseudonym „Christian Augustin" publiziert, das seine beiden ersten Vornamen enthielt und von ihm dann auch während des Zweiten Weltkrieges noch gelegentlich benutzt worden ist. Die soziale Frage und das Problem der künftigen gesellschaftlichen Entwicklung bildeten deutliche Schwerpunkte seiner ersten Arbeiten. So forderte der 24jährige beispielsweise bereits zu Anfang des Jahres 1905 ein „gesundes und ehrliches Unternehmertum [. . .], welches in der Förderung der Arbeiterinteressen die Förderung der eigenen Interessen erkennt und bereit ist, die Autokratie in der Fabrik mit einer konstitutionellen Monarchie zu vertauschen". Schon zu diesem frühen Zeitpunkt setzte sich der junge Jurist also für „Bestrebungen" ein, „welche dem Klassenkampf durch Regelung der Arbeitsverhältnisse in konstitutioneller Form ein Ziel setzen sollen"[8].

Am 9. Januar 1911 heiratete Ulrich von Hassell Ilse von Tirpitz, eine Tochter des damaligen Staatssekretärs im Reichsmarineamt, Alfred von Tirpitz. Aus der Ehe gingen vier Kinder hervor. Der Abschiedsbrief, den Hassell am 8. September 1944, dem Tag seiner Hinrichtung, an sein „geliebtes Ilseken" schrieb, läßt erahnen, daß es sich um eine innige und vertrauensvolle Beziehung gehandelt haben muß. Die Lebenserinnerungen, mit deren Niederschrift Hassell in der Gefängniszelle begann, waren auch als „Denkmal" des gemeinsamen „Glücks" gedacht und als Hommage an „die, der ich alles danke, der Sonne meines Lebens, Ilse".

Wie sich Hassell rückblickend erinnerte, wurde er schon bei der ersten Begegnung „durch den lebhaften Geist gefesselt, der verbunden mit Temperament, Charme und reizendem Äußeren eine kristallklare Seele wiederspiegelte". Ilses zupackende Art und ihr organisatorisches Talent erwiesen sich bei den zahlreichen Reisen und Umzügen der sechsköpfigen Familie, aber natürlich auch für die Organisation eines Diplomaten-Salons rasch als willkommen, ja zusehends unverzichtbar. Ihre soziale Herkunft und die genannten Eigenschaften waren ideale Voraussetzungen, um im gesellschaftlichen Leben des jeweiligen Gastgeberlandes jene Stellung einzunehmen, die ihr *nolens volens* durch den Beruf ihres Mannes zufiel, und sich schnell und problemlos in neuer Umgebung zurechtzufinden. Dabei kam ihr zugute, daß sie bereits in ihrer Jugend viel gereist war und u. a. 1902/03 ein Jahr am Cheltenham Ladies College in England verbracht hatte. Schließlich und nicht zuletzt besaß Ilse von Hassell Courage, eine Eigenschaft, die auf dem gemeinsamen Lebensweg mit Ulrich noch wiederholt Bewährungsproben ausgesetzt sein sollte.

Für diesen blieb die Heirat einer Tochter des Großadmirals von Tirpitz nicht ohne Folgen. Denn neben seinem Vater war es vor allem der Schwiegervater, der schon den jungen Diplomaten tief beeindruckt und in vieler Hinsicht beeinflußt hat. Noch 1944 bezeichnete Hassell ihn als „den Meister, das unerreichte Vorbild". Er hielt nicht nur engen, ständigen Kontakt mit Tirpitz. Vielmehr stand er seinem Schwiegervater nach eigener Einschätzung auch, und insbe-

Der Schwiegervater, Alfred von Tirpitz, mit Tochter Ilse, der Frau Ulrich von Hassells, 1914 in Karlsbad.

sondere bei der Niederschrift der Erinnerungen (1918/19), „in einer Weise zur Seite [. . .], die zwar nicht dem Namen, aber der Sache nach auf die Stellung als Privatsekretär im englischen Sinne hinauslief"[9]. Hassell hielt Tirpitz für den „ersten aktiven Weltpolitiker unter den deutschen Staatsmännern" und den „Mann, der mit klarem Blick und festem Willen die Hand des deutschen Volkes ergriff, um es aus festländischer Begrenzung und spießbürgerlicher Enge auf die See hinaus und als ebenbürtiges unabhängiges Glied in den Kreis der Weltmächte zu führen"[10].

Daß die nie verleugnete, persönlich wie politisch enge Beziehung zu seinem Schwiegervater auch ein Kriterium für die Einschätzung seiner politischen Haltung durch außenstehende Beobachter bildete, kann daher kaum überraschen: Sie könne, so urteilte beispielsweise im Juli 1925 der damalige britische Botschafter in Berlin, Viscount d'Abernon, eben „nicht als der beste Ursprungshafen der Weisheit gelten"[11]. Ähnlich äußerten sich während der 20er Jahre Teile der Presse. Anläßlich seines Wechsels von Barcelona nach Kopenhagen im Sommer des Jahres 1926 wurde Hassells Name von deutschen Zeitungen, aber auch von Kollegen, wie etwa Ernst von Weizsäcker[12], fast durchgängig in Verbindung mit demjenigen seines Schwiegervaters genannt. Das „Berliner Tageblatt" verstieg sich in diesem Zusammenhang sogar zu der Behauptung, Hassell begründe seine „Qualitäten" stets damit, „daß er der Schwiegersohn des Großadmirals v. Tirpitz" sei[13], eine Meldung, die u. a. zu einer brieflichen Intervention des deutschen Botschafters in Madrid, Graf Welczeck, bei Theodor Wolff führte: Hassell sei davon überzeugt, so schrieb der Botschafter an den Chefredakteur[14], „daß seine nahen verwandtschaftlichen Beziehungen zu dem Großadmiral von Tirpitz ihm in seiner Laufbahn während der letzten Jahre recht geschadet haben". Als Hassell z. B. im Dezember 1928 ostentativ einem Vortrag Emil Ludwigs in Kopenhagen fernblieb und einen zweiten in der dortigen Universität mit der Begründung verhinderte, der Schriftsteller sei kein „Forscher", fand sich in fast allen diesbezüglichen Meldungen der deutschen Presse, ganz gleich ob ihr Grundtenor zustimmend oder – mitunter scharf –

ablehnend war, der Hinweis, der Gesandte sei „bekanntlich
ein Schwiegersohn des Großadmirals von Tirpitz"[15].

Aber zurück in die Vorkriegszeit: Zum Zeitpunkt seiner
Vermählung mit Ilse von Tirpitz war Ulrich von Hassell
bereits im auswärtigen Dienst des Deutschen Reiches tätig.
Unmittelbar nach seiner Assessorprüfung hatte er sich am
10. Dezember 1908 im Auswärtigen Amt vorgestellt und
einen Tag darauf das schriftliche Gesuch an den Reichskanzler gerichtet, ihn „zum Konsulardienste des Reiches zulassen
zu wollen". Nach Prüfung der bei den Justizbehörden
geführten Personalakte mit ihren durchweg sehr günstigen
Zeugnissen hatte sich die Abteilung I B des Amtes mit Rücksicht auf die besonders gute Qualifizierung für seine „vorzugsweise Einberufung" ausgesprochen.

Daraufhin trat Hassell, nachdem er Ende Februar von
einem mehrwöchigen Studienaufenthalt in Großbritannien
„zum Zweck der besseren Beherrschung der englischen Sprache" zurückgekehrt und am 13. April probeweise zur Vorbereitung für die konsularische Laufbahn ins Amt einberufen
worden war, am 26. April 1909 seinen Dienst im Auswärtigen
Amt an. Bis zu seiner Zuteilung zum Generalkonsulat Genua
am 16. Dezember 1910 war er u. a. in den Abteilungen III
(Recht und Kultur) und II U (Übersee-Handel) beschäftigt.
Im Mai und Juni des Jahres 1910 gehörte er zur Begleitung
einer chinesischen Militär-Mission unter Prinz Tsai-tao[16].

Etwa einen Monat nach seiner Hochzeit trat Hassell am
6. Februar 1911 mit dem Charakter eines Vizekonsuls seinen
Dienst in Genua an und wurde dann am 16. Juni 1914 offiziell zum Vizekonsul bestellt, nachdem er am 19. März 1913
auf eigenen Antrag endgültig aus dem Justizdienst entlassen
worden war. Die Akten des Generalkonsulats geben naturgemäß keine Aufschlüsse über die politischen Vorstellungen
und Konzeptionen des jungen Diplomaten. Zum einen ließ
die Stellung des Neulings im auswärtigen Dienst den Entwurf größerer politischer Analysen und Perspektiven nicht
zu; zum anderen aber war das Personal des Hafenkonsulats
nicht mit der „großen Politik" befaßt, sondern namentlich
mit Rechts-, Paß- oder Marineangelegenheiten, der „Pflege
des Deutschtums in Italien" oder mit „Protokoll- und Zere-

monialangelegenheiten", wie etwa der „Durchfahrt des Kaisers durch Genua"[17].

Bereits am 1. August 1914 wandte sich Hassell mit der telegraphischen Bitte an das Auswärtige Amt, ihm „im Mobilmachungsfall" die „militärische Verwendung" zu gestatten[18]. Die Genehmigung wurde noch am gleichen Tag erteilt. Seine Teilnahme am Westfeldzug war freilich nur von kurzer Dauer: Am 8. September 1914 wurde er in der Marne-Schlacht östlich von Paris durch einen Herzschuß schwer verwundet. Zwar konnte die Kugel nie entfernt werden, doch stellte dieser Umstand dann offenbar in seinem späteren Leben, auch für seine diplomatische Karriere, kein ernsthaftes Hindernis dar. Vielmehr schrieb er, um Gerüchten entgegenzutreten, Ende 1931 an das Auswärtige Amt, „daß ich gottlob und unberufen mich der allerbesten Gesundheit erfreue. Ich reite, schwimme, treibe Alpinismus, mute mir jede Anstrengung zu [. . .]"[19]. In den seiner Verwundung folgenden Wochen und Monaten sah die Situation indessen ganz anders aus.

2. In der inneren Verwaltung

Hassell blieb zunächst an den Rollstuhl gefesselt und damit natürlich auch kriegsuntauglich sowie „auslandsverwendungsunfähig", so daß ihm schon deshalb eine rasche Rückkehr in den auswärtigen Dienst versperrt war. Darüber hinaus hatte sich im Verlauf der ersten Kriegsmonate der Gegensatz zwischen dem Auswärtigen Amt und seinem Schwiegervater deutlich verschärft. Der Unterstaatssekretär des Amtes, Alfred Zimmermann, bestätigte ihm dann auch, daß er „besser daran täte, zunächst auf einige Zeit aus dem Dienst zu scheiden". Seine Versetzung in den einstweiligen Ruhestand erfolgte am 18. September 1915. Untätigkeit war seine Sache freilich nicht, und so freundete er sich rasch mit dem Vorschlag des preußischen Innenministers von Loebell an, in die innere Verwaltung einzutreten. Seit dem 18. November 1915 war Hassell dann – infolge seines geschwächten Gesundheitszustandes und auf eigenen

Antrag – zunächst informatorisch, seit dem 1. Januar 1916 probeweise beim Regierungspräsident in Stettin beschäftigt. Damit begann jenes Intermezzo seines Lebens, das ihn zwar einerseits für etwa vier Jahre von seiner „eigentlichen Linie", dem auswärtigen Dienst, fortführen, ihm aber andererseits neue und für seine weitere Entwicklung durchaus prägende politische Perspektiven eröffnen sollte.

Am 4. November 1916 wurde Hassell zum Königlich Preußischen Regierungsrat ernannt und am 1. Januar 1917 als Direktor des am 8. September 1916 unter dem Eindruck der Kriegswirtschaft und als Gegengewicht zum Städtetag gegründeten „Verbandes der preußischen Landkreise" berufen[1]. Aus dieser Zeit datiert u. a. seine Bekanntschaft mit dem späteren Minister, Reichskanzler, Reichsbankpräsidenten und Botschafter Hans Luther, der damals Leiter des deutschen Städtetages war[2]. Von seinem kleinen, anfänglich in der Potsdamer, später in der Königin Augusta-Straße gelegenen Büro aus und mit einer zunächst bescheidenen Ausstattung, nämlich einem Mitarbeiter, einer Sekretärin und zwei Schreibtischen, hat Hassell sich erfolgreich darum bemüht, den Verband, dem im Januar 1917 bereits 481 von 487 preußischen Kreisen angehörten, handlungsfähig und das heißt nicht zuletzt einer breiten Öffentlichkeit bekannt zu machen. Sicher kamen ihm dabei seine diversen Verbindungen und Kontakte zugute: Hassell war u. a. im „Berufsverein höherer Verwaltungsbeamter" organisiert und leitete dort den „Ausschuß für Landratsfragen"[3]. Überdies war er als Vertreter des Landkreisverbandes auch im Vorstand der gleichfalls im Krieg gegründeten deutschen Girozentrale, der Bankanstalt der Kommunalverbände, aktiv.

Aber der Beamte hat sich keineswegs auf diese berufliche Tätigkeit beschränkt, sondern sich während seiner Zeit in der inneren Verwaltung in regelmäßigen Abständen öffentlich zu Wort gemeldet, vornehmlich in der unabhängigen Tageszeitung „Der Tag"[4]. In seinen dort publizierten Artikeln aus den Jahren 1917–19 beschäftigte er sich zumeist mit Fragen und Problemen, die sich aus seiner Arbeit ergaben. Themen wie „Lieferungsverträge, Städte und Kreise" (Januar 1917), „Kriegswirtschaft und Organisation" (März 1917), „Die

Selbstverwaltung der Landkreise" (Oktober 1917), „Selbstverwaltung und Staatsverwaltung" (Februar 1918) oder „Die
Selbstverwaltung in der Volkswirtschaft" (Mai 1918) benennen die Schwerpunkte.

Der „Tag" war wegen seiner Verbreitung sicherlich das
wichtigste Forum Hassells, aber keineswegs das einzige. So
hat er beispielsweise 1918 unter dem Titel „Die Einrichtungen der preußischen Landkreise auf dem Gebiete der Kriegswirtschaft" eine kleine Monographie vorgelegt[5] und sich im
gleichen Jahr auch als Herausgeber betätigt. Bis zum Jahresende 1919 edierte er das auch auf seine Anregung hin im
Januar 1918 gegründete „Organ des Verbandes der Preußischen Landkreise", die „Zeitschrift für Selbstverwaltung",
und natürlich hat er sich auch hier gelegentlich zum Thema
geäußert[6]. Das Ziel der Zeitschrift, so hieß es in einem an die
Leiter der Staatsbehörden gerichteten Schreiben, bestand vor
allem in der „Vertretung des Gedankens, daß Stadt und Land
durch die Selbstverwaltung nach Möglichkeit zu gemeinsamer Arbeit zusammengeführt werden sollen"[7].

Freilich beschränkten sich die öffentlichen Äußerungen
des Beamten nicht auf Probleme aus seinem unmittelbaren
Tätigkeitsbereich. Vielmehr nutzte er die Gelegenheit, um
namentlich in seinen – in der Regel auf der Titelseite des
„Tages" publizierten – Artikeln zu grundsätzlichen Fragen
der deutschen Außen- und insbesondere Innenpolitik Stellung zu beziehen. In diesem Zusammenhang spielte auch für
Hassell die Frage nach den deutschen *Zielen* im Ersten Weltkrieg eine wichtige Rolle. In einem am 1. April 1917 veröffentlichten Artikel über „Volkswirtschaft in der Weltwirtschaft"[8] bezeichnete er die Erhaltung und Verstärkung der
Möglichkeiten zur wirtschaftlichen Betätigung des Deutschen Reiches in der Welt als ein „Kriegsziel von größter
Bedeutung", da der Krieg Deutschland in einer „unfertigen"
Entwicklung getroffen habe, der „Entwicklung zum Welt-
volk". Das galt in seinen Augen für den Ausbau der „mariti-
men Machtposition" oder die Kolonialpolitik ebenso wie beispielsweise – und nicht zuletzt – für die Wirtschaft. Hier war
der „Aufstieg ohnegleichen [. . .] noch weit entfernt davon, in
sich gefestigt und gegen Stürme gefeit zu sein". Schon des-

halb hielt er es einerseits für notwendig, siegreich und „vor allem mit einer sicheren Machtgrundlage, die allein uns den Wiedereintritt in die Weltwirtschaft ermöglicht, und mit einem gesicherten Zugang zum Ozean" aus dem Krieg hervorzugehen.

Dieses – gewissermaßen durch wirtschaftspolitische Argumente untermauerte – Plädoyer für eine deutsche Weltmachtpolitik der Zukunft war allerdings nur ein Aspekt. Andererseits galt es nämlich im Innern die Voraussetzungen für die „wirkliche Durchdringung" von nationaler Volkswirtschaft und Weltwirtschaft zu schaffen. Daß dies nicht durch die Imitation des „dem internationalen Kapitalismus dienenden", von Hassell mit großem Mißtrauen betrachteten anglo-amerikanischen Modells geschehen könne, stand außer Frage. Für ihn lag die Lösung vielmehr in der „Selbstorganisation" durch Selbstverwaltung. Hassell hat sich dabei mehrfach auf die Ideen des Freiherrn vom Stein bezogen und dann auch im Februar 1919 konstatiert, daß sich die „Anknüpfung an die Gedanken der Reformer nach der Katastrophe von 1806 [. . .] nicht nur als historische Parallele, sondern aus der Sache selbst" ergebe: Nur „wenn die wirtschaftlichen Kräfte sich selbst in die Form[en] [sic] der Selbstverwaltung organisier[t]en und der Staat diese Formen anerkenn[e]", sei der richtige Weg beschritten[9].

Diese Konzeption einer *organischen* Wirtschafts- *und* Staatsverfassung stellte Hassell während des Krieges immer wieder der *mechanischen* gegenüber, die er namentlich im anglo-amerikanischen Bereich verwirklicht sah. Die tiefe Skepsis des Konservativen gegenüber dem „mechanischen Parlamentarismus", wie Hassell dann im September 1918 mit Blick auf die preußische Wahlrechtsreform formulierte[10], hatte ihn bereits im Januar zu einer eindringlichen Warnung vor den „nachteiligen Folgen" eines „der Masse ausgelieferte[n] Abgeordnetenhaus[es]" geführt. In seinen Augen nämlich erkannten die „Verfechter der sogenannten Volksrechte" nicht, „daß sie von den Drahtziehern des internationalen Kapitalismus als Marionetten gelenkt werden, daß die mechanische Verwirklichung ihrer Doktrinen mit wahrer Freiheit unvereinbar ist"[11].

Diese Analysen Hassells sind zugleich eine Erklärung für den *prima facie* überraschenden Befund, daß er dann, im März 1919, für die Zukunft eine Zusammenarbeit mit einer geläuterten Sozialdemokratie eher für möglich halten sollte als eine solche mit liberalen Kräften, auf deren Konto ja letztlich die geschilderte Entwicklung ging und denen er folglich ebenso mißtrauisch gegenüberstand wie dem „Räte-gedanken" in seiner „Klassenbeschränktheit". Nicht nur in diesem Punkt erinnern Hassells Diagnosen und Prognosen im übrigen an diejenigen des um ein Jahr älteren Oswald Spengler, die ja dann insbesondere in dessen 1919 publizier-ter Studie „Preußentum und Sozialismus" ihren viel beachte-ten Ausdruck fanden[12]. Beide waren eben auch charakteristi-sche Vertreter jener „Zwischengeneration", auf die der nur wenig jüngere Heinrich Brüning, auf das Kriegsende zurück-blickend, in seinen Memoiren hingewiesen hat – „voller Ver-achtung gegenüber dem herrschenden Materialismus, der vom klassischen Liberalismus übrigblieb"[13].

Die Ereignisse des November 1918 – der Waffenstillstand zwischen Deutschland und den Alliierten ebenso wie die Aufstandsbewegung im Reich und die Ausrufung der Repu-blik – konfrontierten auch Ulrich von Hassell mit der grund-sätzlichen Frage nach der Zukunft des Deutschen Reiches. Es verstand sich für ihn von selbst, daß er politisch aktiv wer-den müsse, um den aus seiner Sicht verhängnisvollen Ent-wicklungen so weit als möglich entgegenzuwirken und, wie er Ende November formulierte, das zu „retten" und „hin-überzunehmen", „was von Wert ist und bleiben muß"[14]. Daß er sich in konservativen und nationalen Kreisen engagierte, um an dieser Aufgabe mitzuwirken, kann vor dem Hinter-grund seiner bisherigen Entwicklung kaum überraschen.

So gehörte Hassell dem Beirat des im September 1919 gegründeten „Nationalen Klubs" zu Berlin an, einem innen-wie außenpolitisch erklärtermaßen an den Gegebenheiten und Werten des Kaiserreiches orientierten Zusammenschluß vornehmlich von Vertretern der alten Führungsschichten, aber beispielsweise auch von Publizisten oder christlichen Gewerkschaftlern, dessen Spitze sich vor allem aus Mitglie-dern der Deutschnationalen Volkspartei (DNVP) und der

Deutschen Volkspartei (DVP) rekrutierte[15]. Enge Verbindungen hatte Hassell auch zu der Ende Oktober 1919 unter der Patenschaft des Generals Ludendorff gegründeten „nationalen Vereinigung"[16], die deutlich in der Tradition der Vaterlandspartei stand. Zum Führungsgremium dieser Vereinigung, deren Ziel der Sturz der Weimarer Koalitionsregierung aus Zentrum und Sozialdemokraten war, zählte der ostpreußische Generallandschaftsdirektor Wolfgang Kapp, der dann im März 1920 zusammen mit dem General Walther von Lüttwitz den Putsch gegen die Regierung in Szene setzte. Kapp hatte offenbar den zu dieser Zeit schon an der deutschen Botschaft in Rom tätigen Ulrich von Hassell, den er aus dessen Zeit in der inneren Verwaltung näher kannte und der ihn noch wenige Monate zuvor vor überstürzten Maßnahmen gewarnt hatte, als Außenminister vorgesehen[17].

Seine eigentliche politische Heimat suchte Hassell in der sich formierenden konservativen Partei der Weimarer Republik, der „Deutschnationalen Volkspartei". Die DNVP war ein Zusammenschluß der beiden konservativen Parteien des Kaiserreiches, der Deutschkonservativen und der Reichspartei. Hassell gehörte zu den Männern der ersten Stunde und bekleidete bis zu seinem Wiedereintritt in den auswärtigen Dienst mehrere Posten innerhalb der Partei. So war er Vorsitzender der von ihm, Anfang Februar 1919, gegründeten „Staatspolitischen Arbeitsgemeinschaft" der DNVP und in dieser Funktion dann seit dem Sommer des gleichen Jahres Mitglied des Parteivorstandes[18]. Nicht zuletzt aber arbeitete er anfänglich am Programm der konservativen Partei mit. Der erstmals am 29. September 1919 tagende[19] Programmausschuß der DNVP beschloß die Einsetzung von vier Unterausschüssen, und zwar 1. für den allgemeinen, einleitenden Teil des Programms, 2. für den Bereich „Volk und Staat", 3. für den Bereich geistiges bzw. kulturelles Leben und 4. für das Gebiet der Wirtschafts- und Sozialpolitik[20]. Dem zweiten Unterausschuß gehörte neben den prominenten Vertretern der beiden konservativen Parteien aus der Zeit des Kaiserreiches, Graf Kuno von Westarp und Wilhelm von Kardorff, als federführendes Mitglied der „junge Konservative" Ulrich von Hassell an[21]. *De facto* hat aber Westarp alsbald die Leitung an sich gezogen und dann auch einen ersten Entwurf des entsprechenden Programmteils erstellt.

Die sich daran anknüpfende programmatische Diskussion innerhalb des zweiten Unterausschusses führte in einigen Punkten zu grundsätzlichen Kontroversen. So konnten sich Kardorff, Westarp und Hassell mit ihrem Vorschlag, die Bedeutung des „Staates" – nach Hassells Auffassung „Ziel und Rahmen der Politik"[22] – schon durch die entsprechende Formulierung höher zu veranschlagen als die des „Volkes", nicht gegenüber dem Programmausschuß der Partei durchsetzen. Der Abschnitt I. der am 13. Januar 1920 an deren Mitglieder verschickten „Richtlinien der Deutschnationalen Volkspartei"[23] trug die Überschrift „Volks- und Staatsleben". Zwar war die grundsätzliche Haltung zur völkischen Frage unter den Mitgliedern des Unterausschusses wie denen der *deutschnationalen* Partei insgesamt im wesentlichen unumstritten, da aus ihrer Sicht, wie es dann auch in den Ende Oktober 1920 verabschiedeten „Grundsätzen der Deutschnationalen Volkspartei" hieß, nur „ein starkes deutsches Volkstum [. . .] die zuverlässige Grundlage eines starken deutschen Staates sein" könne[24]. Doch stellte sich die Frage, ob eine solche Einstellung nicht konsequenterweise auch den Kampf gegen nicht-deutsche und vor allem gegen „jüdische Kreise" einschließen bzw. zur Folge haben müsse. Und eben bei der Beratung und Formulierung dieses Punktes hatte es dann auch schon innerhalb des Unterausschusses Auseinandersetzungen zwischen Kardorff und Westarp gegeben.

Hassell nahm in dieser Kontroverse insofern eine Zwischenstellung ein, als er bemüht war, dem entsprechenden Passus des vorliegenden Entwurfes seine kämpferische Spitze zu nehmen, und die folgende Formulierung vorschlug: „Die Entwicklung und Schulung seiner [des Staates, G. S.] Kräfte auf allen Gebieten des öffentlichen Lebens ist der beste Schutz gegen eine Überwucherung schädlichen, fremden Einflusses, insbesondere gegen eine Vorherrschaft des Judentums."[25] Weder die entsprechenden Vorstellungen Kardorffs, der einen pauschalen antisemitischen Grundtenor des Programms grundsätzlich ablehnte und schließlich, im April 1920, u. a. deshalb von seinem Amt als stellvertretender Fraktionsvorsitzender zurücktrat[26], noch diejenigen Hassells, der wegen seiner Einberufung in den diplomatischen Dienst bereits im Dezember 1919 seine Arbeit im zweiten Unterausschuß hatte einstellen müssen, haben dann in die „Richtlinien" der DNVP vom 13. Januar Eingang gefunden. Diese sagten „jede[m] zersetzenden, undeutschen Geist" den Kampf an, möge er „von jüdischen oder anderen Kreisen ausgehen"[27]. Damit hatte sich die Mehrheit des Programmausschusses der Partei in diesem wie anderen Punkten über die ursprünglichen Vorstellungen und Formulierungen des zweiten Unterausschusses hinweggesetzt. Der besagte Passus wurde dann auch – trotz Widerspruchs insbesondere aus den Reihen der „Staatspolitischen Arbeitsgemeinschaft" – wörtlich in die „Grundsätze der Deutschnationalen Volkspartei" übernommen und überdies durch den primär gegen die Ostjuden gerichteten Satz ergänzt: „[D]er Zustrom Fremdstämmiger über unsere Grenzen ist zu unterbinden."[28]

Daß Hassell, der weder an der endgültigen Fassung der „Richtlinien" noch derjenigen der „Grundsätze" beteiligt war, sich mit seiner zitierten Kompromißformel auf die antisemitischen Forderungen von Teilen der DNVP – im zweiten Unterausschuß vertreten durch Westarp – einließ, läßt nun allerdings kaum einen Rückschluß auf seine diesbezügliche Einstellung zu. Vielmehr standen ihm, wie einigen veröffentlichten programmatischen Äußerungen aus dieser Zeit zu entnehmen ist, vor allem die erheblichen Schwierigkeiten vor Augen, mit denen sich die DNVP namentlich auch deshalb konfrontiert sah, weil „eine Reihe von Parteien [. . .] in der Deutschnationalen aufgegangen" war[29]. In ihr hatten sich ja nicht nur Vertreter der beiden alten konservativen Parteien zusammengefunden, sondern auch „Teile der konfessionell gebundenen Arbeiterschaft und des schwerindustriellen Flügels der alten Nationalliberalen" sowie eben „antisemitische Vertreter des alten und neuen Mittelstandes"[30]. Das Bestreben, diese heterogenen Elemente in einer konservativen Partei zu integrieren, war eines der wichtigsten Anliegen Hassells in den Jahren 1918/19 und zugleich mitverantwortlich für seine Bemühungen um Kompromisse, beispielsweise auch in der „völkischen" Frage.

Überdies muß sich der rückschauende Betrachter stets vergegenwärtigen, daß der Antisemitismus 1918/19 ein durchaus verbreitetes Phänomen war, und dies nicht nur in Deutschland, und daß er noch keineswegs in einer Weise als diskreditiert gelten konnte, wie dann nach 1933/39 bzw. 1945: Der völkische Antisemitismus der Weimarer Republik unterschied sich von der radikalen Version des Nationalsozialismus durch dessen schließlich brutal realisierte Forderung nach *Vernichtung* des Judentums. Dabei steht allerdings außer Frage, daß antisemitische Bekundungen, wie diejenigen des DNVP-Programms, das Feld mit vorbereitet haben, auf dem die Saat nationalsozialistischer Agitation aufgehen konnte[31].

In den programmatischen Äußerungen Ulrich von Hassells über die „Lebensnotwendigkeiten der Deutschnationalen Volkspartei", die er im September 1919 in den „Eisernen Blättern" publizierte[32], finden sich jedenfalls keine antisemitischen Äußerungen. Das gilt im übrigen für den gesamten hier untersuchten Zeitraum 1917–1919 und auch für die Jahre 1933/38–1944, in denen er sich wieder verstärkt publizistisch betätigte, aber gerade in diesem Punkt keinen Kompromiß mit der herrschenden Ideologie einging.

Deutlich werden in Hassells Artikel über die „Lebensnotwendigkeiten" der DNVP vor allem seine grundsätzlichen Vorstellungen von den Zielen der Partei: „[. . .] sie will", so heißt es dort, „den starken nationalen Staat, den ein christlicher und sozialer Geist erfüllt, und dessen Grundlagen liegen im deutschen Volkstum. Wir bekennen uns kurz zusammengefaßt: zu einer *christlichen* Weltauffassung, zu einer *sozialen* Volksauffassung, zu einer *organischen* Staatsauffassung." Diesen zutiefst konservativ und christlich geprägten Überzeugungen ist Hassell zeit seines Lebens treu geblieben. Sie waren schließlich auch in hohem Maße dafür mitverantwortlich, daß er sich der Opposition gegen Hitler anschloß. Da sich für ihn die Situation mit Blick auf die Zukunft des Deutschen Reiches in den Jahren 1918/19 und nach 1938 vergleichbar gefährlich darstellte, kann es kaum überraschen, daß sich seine Vorstellungen und Konzeptionen nach Beendigung des Ersten und in der Zeit des Zweiten Weltkrieges in vielen Punkten ähneln. Das gilt beispielsweise auch für sein sozialpolitisches Anliegen, das er 1919 als die „große Aufgabe der Partei" bezeichnete, nämlich „die Arbeitsgemeinschaft der Unternehmer und Arbeiter im engeren Sinne und in übertragener Bedeutung zu fördern"[33] und damit, wie er in einem Artikel der „Post" über das „Betriebsrätegesetz" schrieb, die „Klassengegensätze" zu „vermindern"[34]. Auch dieser Gedanke, den er erstmals 1905 öffentlich geäußert hatte, sollte dann innerhalb der konservativen Widerstandsbewegung wieder diskutiert werden.

Dem lag einerseits die Ende November 1918 in einem „Wir jungen Konservativen" überschriebenen „Aufruf" Ulrich von Hassells formulierte Einsicht zugrunde, daß „manche Versäumnisse" gerade auch der Konservativen „auf innenpolitischem Gebiete mit schuld" waren „an dem furchtbaren Polterabend, den die Demokratie mit dem gesamten Inventar des friderizianischen und bismarckischen Hauses jetzt abgehalten hat". Andererseits war nur auf diesem Wege den neuen Kräften der Wind aus den Segeln zu nehmen und einer „Klassenherrschaft" vorzubeugen, wie sie in seinen Augen namentlich von den Arbeiter- und Soldatenräten propagiert wurde: „Wir wollen kein Scheinwerk modern umhüllter vergangener Doktrinen, wir wollen den Volksstaat, in dem wirklich das schaffende Volk, Landwirtschaft, Industrie und geistige Arbeit, Arbeiter und Arbeitgeber, die politischen Geschicke mitbestimmen [. . .] Der Grundsatz des Volksstaats, das ist die Tatsache, die nicht mehr rückgängig gemacht werden kann, und auf deren Boden wir uns stellen müssen."[35]

Ja, Hassell hielt dann, wie bereits angedeutet, im März 1919 eine „Zusammenarbeit" zwischen einer „vorwärtsschauenden Rechtspartei" und der Sozialdemokratie für denkbar, sofern diese die Berechtigung und die Notwendigkeit eines „starken nationalen Staates" erkenne, den „Rätegedanken in seiner heutigen Klassenbeschränktheit" überwinde und begreife, „daß die in der Rechten gepflegte berufsständische Gedankenwelt nicht mittelalterlich-reaktionär privilegierte Klassen zur Herrschaft bringen, sondern einen doktrinären, verknöcherten Parlamentarismus zurückdrängen und refor-

mieren will durch organische Vertretungsformen der Wirtschaft"[36]. Diese Perspektive sollte sich indessen angesichts
der weiteren Entwicklung, nicht zuletzt der DNVP, als Illusion erweisen.

Die Hassellsche Vision einer unter bestimmten Voraussetzungen nicht auszuschließenden Kooperation zwischen einer
„vorausschauenden" konservativen und einer sich auf die
Notwendigkeit eines nach seinem Verständnis modernen
Staates besinnenden sozialdemokratischen Partei kann kaum
mehr überraschen, wenn in Rechnung gestellt wird, daß der
„junge Konservative" schon mit der Wahl des Terminus
Volksstaat und der bewußten Vermeidung des Demokratiebe-
griffs in diesem Zusammenhang der sozialen Komponente in
einer künftigen Verfassung einen prominenten Stellenwert
einräumte. Eben damit stellte er sich ja auch – jedenfalls
implicite – in die Tradition jener seit den 4oer Jahren des
19. Jahrhunderts namentlich durch Lorenz von Stein propagierten Idee einer „sozialen Demokratie", die dann vor allem
in der deutschen Arbeiterpartei weiterlebte.

Hassells „Aufruf" verstand sich insofern sicher auch als
Appell an die Adresse der Sozialdemokratie, nicht den radikalen Kräften nachzugeben und übereilt eine Klassenherrschaft neuen Typs, also ein „Haus" zu errichten, „das nur den
stolzen Namen Volksstaat trägt, aber keiner ist"[37]. Als einem
derjenigen Konservativen, die bereits vor dem Kriege danach
„gestrebt" hatten, „die deutsche Arbeiterschaft wieder einmünden zu lassen in den großen Strom des deutschen staatsbewußten Lebens", schien es ihm jetzt notwendiger denn je,
den „planvollen" Aufbau des Staates gerade auch gegenüber
denjenigen einzuklagen, die vorderhand an den Hebeln der
Macht saßen und jetzt zunächst einmal jene „Versäumnisse"
nachzuholen bestrebt waren, die Hassell rückblickend nicht
zuletzt auch den Konservativen anlastete.

Solchermaßen entpuppt sich Hassells Verständnis des die
alten Klassenschranken weitgehend überwindenden Volksstaates, das auf den ersten Blick den traditionellen Werten
konservativen Denkens zu widersprechen scheint und tatsächlich bei vielen Konservativen auf zunehmende „Verständnislosigkeit" traf, bei genauerer Betrachtung als eine

den neuen Gegebenheiten angemessene, insoweit ausgesprochen weitsichtige und zugleich durchaus mit konservativem Denken vereinbare Reaktion: So groß die anfängliche innere Distanz Hassells zur Republik auch sein mochte, ja für den damals noch überzeugten Monarchisten sein mußte, der sich dankbar der „Väter" erinnerte, die „in uns aus der Saat des unvergeßlichen Kaisers das monarchische Gefühl als einen mächtigen Stamm" pflanzten, „um den sich das staatliche Bewußtsein rankte", so realistisch sah er doch bereits im November 1918 die grundsätzliche Irreversibilität der durch die „Revolution" eingeleiteten Entwicklung und damit die Notwendigkeit gerade auch für die Konservativen, sich auf deren Boden zu stellen. Nur durch die „Mitarbeit auf dem Boden des Volksstaats" sei die „Erhaltung des Wertvollen" möglich, das „der Strudel zu verschlingen droht". „Der Volksstaat" so konstatierte er im März 1919[38], „ist als Grundsatz anerkannt und würde es bleiben, auch wenn die Monarchie [...] wiederkäme". Daß der „alte preußische Obrigkeitsstaat in der Gestalt der Zeit vor dem 9. November nicht wieder auferstehen" werde, galt damit im Jahre 1919 als „grundlegende Tatsache"[39]. Dabei durfte die Entwicklung indes nicht stehen bleiben. So wie die Revolution den Obrigkeitsstaat überwunden habe, so müsse jetzt der *organische Neuaufbau des Staatswesens* die Revolution und den seither namentlich von den Räten propagierten „Klassengedanken" überwinden[40].

Wie dies im einzelnen bewerkstelligt werden könne, darüber hat sich Hassell in einem gleichfalls 1919 publizierten Artikel zum Thema „Revolution und Verwaltungsreform" ausgelassen. Insbesondere drei Institutionen schienen dem Beamten grundsätzlich erhaltenswert. Dazu zählte erstens der „alte" *Verwaltungsapparat*, den Hassell von seinen Mängeln befreien und so wenigstens teilweise erhalten zu können hoffte. Um nun aber der nach dem November 1918 als sehr hoch eingeschätzten Gefahr einer „völligen Auslieferung der Verwaltung an den Parteigeist" vorzubeugen, mußte zweitens besondere Sorgfalt bei der Besetzung der Beamtenposten beobachtet, d. h. das „größte Gewicht" darauf gelegt werden, daß das in seinem Wesen erhaltenswerte

Beamtentum auch weiterhin auf der Voraussetzung *„gesetzlich festgelegter Vorbildungsbedingungen"* und nicht nach dem Kriterium einer „bestimmten Parteifarbe" aufgebaut werde[41]. Schließlich hielt Hassell – drittens – insbesondere die Kräftigung, ja den *„Ausbau der örtlichen Selbstverwaltung"* für unabdingbar. Nur durch sie konnte der sich für den Konservativen abzeichnenden Gefahr einer „weitere[n] Entwicklung in der Richtung des *Einheitsstaates"*, d. h. einer „undeutsche[n] und lebentötende[n] völlige[n] Zentralisierung" vorgebeugt werden[42].

Zweierlei ist an diesen Überlegungen und Forderungen bemerkenswert. Zum einen wird sich noch zeigen, in welch hohem Maße Hassell in den Jahren der Opposition und des Widerstandes gerade in diesem Punkt an seine frühen Vorstellungen anknüpfte. Daß die Kontrolle des Staatslebens auf der Grundlage der örtlichen und körperschaftlichen Selbstverwaltung sicherzustellen sei, blieb für ihn ein ebenso wichtiger Grundsatz wie die Forderung, „daß der ordnungsgemäß ausgebildete Berufsbeamte grundsätzlich an die Stelle von aus Parteigesichtspunkten ernannten Personen zu treten" habe[43]. Auch in dieser Hinsicht sollten also die Erfahrungen mit der ausgehenden Weimarer Republik und mit dem „Dritten Reich" seine Befürchtungen bestätigen. Vergleichbares gilt im übrigen für einen weiteren führenden Kopf der späteren Oppositionsbewegung gegen Hitler, Carl Goerdeler. Als Bürgermeister in Königsberg und Oberbürgermeister von Leipzig war er mit den Fragen der Selbstverwaltung alsbald intim vertraut. Wie Hassell bezog sich auch Goerdeler auf die Gedanken des Freiherrn vom Stein[44].

Zum anderen ist unverkennbar, daß die „Revolution" und die ihr folgenden Ereignisse Hassells sich während des Krieges ausbildende tiefe Skepsis gegenüber einer vollständigen Parlamentarisierung des Reiches im ganzen bestätigt hatten. Selbstverwaltung und Berufsbeamtentum sollten daher jetzt und in Zukunft nicht zuletzt als Schranken gegen die – aus dieser Sicht – mehr oder weniger willkürliche Herrschaft wechselnder Parteimehrheiten dienen. Die Schaffung einer „starken", von der parlamentarischen Mehrheit nicht unmittelbar abhängigen Exekutive war ein erster

Schritt in die für richtig und notwendig befundene Richtung[45].

Diese Furcht vor einer kaum mehr kontrollierbaren Parteien- bzw. Parlamentsherrschaft teilte Hassell im übrigen mit vielen seiner Zeitgenossen, auch solchen, mit deren politischer Grundauffassung er ansonsten wenig gemein hatte. So hat beispielsweise der linksliberale Max Weber, der während des Krieges im geraden Gegensatz zu Hassell *für* eine Parlamentarisierung des Reiches eingetreten war, *nach* den Ereignissen des November 1918 und etwa zur gleichen Zeit wie Hassell vor den Folgen einer vollständigen, d. h. nicht kontrollierbaren Parlamentarisierung gewarnt. „Früher, im Obrigkeitsstaat", so schrieb Weber Ende Februar 1919[46], „mußte man für die Steigerung der Macht der Parlamentsmehrheit eintreten [...] Heute ist die Lage die, daß alle Verfassungsentwürfe einem geradezu blinden Köhlerglauben an die Unfehlbarkeit und Allmacht der Mehrheit – nicht etwa des Volkes, sondern der Parlamentarier – verfallen sind: das entgegengesetzte, ganz ebenso undemokratische Extrem." Bedenken und Warnungen dieser Art waren ganz offensichtlich nicht an die jeweilige politische Grundeinstellung gebunden.

Resümierend wird man festhalten dürfen, daß sich Hassell mit seiner Konzeption eines künftigen „Volksstaates" sowie mit seinem Plädoyer, die neuen Verhältnisse als nicht mehr revidierbare „Tatsachen" anzuerkennen, sehr frühzeitig um die Einbürgerung einer realistischen Haltung bemüht hat. Damit lassen seine Äußerungen um die Jahreswende 1918/19 zugleich etwas von jener „erstaunlichen" anfänglichen Offenheit des nationalen Konservativismus erkennen, auf die Gerhard Schulz einmal hingewiesen hat[47]. Hassell mußte freilich alsbald erkennen, wie isoliert er mit seinen Forderungen und Vorschlägen für einen „Staat der Zukunft" gerade auch innerhalb der konservativen Bewegung war: Der Versuch, so formulierte er 1939 rückblickend, „neue Ideen auf die Fahnen zu schreiben, vor allem solche sozialer Art", und nicht zuletzt das – damit ja aufs engste verbundene – Bemühen, „den Reichs- und Staatsgedanken in den Massen der Industriearbeiter Fuß fassen zu lassen", wurden „schon bei der Geburt erstickt". Die „nationale Opposition [. . .] erstarrte [. . .] in veralteten Gedankengängen". Die Republik von Weimar habe sich insgesamt unfähig gezeigt, „einen Bau zu errichten, der, bei Erhaltung des Wertvollen, der Zeit Rechnung getragen hätte"[48].

Angesichts der drängenden Fragen im Innern und jedenfalls bis zur Unterzeichnung des Friedensvertrages in Versailles am 28. Juni 1919 traten naturgemäß die auf die Gestaltung der *auswärtigen* Beziehungen bezogenen Überlegungen auch bei Hassell zunächst eher in den Hintergrund. Gleichwohl vermittelt namentlich sein bereits mehrfach zitierter „Aufruf" vom 24. November 1918 einen guten Einblick in seine Vorstellungen. Daß Bismarck mit der Gründung des Deutschen Reiches das „deutsche Ideal der Jahrhunderte verwirklicht" und damit das längst überfällige Fundament für die Entwicklung einer deutschen Großmacht gelegt hatte, stand für ihn fest.

Auch rückblickend hatte er zudem keinen Zweifel an der Notwendigkeit deutscher „Weltpolitik". Nicht um die Realisierung weitausgreifender „Weltherrschaftspläne" sei es dabei gegangen, sondern um das „sichere Gefühl, daß Deutschland sich Weltgeltung erringen mußte, wollte es nicht geistig und materiell zwischen den großen Weltmächten verkümmern". Daß sich vor diesem Hintergrund der „Ausgang des Krieges [als] ein furchtbarer Zusammenbruch von Hoffnungen" darstellte, liegt auf der Hand. Alle Wege, die „wieder in die Höhe" führten, *schienen* versperrt: „Deutsche Weltgeltung ein Traum, der endgültig ausgeträumt ist [. . .] Zurücksinken auf die Machtstufe Hollands [. . .]" – das waren die Perspektiven, und es stellte sich die Frage: „Sollen wir diese Aussichten als unabänderliches Schicksal hinnehmen?" Hassell war sich bewußt, daß es „eines gewaltigen Schatzes innerer Zuversicht und Glaubens an die Sendung unseres Volkes" bedurfte, „um heute mit nein zu antworten. Und doch kann es keine andere Antwort geben."[49] In der Tradition des Bismarck-Reiches stehend und von der Notwendigkeit deutscher Großmachtpolitik überzeugt, fühlte sich Hassell – und zwar bis in den Juli 1944 hinein – dieser Aufgabe verpflichtet, hatte das Deutsche Reich doch nur als

Großmacht, und zwar mit „Weltgeltung", die Chance, sich zwischen den anderen Mächten zu behaupten und zu überleben.

Eine solche Sicht der Dinge mag den heutigen Betrachter überraschen. Aber für den Zeitgenossen, dem ja ausschließlich die Entwicklung des Deutschen Reiches bis 1918 als Bezugspunkt seines Denkens und als Orientierungsrahmen seiner politischen Planungen dienen konnte, mußte sich der Sachverhalt anders darstellen als für denjenigen, dem die Ereignisse seit 1938/39 bzw. 1945 vertraut sind: Da das Reich nach 1918 als europäische Macht im wesentlichen erhalten blieb, mußte es auch jenen Status wiedererlangen, der den in ihm Lebenden allein seine Existenz zu verbürgen schien, dies umso mehr, als der Krieg aus *deutscher Sicht* ja gerade bewiesen hatte, wie sehr das Land tatsächlich der ständigen Bedrohung ausgesetzt war. Der sich heute offenbar mehr und mehr durchsetzende Gedanke, daß die Existenz einer deutschen Großmacht mit dem Gleichgewicht der Kräfte in Europa nur schwer vereinbar und diese Existenz mithin selbst eine wesentliche Ursache für die Gefährdung der Großmacht gewesen sein könnte[50], lag den Deutschen, aber wohl auch – wie dann namentlich die britische Appeasement-Politik der späten 30er Jahre zeigen sollte – ihren Nachbarn in ihrer Mehrzahl nach 1918/19 noch fern.

Daß das Deutsche Reich seinen Status als gleichberechtigte europäische Großmacht wiedererlangen müsse, galt daher wohl den meisten Deutschen nach dem Ende des Ersten Weltkrieges als ausgemacht; Ulrich von Hassell aber besaß als Diplomat die Möglichkeit, aktiv an diesem Prozeß mitzuwirken. Abgesehen von der Erkenntnis, daß er den auswärtigen Dienst doch als seine „eigentliche Linie" empfand und überdies „angesichts der Verständnislosigkeit der Parteibürokratie auf diesem Wege keine großen Aussichten mehr sah", wie er im Juli 1944 rückblickend aus dem Gefängnis schrieb[51], war dies sicher einer der Gründe, warum er der Aufforderung Hermann Müllers nachkam und nach einer Unterredung mit dem sozialdemokratischen Außenminister, die ihm in Erinnerung blieb, am 26. November 1919 wieder in den diplomatischen Dienst des Deutschen Reiches eintrat.

Daß er sich damit „der roten Regierung zur Verfügung gestellt habe, obgleich er seiner politischen Haltung nach konservativ gewesen sei", sollte ihm dann 25 Jahre später während der Verhandlung vor dem „Volksgerichtshof" durch dessen Präsidenten, Roland Freisler, ausdrücklich vorgehalten werden[52].

II. Der Diplomat
(1919–1938)

1. Vorbereitung einer Karriere

In den knapp zwei Jahrzehnten seiner Tätigkeit als Diplomat hat Ulrich von Hassell einige sowohl für seine eigene politische Gedankenbildung als auch für den auswärtigen Dienst des Deutschen Reiches wichtige Positionen bekleidet. Der Weg führte ihn von Rom über Barcelona, Kopenhagen und Belgrad schließlich erneut in die italienische Hauptstadt. Zu diesem Zeitpunkt, im Jahre 1932, galt Hassell bereits als einer der wichtigsten Vertreter des deutschen diplomatischen Corps, eine Stellung, die sich in den kommenden Jahren noch weiter festigen sollte.

Aber auch für zentrale Positionen im politischen Leben des Deutschen Reiches selbst galt er während der 20er und 30er Jahre als potentieller Kandidat, so beispielsweise 1925 im Umkreis der ersten Wahl Hindenburgs zum Reichspräsidenten für den Posten des Staatssekretärs der Präsidialkanzlei[1]. Der zu diesem Zeitpunkt in Barcelona tätige Hassell hat diesen Vorschlag sicher nicht erst am 30. April 1925 den spanischen Zeitungen entnommen[2]. Kurz zuvor hatte der Reichskanzler Luther, der Hassell ja aus der Zeit der Zusammenarbeit während des Krieges kannte, vorgeschlagen, ihm als Deutschnationalen das Wirtschaftsministerium zu übertragen. Der Vorschlag war jedoch bezeichnenderweise daran gescheitert, daß Hassells eigene Partei ihn „nicht wollte".

Vor allem aber war der Diplomat in der Zeit der Weimarer Republik – ähnlich wie dann auch wieder als Mitglied der konservativen Opposition gegen Hitler – mehrfach als führender Mann des Auswärtigen Amtes im Gespräch. So schrieb beispielsweise „Der deutsche Volkswirt" im September 1932, anläßlich der Berufung Hassells nach Rom, der Gesandte sei „bekanntlich wiederholt bei Rechtsregierungen als der kommende Außenminister oder Staatssekretär genannt worden"[3]. Tatsächlich notierte der britische Botschafter in Berlin, Viscount D'Abernon, im Juli 1925, daß die Deutschnationalen „mit einem neuen Kabinett hinter den Kulissen" aufwarteten, u. a. mit Hassell als Staatssekretär des Auswärtigen Amtes[4]. Auch in der Ära Brüning, also seit Ende März 1930, ist sein Name gelegentlich, und zwar nicht nur aus den Reihen der DNVP, mit dem Posten des Außenministers in Verbindung gebracht worden, so z. B. im Oktober 1931 vom ehemaligen Reichskanzler Cuno gegenüber Hindenburg[5] oder im Mai 1932 vom einflußreichen Sohn des Reichspräsidenten[6].

Zweifellos war Hassell, wie z. B. die dänischen Zeitungen im November 1926 notierten, „von Aussehen und Wesen der geborene Diplomat, eine hohe und schlanke Gestalt mit einem ungewöhnlich scharf markierten Gesicht und einem korrekten Auftreten, das oft im Laufe der Unterhaltung von einer kleidsamen, geistvollen Schlagfertigkeit gewürzt" wurde. Seine „elegante Erscheinung", seine „gesellschaftliche Geschmeidigkeit" und seine „Beobachtungsgabe", von denen mehrere dänische Korrespondenten nach einem Empfang bei dem für Kopenhagen designierten Gesandten ihren Lesern zu berichten wußten[7], aber beispielsweise auch sein Bemühen, so rasch wie möglich die jeweilige Landessprache zu erlernen, all dies trug mit dazu bei, daß sich Hassell sehr bald in der Öffentlichkeit wie im politischen Leben Spaniens, Dänemarks, Jugoslawiens und Italiens ein hohes Ansehen verschaffte – sicher keine Selbstverständlichkeit für einen deutschen Diplomaten in den Jahren nach dem Ersten Weltkrieg. Die Pressekommentare, die jeweils zum Abschied Hassells aus den genannten Ländern erschienen, gehen in ihrer Würdigung der Persönlichkeit und ihres Wirkens deutlich über das übliche Maß höflicher Formulierungen hinaus[8].

Dabei kamen dem Diplomaten nicht zuletzt seine umfassende Bildung und seine breitgestreuten Interessen entgegen. Hassell war ausgesprochen belesen, versuchte sich gelegentlich privat auch als Übersetzer, z. B. von Shakespeare. So weit als möglich nutzte er die Gelegenheit seiner Aufenthalte in den verschiedenen Metropolen, um sich vor Ort einen

Einblick in die Kultur des jeweiligen Landes zu verschaffen. Seine von Rom aus unternommenen Besuche der Ausgrabungen in Tripolis, Neapel oder auf Sizilien, die allerdings zugleich immer auch den deutschen Kolonien galten, sind dafür nur ein Beispiel[9]. Von allen Kulturen stand ihm dabei wohl die italienische am nächsten. Hassell war u. a. Mitglied der Dante-Gesellschaft, und tatsächlich galten diesem Autor sein besonderes Interesse und seine Leidenschaft[10]. Ihn hat er immer wieder gelesen und zitiert, mit Dante hat er sich auch wiederholt in öffentlichen Vorträgen beschäftigt. Daß viele Schriftsteller, Künstler und Wissenschaftler in Kontakt mit dem „bewegliche[n] Mann" von „tief geistige[r] Natur"[11] kamen, kann kaum überraschen. So trugen sich in das Gästebuch, das Ilse und Ulrich von Hassell auf allen Stationen des Diplomaten führten, neben vielen anderen ein: Paul Fridolin Kehr, Otto Klemperer, Albert Einstein, Bruno Walter, Thomas Mann, Richard Strauss, Wilhelm Furtwängler, Werner Heisenberg, Niels Bohr, Lion Feuchtwanger, Werner Sombart, Alfred Weber, Max Planck, Carl Schmitt, Emil Jannings oder Ludwig Curtius. Nicht zufällig sollte Hassell dann während des Krieges der renommierten Mittwochs-Gesellschaft angehören, und offensichtlich beabsichtigte die Rechts- und Staatswissenschaftliche Fakultät der Universität Göttingen im Januar 1942, den Diplomaten auf einen Lehrstuhl für Völkerrecht zu berufen[12].

Die geschilderte, allgemein registrierbare Reputation Hassells vor Ort war nun zugleich eine wichtige Voraussetzung für die erfolgreiche Erfüllung seiner Aufgaben sowie für die Realisierung seiner politischen Konzeptionen, soweit seine Stellung, aber auch sein Selbstverständnis als Diplomat das Verfolgen einer eigenen politischen Linie zuließen: Auf dem bereits erwähnten Empfang für die Vertreter der dänischen Presse am 1. November 1926 in Berlin stellte Hassell – ähnlich wie dann in einem Belgrader Gespräch mit jugoslawischen Journalisten im Juni 1930 – klar, daß die Aufgabe eines Diplomaten nicht darin bestehe, Politik zu „machen", sondern darin, sie „auszuführen"[13]. Und dies war keineswegs nur ein Lippenbekenntnis bzw. eine selbstverständliche öffentliche Loyalitätsbekundung des von Beobachtern immer

wieder konstatierten „Preußengeistes", sondern überzeugte
Berufsauffassung. Allerdings hat der Diplomat nicht gezö-
gert, seine eigenen Vorstellungen in der Zentrale oder gegenüber Kollegen vorzutragen, auch solche, die von der amtlichen Politik abwichen. Tatsächlich wußte er sich aber wohl in
den meisten Fragen in weitgehender sachlicher Übereinstimmung mit den Berliner Direktiven. Das gilt sowohl für die
Außenpolitik der Weimarer Republik als auch für diejenige
des „Dritten Reiches", jedenfalls solange sich diese noch auf
der Linie des vertrauten und von ihm befürworteten Revisionismus der Weimarer Kabinette zu bewegen schien.

Die Überzeugung, daß eine politische Revision zentraler
Bestandteile des Versailler Vertrages und eine Wiederherstellung Deutschlands als gleichberechtigter europäischer Großmacht sowohl für das Reich als auch für Europa vonnöten
seien, war ja, wie gezeigt, ein wesentliches Motiv Hassells
für seinen Wiedereintritt in den diplomatischen Dienst
gewesen. Entsprechende Bemühungen ziehen sich wie ein
roter Faden durch seine Tätigkeit. Vergleichbares gilt für
seine damit aufs engste verbundenen wirtschaftspolitischen
Vorstellungen, die vom Beginn seiner Laufbahn an auf die
erneute und verstärkte Einbindung der deutschen in die
Weltwirtschaft gerichtet waren. Anklänge an seine bereits
skizzierten Überlegungen aus der Zeit des Krieges sind auch
in diesem Falle unüberhörbar. Schließlich aber setzte sich
Hassell auf allen seinen Stationen nachdrücklich für die
deutschen Minderheiten bzw. „Kolonien" ein, in Italien und
Spanien ebenso wie insbesondere in Dänemark und Jugoslawien. Auch hier bewegte sich der politisch deutschnationale
Diplomat auf vertrautem Terrain.

Am 19. Dezember 1919 trat Hassell seinen Dienst an der
deutschen Botschaft in Rom an. Am 7. Mai 1920 wurde er
zum Gesandtschaftsrat I. Klasse mit der Amtsbezeichnung
„Botschaftsrat" ernannt und wenig später, am 30. Mai des
gleichen Jahres, nach dem Tode des Geschäftsträgers von
Herff, mit der einstweiligen Leitung der Botschaftsgeschäfte
beauftragt. Der karrierebewußte Diplomat hat diese Chance
zu nutzen verstanden und sich in den kommenden Monaten
vor allem durch Analysen des deutsch-italienischen Verhält-

nisses zu profilieren gesucht. Darüber hinaus gelangen ihm
in relativ kurzer Zeit Fortschritte bei der Freigabe der
beschlagnahmten deutschen Institute in Rom und vor allem
der bedeutenden Bibliothek des Archäologischen Instituts.
Deren Rückgabe erreichte er in Gesprächen mit dem Historiker und Philosophen Benedetto Croce, der damals Unter-
richtsminister im fünften Kabinett Giovanni Giolittis war.

Auffallend in Hassells Berichten ist namentlich sein Eintreten für eine behutsame Behandlung der italienischen
Öffentlichkeit durch eine gezielte Presse- bzw. Aufklärungs-
arbeit anstelle der etwa von einigen deutschen Zeitungen
ständig wiederholten Vorwürfe über die italienische Haltung
im Weltkrieg. Gleichzeitig galt es aus dieser Sicht der Dinge,
die „augenblicklich nach innen wie nach außen gleich
schwierige Lage" Italiens zu berücksichtigen. Mit Blick auf
die bevorstehende Konferenz der Alliierten in Spa riet Hassell Ende Juni 1920, einerseits „alles zu vermeiden, was nach
außen Italien als deutschfreundlich oder dergleichen erscheinen lassen könnte", und andererseits den „lebhaften Wunsch
Italiens" zu berücksichtigen, „wenigstens äußerlich etwas für
die eigene Kasse mit nach Hause zu bringen"[14]. Hassell
zeigte sich überzeugt, daß die Entwicklung den Italienern
„zwangsweise [...] ein Wiedererstarken Deutschlands als
dringend erwünscht erscheinen" lassen werde[15].

In einer bemerkenswert weitsichtigen „Aufzeichnung über
die deutsch-italienischen Beziehungen an der Jahreswende
1920/21" hat sich der Botschaftsrat des näheren über die
Gründe für seine optimistische Prognose ausgelassen[16]. Dort
nämlich diagnostizierte er ein „entscheidendes gemeinsames
Interesse" beider Länder an der Herstellung einer „anderen
Gewichtsverteilung" in Europa, welche die „Voraussetzung
für einen Wiederaufbau des Kontinents" bilde. Dazu seien
vor allem der „Wiederaufbau Deutschlands und die Wieder-
einschaltung Russlands" unabdingbare, zugleich im Interesse
der italienischen Politik liegende Voraussetzungen, sofern
sich diese „und Europa von dem Übergewicht der Alliierten
befreien" wollten. Das gelte, so Hassell weiter, sowohl in all-
gemein-politischer Hinsicht als auch in kultureller oder
sozialer Beziehung, vor allem aber für den Bereich der wirt-

schaftlichen Entwicklung. Gerade hier sei das Interesse an
einer deutsch-italienischen Kooperation beiderseitig: zum
einen sei es geboten, Italien wirtschaftlich zu unterstützen
und z. B. „bei deutschen wirtschaftlichen Unternehmungen
im Osten, vor allem in Russland", heranzuziehen. An dessen
Stellenwert im Rahmen der deutschen Politik und Wirtschaft
ließ Hassell nicht nur in diesem Zusammenhang keinen
Zweifel. Zum anderen könne Italien dem Reich „wesentliche
Dienste" nicht zuletzt als „Brücke nach dem Orient" leisten.

Die diesen Gedanken zugrundeliegenden Vorstellungen
Hassells über die Bedeutung Rußlands einerseits und
Südosteuropas andererseits lagen ganz auf der sich in dieser
Zeit entwickelnden Linie deutscher Außenpolitik: In den folgenden Jahren hat sich diese bekanntlich sowohl – beginnend mit dem Vertrag von Rapallo (16. April 1922) – auf eine
engere Kooperation mit Sowjet-Rußland, zunächst vor allem
auf wirtschaftlichem Gebiet, als auch auf eine Intensivierung
der Handelsbeziehungen mit den Staaten Südosteuropas und
der Türkei konzentriert. Das zeigen beispielsweise die Han-
delsabkommen mit der Türkei vom 12. Januar 1927 oder mit
Jugoslawien am 6. Oktober 1927. Gerade hier sah man eine
entscheidende Voraussetzung auch für den politischen Wiederaufstieg der deutschen Großmacht. An dem letztgenannten Strang deutscher Außenpolitik sollte Hassell dann, insbesondere seit 1930, in Belgrad und Rom maßgeblich
mitwirken.

Vorerst hatte er freilich nur geringe Möglichkeiten, durch
Lageanalysen oder Konzepte einen erkennbaren Einfluß auf
deren Gestaltung zu nehmen: Nachdem es offenbar zu Spannungen zwischen ihm und dem seit Oktober als außeror-
dentlicher und bevollmächtigter Botschafter amtierenden
John von Berenberg-Goßler gekommen war, wurde Hassell
nach Barcelona „abgeschoben". Am 4. März 1921 erfolgte
seine Ernennung zum Generalkonsul, und am 21. März übernahm er in Barcelona die Geschäfte. Diese bestanden –
neben den routinemäßigen Arbeiten eines Konsuls und der
etwa zweijährigen Suche nach neuen Geschäftsräumen[17] –
primär in der Abfassung von Lageberichten über die innere
Lage Kataloniens. Einen gewissen Schwerpunkt bildeten

dabei die wirtschaftliche Situation des iberischen Staates und seine sozialen Probleme[18] sowie die deutsch-spanischen Handelsbeziehungen, für deren Intensivierung Hassell sich im Rahmen seiner Möglichkeiten einsetzte, so z. B. in der Frage der Einrichtung einer deutschen Handelskammer in Spanien, vorzugsweise in Barcelona[19]. Von seinen zahlreichen kulturpolitischen Aktivitäten sei nur die Schaffung einer „deutschen Stiftung" erwähnt, die dem Zweck diente, die devisenschwache deutsche Wissenschaft wieder mit spanischer Literatur zu versorgen[20].

Das besondere Interesse Hassells galt aber zweifellos der „Lage des Deutschtums". Um diese zu erkunden, unternahm er zahlreiche Reisen, die ihn gelegentlich weit über seinen Amtsbereich hinaus und beispielsweise im Jahre 1924 durch Asturien, Galizien und Andalusien sowie nach Lissabon, Gibraltar und ins nordafrikanische Ceuta führten. Keine deutsche Kolonie war dem Generalkonsul zu klein, als daß nicht ihre politische, wirtschaftliche oder kulturelle Lage in seinen ausführlichen Berichten vermerkt worden wäre. Daß der Besuch eines „Vertreters des Reichs" in der Regel „mit größter Freude und lebhaftem Interesse aufgenommen wurde", fand darin ebenso Erwähnung wie die insbesondere wirtschaftlichen Schwierigkeiten mancher seiner Landsleute im Ausland oder auch der „überaus bedauerliche Verlust an guter deutscher Volkskraft", den Hassell gelegentlich seiner Schiffsreise nach Lissabon bei den deutschen, „meistens dem Mittelstande angehörenden Auswanderern, also Personen von gehobener Lebenshaltung", feststellen zu können meinte[21]. Insofern war es nur konsequent, wenn er sich etwa im November 1922 gegenüber dem Auswärtigen Amt für die Belange des „Deutschen Ausschusses" in Barcelona einsetzte. Hassell sah den besonderen Wert einer solchen Vereinigung in der „systematische[n] Herausstellung der gemeinsamen nationalen Gesichtspunkte und Interessen, für deren Förderung alle Deutschen ohne Rücksicht auf die Partei zusammen arbeiten können"[22]. Ohne Zweifel blieben die Überwindung der „Gegensätze" und die Integration der heterogenen Kräfte im nationalen Interesse, die bereits eine wichtige Triebfeder für sein Engagement in der DNVP gewesen

waren, auch zentrale Anliegen seiner diplomatischen Tätigkeit[23].

Die Möglichkeit zu großen politischen Lageanalysen, wie
Hassell sie in Rom hatte anfertigen können, waren dem
Generalkonsul indessen aufgrund seiner Stellung versagt.
Bemerkungen zur internationalen Lage, wie etwa Hinweise
auf die Rolle Frankreichs als „Friedensstörer" im Rahmen der
Besetzung des Ruhrgebietes[24] oder auf die zahlreichen
„Rechtsbrüche" der „Ententestaaten"[25], finden sich allenfalls
vereinzelt und am Rande von Berichten anderen Inhalts. In
der Öffentlichkeit hat sich Hassell hingegen sehr deutlich
zur „großen Politik" und insbesondere zur Lage des Deutschen Reiches nach Unterzeichnung des Versailler Vertrages
geäußert[26], die er im Jahre 1924 so charakterisierte:
„Deutschland verstümmelt und militärisch machtlos, jeder
vierte Deutsche außerhalb der Reichsgrenze, jeder Zehnte
unter Fremdherrschaft, ohne Kolonien, von zahlreichen
Märkten verdrängt . . ."[27]. Deutschland, so die nüchterne
Bilanz des Diplomaten, scheine froh sein zu müssen, neben
den großen Machtblöcken in der Welt „in Zukunft ein
Dasein zu fristen, wie im Verhältnis zu Europa etwa Dänemark und die Schweiz"[28]. Als Antwort auf die von ihm selbst
gestellte Frage, wie sich denn Deutschland als abendländi-
sche Kulturnation gegen das Vordringen vorderhand stärke-
rer „Rassen" und insbesondere eines „einförmige[n] materiell
gerichtete[n] Banausentum[s] angloamerikanischer Färbung"
behaupten könne, wußte Hassell freilich nur die Aufforderung vorzutragen, „in Kontinenten statt in deutschen Bier-
dörfern zu denken, d. h. den Horizont eines Weltvolkes zu
gewinnen"[29].

Daß die Wiederherstellung des deutschen Großmachtstatus eine unabdingbare Voraussetzung sein mußte, das stand
für Hassell ebenso fest wie seine Überzeugung, daß der
Diplomatie bei diesem Prozeß der mühsamen Revision des
status quo mit friedlichen Mitteln eine Schlüsselrolle zukam.
Die Stellung eines Generalkonsuls in Barcelona bot ihm
jedoch kaum die entsprechenden Möglichkeiten, diese Entwicklung mitzugestalten. Das sollte sich erst mit seiner
Ernennung zum Gesandten I. Klasse in Kopenhagen ändern,

die am 27. Juli 1926 erfolgte und von welcher der zu diesem Zeitpunkt 45jährige Diplomat schon deshalb sicher mit Genugtuung erfuhr.

2. Gesandter der Weimarer Republik

Am 7. November 1926 übernahm Ulrich von Hassell in der dänischen Hauptstadt die Geschäfte. Konsul mit der Amtsbezeichnung Gesandtschaftsrat an der deutschen Vertretung war zu diesem Zeitpunkt noch Ernst Freiherr von Weizsäkker. Dieser hatte die bevorstehende Ernennung Hassells mit gemischten Gefühlen kommentiert[1]. Später erinnerte er sich, daß es für „zwei zur Arbeit neigende höhere Beamte [. . .] nicht genug zu tun" gegeben habe[2]. Die Differenzen zwischen den beiden Diplomaten gingen, wie schon Leonidas E. Hill bemerkt hat[3], sowohl auf ihre unterschiedlichen Persönlichkeiten als auch auf ihre in mancher Hinsicht nur schwer miteinander zu vereinbarenden politischen Vorstellungen zurück. Auch über Weizsäckers Wechsel in das Abrüstungsreferat des Auswärtigen Amtes im März 1927 hinaus blieben gewisse Animositäten bestehen, was freilich nichts am engen Kontakt der beiden Familien änderte. So ließ sich Hassell beispielsweise im März 1937 beurlauben, um an der Hochzeit von Weizsäckers Sohn Carl Friedrich mit seiner Nichte Gundalena Wille in Zürich teilnehmen zu können[4].

Die Stellung als Gesandter des Deutschen Reiches in Kopenhagen ist Hassells erster wichtiger Posten gewesen. Das gilt sowohl für seinen Status im deutschen diplomatischen Corps und damit für seine weitere Karriere als auch und vor allem für die Entwicklung seiner politischen Ideen und Konzeptionen. In diesen sollten dann, insbesondere während des Krieges und als Ergänzung zu den 1930–38 in Jugoslawien und Italien gewonnenen Eindrücken, die in Skandinavien gemachten Erfahrungen eine erhebliche Rolle spielen: Neben der deutschen „Mission" in Südosteuropa rangierte dort die „Organisation des Ostseeraums" als wichtigste Aufgabe deutscher Großmachtpolitik.

Zum Zeitpunkt der Übernahme der Geschäfte durch den

neuen Gesandten waren die deutsch-dänischen Beziehungen
keineswegs ungetrübt. Die im Versailler Vertrag festgeschrie-
bene Volksabstimmung in Nordschleswig hatte Anfang des
Jahres 1920 zur Abtretung des größten Teils dieser Gebiete,
nördlich der sogenannten „Clausenlinie", an Dänemark
geführt. Daß die Revision dieses Zustandes – in welchem
Umfang auch immer – ein Ziel deutscher Außen- und insbesondere Dänemarkpolitik bleiben müsse, stand auch für Hassell außer Frage. Allerdings ließ er ebensowenig einen Zweifel an den dafür erforderlichen bzw. geeigneten Methoden.
Diese bestanden in einer vertrauensvollen *Zusammenarbeit*
mit den Staatsmännern des Königreichs und in einer dadurch
bewirkten Verbesserung des deutsch-dänischen Verhältnisses. Gefordert war ein vorsichtiges bzw. im Auftreten
zurückhaltendes Taktieren bei gleichzeitigem entschiedenem
Festhalten an den aus deutscher Sicht wichtigen Zielen. In
diesem Sinne stellte Hassell am Ende seiner Kopenhagener
Tätigkeit, und gewissermaßen bilanzierend, in einem Zeitungsinterview fest, man dürfe „nicht zu schnell vorgehen,
sondern Schritt für Schritt in genauer *Erkenntnis des Erreichba-
ren*"[5]. Tatsächlich hat sich der Diplomat konsequent an diese
Maxime gehalten, und nicht nur in Dänemark.

Was aber konnte unter den gegebenen Bedingungen als er-
reichbar gelten? Hier sind deutlich zwei durchaus eng miteinander verbundene Schwerpunkte seiner Politik zu erkennen,
und zwar zum einen sein Eintreten für die deutsche Minderheit und zum anderen seine Bemühungen um eine Annäherung der skandinavischen Staaten an das „rassenverwandte"
Deutsche Reich. Was nun Hassells Einsatz für das Deutschtum in Dänemark angeht, den er, 1930 zurückblickend, als
durchaus erfolgreich bezeichnete[6], so erwies er sich hier – wie
schon in Spanien – als unermüdlicher Reisender. Die dabei
gesammelten Erfahrungen und seine Lageanalysen sind in
zahlreichen Berichten dokumentiert. Einmal mehr beklagte er
die partikularen bzw. Partei-Gegensätze und forderte ihre
Überwindung im nationalen Interesse, könne und müsse dieses doch als der kleinste und zugleich wichtigste gemeinsame
Nenner der politischen Bestrebungen aller Deutschen gelten.
Insofern kann es dann auch kaum überraschen, daß er etwa

Der Gesandte Ulrich von Hassell mit Frau Ilse und den vier Kindern 1926 in Kopenhagen.

1929 gegenüber Weizsäcker Erich Maria Remarques Erfolgsroman „Im Westen nichts Neues" heftig kritisierte, da „das Wort Vaterland oder Deutschland [...] überhaupt nie" vorkomme und „jeder nationale Unterton" fehle[7].

Es sei offenbar typisch „deutsch", so schrieb er – gleichsam seine diesbezüglichen spanischen und dänischen Impressionen resümierend – am 31. Mai 1927 an das Auswärtige Amt, „wenn [...] starke Uneinigkeit in bezug auf Ziele und Methoden sowie persönliche Gegensätze bestehen"[8]. Als geradezu „würdelos" aber und dem „Ansehen des Deutschen Reiches im Auslande" abträglich mußten ihm dann die öffentlichen Bekundungen eines Deutschen erscheinen, der – wie etwa Ernst Toller anläßlich der Erstaufführung seines Stückes „Hoppla, wir leben" – in dänischen Zeitungen Zweifel am deutschen Demokratieverständnis äußerte und vor Revisionsbestrebungen der „deutschen Chauvinisten" warnte[9]. Natürlich waren derartige Stellungnahmen in Situationen wenig hilfreich, in denen sich Hassell, wie z. B. im Februar 1928 gegenüber dem dänischen Außenminister, Laust Moltesen, gezwungen sah, Widerspruch gegen Bestrebungen anzumelden, „die deutsche Minderheit einfach als Dänen in Anspruch zu nehmen"[10].

Wie man derartigen Tendenzen entgegenwirken könne, dazu hat sich der Gesandte in einem Lagebericht vom 3. Juni 1927[11] geäußert, der zugleich seine Formulierung der Ziele „für die deutsche Arbeit in Nordschleswig überhaupt" enthält. Entschieden riet er davon ab, eine bestimmte Grenze als deutsches Ziel zu nennen. Ein solches Vorgehen bedeute nicht nur eine außerordentliche Erschwerung der praktischen politischen Arbeit für die deutsche Minderheit, sondern auch eine „Aufstachelung des dänischen Widerstandes" und eine „Zusammenführung aller dänischen Richtungen zur Abwehr". Vielmehr gelte es den Dänen vor Augen zu führen, daß die neue Grenze dem Reich von seinen „Kriegsgegnern [...] unter Mitwirkung Dänemarks aufgezwungen", nicht aber „in freier Vereinbarung" zwischen den beiden Ländern festgelegt worden sei: Der Appell an das politische Ehrgefühl des Königreiches war das Gebot der Stunde. Zusammenfassend plädierte er daher einmal mehr für eine Förderung des dänischen Verständnisses „für die Notwendigkeit der Zusammenarbeit" sowie alles dessen, was diesem Ziel diene.

Dazu zählte er an erster Stelle – und hier lag zugleich der zweite Tätigkeitsschwerpunkt Hassells – die systematische Förderung der deutsch-*skandinavischen* Zusammenarbeit, deren Ausgangspunkt eben die Verbesserung der deutsch-dänischen Beziehungen sein mußte. Und dafür sah der Gesandte durchaus einige, gewissermaßen unterhalb der Tagespolitik angesiedelte Gemeinsamkeiten, und zwar – wie er im August 1927 in einem Gespräch mit dem dänischen König, Christian X., feststellte – die „Rassenverwandtschaft", das „Fehlen jedes konfessionellen Gegensatzes" sowie die „Ebenbürtigkeit der beiden Kulturen"[12]. Könnten auf dieser Basis die Beziehungen zwischen den beiden Ländern gebessert werden, so sei damit – „bei der Eigenart der nordischen Verhältnisse" – zugleich die Voraussetzung für ein „wirklich ungehemmtes Zusammenarbeiten zwischen Deutschland und den übrigen nordischen Ländern" gegeben. Die letzten Zeilen waren im übrigen an den deutschen Außenminister, Gustav Stresemann, gerichtet und sollten diesen zu einem Kopenhagen-Besuch anläßlich seiner geplanten Schweden-reise bewegen[13].

Bei dieser Propagierung einer „systematische[n] Zusammenarbeit zwischen Deutschland und den skandinavischen Ländern" handelte es sich nun aber keineswegs um eine fixe Idee Hassells. Vielmehr war es Moltesen gewesen, der in einer Unterredung mit dem deutschen Gesandten am 3. Januar 1927 davon gesprochen hatte, daß der „Skandinavismus", also die enge Zusammenarbeit der „fünf Länder des Nordens [. . .] allmählich – das ginge nicht mit einem Schlage – in eine Art ,Teutonismus' erweitert" werden müsse, „das heißt also durch Einbeziehung Deutschlands in diesen Rahmen". Dem dänischen Außenminister, der vor einer *öffentlichen* Erörterung solcher Gedanken warnte, schwebte dabei z.B. „die praktische Arbeit im Völkerbund" vor. Natürlich waren diese Ideen bei Hassell auf fruchtbaren Boden gefallen, und auch im Auswärtigen Amt hatte man „allen Grund" gesehen, „sie zu begrüßen und zu fördern". Allerdings ver-

stand der Staatssekretär, Carl von Schubert, unter „prakti-
scher Arbeit" sogleich die deutsche „Führung im Völkerbund"[14].

Praktische Ansatzpunkte für eine solche Förderung bot
neben dem Feld der Wirtschafts- vor allem dasjenige der
Kulturpolitik. Tatsächlich bildete ja, wie Hassell Ende
November 1928 an seinen Vetter Carl schrieb, das „ganze
Problem der Kultur- und Wirtschaftsarbeit im Norden [...]
sozusagen das A und O" seiner Tätigkeit[15]. Allerdings plädierte er in einer zur gleichen Zeit abgefaßten Aufzeichnung
auch auf dem Gebiet der von ihm nachhaltig geförderten
Kulturbeziehungen für ein behutsames Vorgehen gegenüber
den „Anliegerstaaten der Nordsee und Norwegen" unter Vermeidung jedweden „programmatischen Anstrich[s]". Werde
die Kulturarbeit auf diese Weise betrieben, dann könne man
– und hier ist die eigentliche Intention dieser Bemühungen
zu sehen – „den uns vorschwebenden *politischen* Zielen wirksam dienen und allmählich näher kommen". Zwar schien
Hassell „der Gedanke der Bildung eines Interessenverbandes
der Ostseeanliegerstaaten [...] *noch* nicht reif zu sein", aber
es ist doch unverkennbar, daß hier für ihn eine wichtige,
wenn auch vorderhand scheinbar kaum realisierbare Perspektive deutscher Außenpolitik lag[16]. Ganz in diesem Sinne
ventilierte er dann im August 1929 den Gedanken, auch Estland und Lettland in die kulturpolitische Arbeit miteinzubeziehen, „eben zu dem Zwecke, die Tendenzen zu fördern,
welche auf Loslösung dieser beiden Länder von südöstlicher
Verbindung" und ihre Annäherung an den skandinavischen
Norden gerichtet seien[17].

Wie gesagt: In der gegebenen Situation mußte diese Idee
der „Bildung eines Interessenverbandes der Ostseeanliegerstaaten" illusionär erscheinen, zumal dann, wenn man das
nicht ausgesprochene, aber zwischen den Zeilen deutlich
greifbare Ziel der deutschen Führung eines solchen Bundes
in Rechnung stellt. In der Rückschau kann es freilich keinen
Zweifel geben, daß Hassell an eben diesen Ideen und Erfahrungen seiner Kopenhagener Zeit anknüpfte, als er 1942 – in
einem „Dominium maris baltici" betitelten Aufsatz und jetzt
unter dem Eindruck der durch den Krieg geschaffenen neuen

Lage – die „Organisation des Ostseeraums" zur „deutschen Aufgabe" erklärte.

Zunächst einmal wurden allerdings Hassells Blicke in eine ganz andere, für seine weitere Gedankenbildung nicht minder wichtige Richtung gelenkt, nach Südosteuropa. Am 1. April 1930 erfolgte seine Ernennung zum Gesandten I. Klasse in Belgrad, und am 26. Mai des gleichen Jahres übernahm er in der jugoslawischen Hauptstadt die Geschäfte.

Die Situation, der sich Hassell hier konfrontiert sah, war keineswegs einfach. Das zu Teilen aus dem österreichisch-ungarischen Staatsverband herausgelöste Königreich Jugoslawien, wie sich der am 1. Dezember 1918 proklamierte Staat der Serben, Kroaten und Slowenen seit dem 3. Oktober 1929 nannte, befand sich in einer inneren Krise. Nach dem Staatsstreich des Königs Alexander vom 6. Januar 1929 hatte sich die konstitutionelle in eine autoritär geführte Monarchie gewandelt, ohne daß dadurch die z. T. heftigen Auseinandersetzungen hätten beendet werden können. Nicht minder schwierig war die außenpolitische Situation des Landes, das sich den begehrlichen Blicken seiner zahlreichen Nachbarn, insbesondere Ungarns und Bulgariens, ausgesetzt sah. Die Beziehungen zu Griechenland hatten sich erst seit dem März 1929 gebessert. Gespannt war das Verhältnis zu dem an Albanien interessierten Italien Mussolinis: Der sogenannte Adria-Pakt aus dem Jahre 1924 war im Januar 1929 ausgelaufen. Solchermaßen bildete die „Kleine Entente", bestehend aus den vor allem gegen den ungarischen Revisionismus gerichteten Bündnisverträgen des Königreiches mit der Tschechoslowakei vom 14. August 1920 und mit Rumänien vom 7. Juni 1921, den eigentlichen Rückhalt der jugoslawischen Außenpolitik. Das galt um so mehr, als dieses Vertragssystem unter der Patronage Frankreichs zustandegekommen war und der Freundschafts- und Verständigungspakt vom 11. November 1927 die Beziehungen Jugoslawiens zu dieser für seine Sicherheit wichtigsten Großmacht noch einmal intensiviert hatte.

Damit aber besaß Jugoslawien auch für die deutsche Außenpolitik eine besondere Bedeutung. Denn zum einen

war das Königreich ja mit dem eigentlichen Widerpart des
Deutschen Reiches in Europa verbündet und zum zweiten
galt es damit als fester Bestandteil des französischen, in seiner Funktion als „barrière de l'est" nicht zuletzt gegen
Deutschland gerichteten „cordon sanitaire". Schließlich war
durch diese Gegebenheiten die deutsche Südosteuropa-, und
d. h. vor allem ihre Wirtschafts- und Handelspolitik, zumindest potentiell bedroht. Gerade hier aber lag für die Außen-
politiker der Weimarer Republik eines der wenigen, zudem
aussichtsreichen Betätigungsfelder und nicht zuletzt eine
Ansatzmöglichkeit künftiger deutscher Großmachtpolitik.

Schon deshalb also sah sich der neue Gesandte keiner
leichten Aufgabe gegenüber. Hinzu kamen weitere Probleme,
wie z. B. die Gestaltung des deutsch-österreichischen Verhältnisses oder – zumal für Hassell – der Einsatz für die
deutsche Minderheit. Daß er es „ebenso wie seinerzeit in
Dänemark" für seine Pflicht hielt, „die Verhältnisse der deutschen Minderheit an Ort und Stelle zu studieren", entsprach
ganz seiner politischen Grundhaltung[18]. Allerdings lag, wie
er anläßlich seines Antrittsbesuches beim jugoslawischen
Außenminister, Wojislaw Marinkowitsch, klarstellte, das
Problem der deutschen Minderheit in Jugoslawien insofern
„ganz anders" als in Dänemark, als hier „eine deutsche Irredenta überhaupt nicht in Frage komme"[19]. Zu bemängeln
hatte er vor allem „Schikanen" gegenüber der deutschen
Volksgruppe und insbesondere den Zustand ihres Schulwe-
sens. Hier sah der Gesandte zu Anfang seiner Tätigkeit das
einzige „Hindernis" in der ansonsten „fruchtbaren Zusammenarbeit" beider Länder[20]. Hassell äußerte diese Bedenken
in einer seiner zahlreichen Unterredungen mit dem König,
über die er regelmäßig nach Berlin berichtete. Diese z. T.
direkt an den Staatssekretär, Bernhard Wilhelm von Bülow,
gerichteten Niederschriften seiner Gespräche, die häufig
nicht für den Geschäftsgang gedacht waren, vermitteln im
übrigen ein ausgezeichnetes Bild seiner politischen Ideen
während der Belgrader Tätigkeit.

In deren Zentrum stand nun unverkennbar der Ausbau der
Wirtschaftsbeziehungen mit allen seinen politischen Impli-
kationen, und insofern bewegte sich Hassell hier ganz auf

der vom Auswärtigen Amt vorgegebenen außenpolitischen
Linie. Bereits im Verlaufe seines erwähnten Antrittsbesuches
bei Marinkowitsch wies er auf das „überaus starke Interesse
der deutschen Wirtschaft an Jugoslawien" hin[21]. Das Ziel seiner sich daraus ergebenden Bemühungen war freilich nicht
nur eine Verbesserung der bilateralen Wirtschaftsbeziehungen. Vielmehr hatte Hassell von Anfang an, wie er gegenüber dem König betonte, die weitergehende „Möglichkeit
einer besser organisierten wirtschaftlichen Zusammenarbeit
in Mitteleuropa" vor Augen[22]. Unverkennbar knüpfte er hier
an ältere Mitteleuropa-Ideen deutscher Provenienz an, wie
sie insbesondere während des Ersten Weltkrieges propagiert
worden waren. Auch diese durch seine Erfahrungen „vor
Ort", aber dann auch durch die Ereignisse des Jahres 1938
bestätigten Ideen sollten ein fester Bestandteil seines politischen Denkens bleiben. „Die mitteleuropäischen Wirt-
schaftsnotwendigkeiten", so formulierte er in einem Politischen Bericht vom 19. Dezember 1930, der im Auswärtigen
Amt auf große Resonanz traf[23], „sind eines der wenigen
Gewichte, das heute in unsere Waagschale fällt, in der weder
Gold noch Schwerter liegen."

Tatsächlich hat ja dann die deutsche Außenpolitik mit dem
von österreichischer Seite angeregten und namentlich vom
deutschen Außenminister, Julius Curtius, vorangetriebenen
Projekt einer Zollunion der beiden Länder versucht, einen
entscheidenden Schritt in dieser Richtung voranzukommen.
Die im Protokoll vom 19. März 1931 niedergelegten Pläne
scheiterten freilich an dem entschiedenen Widerstand insbesondere Frankreichs, dessen wirtschaftlicher Druck auf
Österreich dieses zur Aufgabe des Projektes zwang. Überdies erklärte der Haager Gerichtshof in seinem Urteil vom
5. September 1931 das Vorhaben als mit bestehenden Verträgen – d. h. insbesondere dem Anschlußverbot – unvereinbar.
Solchermaßen schienen auch die mit dem Plan verbundenen
Aussichten auf einen wirkungsvollen Ausbau der wirtschaftlichen und damit der politischen Position in Südosteuropa
geschwunden zu sein, hatte man doch gehofft, andere Staaten dieser Region, wie etwa die Tschechoslowakei und
Ungarn, in das Unternehmen miteinbeziehen und gleichzei-

tig Polen, aber auch Frankreich unter Druck setzen zu können.

Natürlich wurden diese Pläne auch in Jugoslawien mit Aufmerksamkeit bzw. Besorgnis registriert, und der deutsche Gesandte sah sich wiederholt gezwungen, das Problem mit Vertretern seines Gastgeberlandes zu erörtern. Daß er diese von den Perspektiven einer solchen Zollunion zu überzeugen und ihre Befürchtungen mit dem Hinweis zu entkräften suchte, daß eine Teilnahme Jugoslawiens sowohl möglich als auch willkommen sei, ist naheliegend. Von grundsätzlicherem Interesse ist indessen die Begründung, welche er für die „Berlin-Wiener Aktion" in Belgrad vortrug, wirft sie doch ein bezeichnendes Licht auf seine politische Gedankenwelt.

Hassell sah nämlich für die weitere Entwicklung Mitteleuropas nur zwei Möglichkeiten: Entweder, so führte er dem jugoslawischen König im April 1931 vor Augen, „Mitteleuropa bringe sich auf dem Wege, der jetzt von Deutschland und Österreich betreten und von ihnen ausdrücklich für alle anderen Länder offen erklärt worden sei, in Ordnung oder der Bolschewismus werde in der einen oder anderen Form Europa überwältigen oder mindestens in schwere Katastrophen stürzen". Hier handelte es sich keineswegs um ein zum Zwecke der Beschwichtigung oder Einschüchterung Jugoslawiens aufgebautes Schreckgespenst, also eine situationsbedingte Analyse, sondern um die tiefe Überzeugung des Diplomaten. Das gilt auch für seine diese Vision ergänzende Einschätzung, wonach „die wichtigste Voraussetzung erfolgreicher Abwehr" des Bolschewismus ein „gesundes Deutschland" sei[24]: Es sollte eben diese Argumentation sein, die der Oppositionelle Hassell z. B. im Februar 1940 in Form seines „Statement" der britischen Regierung vorzutragen suchte, um die Voraussetzungen und Bedingungen für eine neue Nachkriegsordnung zu erkunden.

Nun waren Deutschlands „Gesundheit" und seine „Größe"[25] im Verständnis der Zeitgenossen unabdingbar miteinander verknüpft. Letztere aber war nur durch eine Beseitigung der „Fehlkonstruktion des Vertrages von Versailles" sicherzustellen, und Hassell hat sich dann auch in mehreren Unterredungen mit dem König sowohl über die Ziele als auch über den *modus procedendi*, also die Methoden deutscher Revisionspolitik ausgelassen. „Wir spielten nicht", so stellte er wiederholt fest, „mit dem Gedanken einer Art Generalrevision in allen Beziehungen, sondern wir hätten ganz klare Ziele, die wir in Verständigung mit den Beteiligten im Guten zu erreichen wünschten"[26].

Wo aber lagen die *territorialen* Ziele dieser Politik, die sich ganz offenkundig auf der von Stresemann vorgegebenen Linie bewegen sollte? Hier hat sich der Gesandte eindeutig festgelegt: So wisse jeder, „daß wir die Revision der deutsch-polnischen Grenze erstrebten, aber nicht z. B. in bezug auf Elsaß-Lothringen"[27]. Auch die letztgenannte Klarstellung war kein zur Beruhigung seiner Gesprächspartner gedachtes Lippenbekenntnis. Noch im Februar 1940 sollte er sich gegenüber der britischen Seite genauso äußern. Anders sollte es sich zu diesem Zeitpunkt im übrigen mit seiner Einstellung zu den sudetendeutschen Gebieten der Tschechoslowakei verhalten. Im Jahre 1931 jedenfalls konnte er noch feststellen, „dass niemand in Deutschland den Bestand der Tschechoslowakei antasten wolle; wir wünschten lediglich volle Parität für die Deutschen daselbst". Hingegen liege ein „Zusammenwachsen von Deutschland und Österreich [. . .] in der Natur der Dinge"[28]: „Das deutsche Volk müsse an seinem Ideal des Zusammenschlusses mit Österreich als einem nur eine ganz kurze Periode hindurch abgetrennten deutschen Stamme unbedingt festhalten, ganz gleich ob der Anschluss in absehbarer Zeit möglich sei oder nicht."[29]

Vordringlicher als die Lösung der territorialen Fragen waren für den Gesandten indessen zwei aktuelle Probleme: Er kenne, so sagte er im Februar 1932 der jugoslawischen Zeitung „Pravda", „*keinen einzigen Deutschen, der die gegenwärtige Lage Deutschlands für länger erträglich hielte. Dies bezieht sich heute in erster Linie auf die Frage der Reparationen und die Frage der Abrüstung.*" Gerade hier zeige sich, daß trotz der Verständigungspolitik der voraufgegangenen Jahre, die durch den Namen „Locarno" gekennzeichnet werde, noch immer nicht der Zustand „voller Gleichberechtigung für das deutsche Volk" erreicht sei. Wie könne man sich da im Ausland über das „*gewaltige Anwachsen*" des Nationalsozialismus

und den Aufstieg Hitlers wundern, der doch eben dies for-
dere[30]? Auch gegenüber König Alexander hat sich der
Gesandte mehrfach in diesem Sinne geäußert und namentlich die Auffassung als „absurd" bezeichnet, „daß Deutschland nicht nur als einziger inmitten seiner Nachbarn abzurü-
sten, sondern gleichzeitig den status quo als für immer
anzuerkennen habe"[31]. Es ist ja immerhin bemerkenswert,
daß schließlich auch die Großmächte, unter ihnen die USA,
Großbritannien sowie auf dessen Druck Frankreich, in der
sogenannten Fünf-Mächte-Erklärung vom 12. Dezember
1932 prinzipiell die Gleichberechtigung Deutschlands aner-
kennen und überdies bereits im Sommer des gleichen Jahres,
auf der Konferenz von Lausanne (16. Juni–9. Juli) die Ablö-
sung der deutschen Reparationsschuld durch Zahlung einer
einmaligen Abfindungssumme beschließen sollten. Diese
Entwicklung entsprach sicherlich ebenso Hassells Vorstellungen wie der „neue Kurs" deutscher Außenpolitik in der
Ära Brüning, der mit seiner in vieler Hinsicht rücksichtslose-
ren Gangart zu den genannten Regelungen beitrug.

Tatsächlich konnte ja der Gesandte noch im Januar 1932
gegenüber dem jugoslawischen König auf den unbestreitba-
ren Sachverhalt hinweisen, daß man einem „bis an die Zähne
gerüstete[n]" Frankreich gegenüberstehe, welches immer
noch von dem Willen geleitet sei, ein „Erstarken" des Deutschen Reiches nicht zuzulassen, und das sich schon deshalb
gegen den Grundsatz der Parität auf dem Rüstungssektor
wehre[32]. Der Faktor Frankreich war nach wie vor der Dreh-
und Angelpunkt deutscher Außenpolitik, auch und gerade in
dem aussichtsreichen Betätigungsfeld Südosteuropa, wo die
deutsche Politik aus Hassells wohl nicht ganz unzutreffender
Sicht vom „französische[n] östliche[n] Bündnissystem, [. . .] in
Gestalt der von Frankreich patronisierten Kleinen Entente,
umklammert" wurde. Vergleichbares galt natürlich auch mit
Blick auf Polen, den „Drehpunkt" deutscher Ostpolitik. Hier
war es die französisch-polnische Allianz vom 19. Februar
1921, welche der deutschen Politik die Erreichung ihres Ziels
erschwerte, „auf die eine oder andere Weise Polen gegenüber
unseren Willen durch[zu]setzen".

In seinem bereits erwähnten Bericht vom 19. Dezember

1930[33], dem auch diese Lageanalyse entstammt, hat sich Hassell dann des näheren darüber ausgelassen, *wie* man diese Situation zugunsten Deutschlands ändern könne: Über das Ziel, nämlich das „französische östliche Bündnissystem" zu „lockern oder zu zerstören", bestand für ihn kein Zweifel: „Man wird [...] deutscherseits die vier Nationen: Polen, Tschechoslowakei, Rumänien, Jugoslavien [...] als dasselbe System ins Auge fassen müssen und demnach seine Durchlöcherung, gleichwie an welcher Stelle zuerst, als notwendiges Ziel ansehen." Hier waren nun zwei Wege denkbar, zum einen der *wirtschaftspolitische*, d. h. die Herstellung einer „Interessenverflechtung" zwischen Deutschland, Österreich und Ungarn auf der einen und Jugoslawien und Rumänien auf der anderen Seite sowie der Versuch, die Tschechoslowakei „in eine Lage hineinzumanövrieren, in der sie sich schliesslich wirtschaftspolitisch und später politisch mit uns verständigen muss".

Der zweite Weg aber bestand in einer *Annäherung an Ungarn* und namentlich in der Unterstützung seines Bestrebens, „die Kleine Entente aufzulockern": „Gelingt es [...] Ungarn, seine grosspolitischen Ziele durchzusetzen und die alten Grenzen gegen die drei Glieder der Kleinen Entente zu erreichen, so wäre das gewiss vom Standpunkte der großen deutschen Politik nur erfreulich", allerdings unter der einen Voraussetzung, daß die deutsche Minderheitenpolitik nicht tangiert werde. Diese Gedanken Hassells fanden, wie schon angedeutet, sowohl im Auswärtigen Amt als auch bei der Deutschen Gesandtschaft in Budapest große Resonanz und weitgehende Zustimmung[34]. Allerdings wies der zuständige Ministerialdirektor des Amtes, Gerhard Köpke, in seiner Antwort vom 24. Januar 1931 darauf hin, daß aus der Berliner Sicht „nicht so sehr die Lockerung der Kleinen Entente als die Verhinderung ihres Ausbaus das politische Ziel" sei[35].

Aber welche Pläne man auch immer mit Blick auf Südosteuropa entwickeln mochte, über die Bedeutung eines Faktors konnte es keinen Zweifel geben: Die Interessen Italiens mußten direkt oder indirekt tangiert werden. Kein Weg konnte also an Rom vorbeiführen. Schon deshalb, nämlich als „Brücke zu Italien", kam Ungarn aus der Sicht des deut-

schen Gesandten in Belgrad eine „Schlüsselstellung" in der
deutschen Außen- und namentlich der Südosteuropapolitik
zu. Ob indes der Versuch denkbar war, auch Italien für die
deutschen Pläne zu gewinnen, konnte er aus Belgrad „nicht
voll übersehen"[36].

Das sollte sich bald ändern: Am 23. September 1932 wurde
der jetzt 50jährige Ulrich von Hassell zum Botschafter des
Deutschen Reiches in Italien ernannt. „Alle meine hiesigen
Eindrücke", so sollte er dann bereits am 25. Januar 1933 an
Köpke schreiben[37], „bestärken mich [. . .] in der schon in Belgrad gewonnenen Überzeugung von der Notwendigkeit
einer aktiven deutschen Politik im Südosten auf der Grundlage einer engen Fühlung mit Italien und Ungarn."

3. Botschafter des „Dritten Reiches"

Am 8. November 1932 übernahm Hassell die Geschäfte in
Rom und vertrat damit zum drittenmal die Interessen des
Deutschen Reiches in Italien. Allerdings hatten sich dort die
Verhältnisse seit dem März 1921, als er die italienische
Hauptstadt zuletzt verlassen hatte, grundlegend gewandelt.
Nach dem sogenannten „Marsch auf Rom", der am 30. Okto-
ber 1922 mit der Berufung Benito Mussolinis zum Minister-
präsidenten erfolgreich beendet worden war, hatte sich die
faschistische Herrschaft in Italien sukzessive stabilisiert. Am
Ende des Jahres 1932 konnte die Stellung des „Duce" innen-
politisch als unangefochten gelten.

Die Beziehungen Hassells zu Mussolini, mit dem er in den
kommenden Jahren schon deshalb besonders häufig zusam-
mentraf, weil der „Duce" vom Juli 1932 bis zum Juni 1936
selbst auch das Außenministerium leitete, zeichneten sich
offensichtlich in den ersten Jahren durch eine vergleichsweise enge und vertrauensvolle Zusammenarbeit aus,
obgleich das deutsch-italienische Verhältnis ja gerade in der
Anfangszeit des „Dritten Reiches" alles andere als ungetrübt
war. Hassell jedenfalls hielt den „italienischen Regierungs-
chef für einen sehr großen Mann"[1]. Der neben Mussolini
wichtigste Gesprächspartner Hassells war Fulvio Suvich, seit

Ulrich von Hassell und Benito Mussolini im Garten der Villa Massimo in Rom. Rechts der Leiter der Deutschen Akademie, Professor Herbert Gericke, mit seiner Frau.

Juli 1932 Unterstaatssekretär im italienischen Außenministerium. Auch die Kooperation mit Suvich war alles in allem gut. Allerdings machte der Beamte aus seinem grundsätzlichen Mißtrauen in die deutsche Politik keinen Hehl. Seine in Berlin begrüßte Entlassung am 9. Juni 1936[2] und die Übernahme des Außenministeriums durch Graf Galeazzo Ciano, den Schwiegersohn Mussolinis, sollte dann nicht nur Folgen für das deutsch-italienische Verhältnis, sondern auch für den Botschafter selbst haben. Aber damit ist die Betrachtung schon den Ereignissen vorausgeeilt.

Knapp drei Monate, nachdem Ulrich von Hassell sein neues Amt angetreten hatte, wurde Adolf Hitler am 30. Januar 1933 vom Reichspräsidenten Hindenburg zum Reichskanzler ernannt. Damit mußte auch der Botschafter seine Einstellung zu den neuen Machthabern definieren bzw. präzisieren. Diese ist für die Zeit im Umkreis der Machtübernahme nicht mit letzter Sicherheit zu bestimmen. Jedenfalls wurde die Nachricht von der Berufung Hassells nach Rom in der Presse mitunter „so verstanden [...], daß die Regierung von Papen gegen die ständigen nationalsozialistischen Versuche einer Einflußnahme auf Rom einen konservativen Widerpart schaffen will"[3]. Nun ist freilich bekannt und auch mit Blick auf die politischen Vorstellungen Hassells schon vor 1933 unverkennbar, daß es durchaus eine partielle Übereinstimmung der außenpolitischen Vorstellungen vieler Konservativer mit denen der Nationalsozialisten gab, soweit sich die Forderungen der letzteren in den Bahnen des wohl den meisten Deutschen vertrauten Revisionismus der Weimarer Zeit bewegten. Und Hitler hat ja dann auch bewußt in seinen öffentlichen Äußerungen in diesem Sinne für seine Politik geworben.

Jedenfalls schilderte Hassell im Januar 1932 dem jugoslawischen König die nationalsozialistische Bewegung „als elementare Folge der französischen Nachkriegspolitik und der schweren Enttäuschung des deutschen Volkes darüber"[4]. Noch deutlicher wurde er einen Monat später in seinem schon zitierten Interview mit der jugoslawischen Zeitung „Pravda". Hier erklärte Hassell den Lesern, daß man in Deutschland durch die „Macht der Tatsachen zu der Ansicht geführt" worden sei, „die gesamte Politik, die durch den Namen Locarno gekennzeichnet wird, sei vergeblich gewesen". So erkläre sich auch „das gewaltige Anwachsen der nationalsozialistischen Bewegung [. . .] Seinerzeit hat man die Kandidatur Hindenburgs im Auslande vielfach als eine Kriegsdrohung, als Katastrophenwahl gedeutet; heute hat man sich wohl endgültig überall überzeugt, daß diese Auffassung vollständig unsinnig war: heute weiß man, was der Name Hindenburg für Deutschland und die Welt während der letzten sieben Jahre bedeutet hat und folglich auch für die Zukunft bedeuten würde. Vielleicht wird man in einiger Zeit dann auch erkennen, daß der Name Hitler für die Welt und für die Millionen Deutschen, die ihm folgen, nicht etwa Revanche und dergleichen bedeutet, sondern lediglich den Ausdruck für das leidenschaftliche Verlangen und gleichzeitig die unbedingte Notwendigkeit, Deutschland endlich volle Gleichberechtigung zu geben."[5]

Nach dem 30. Januar 1933 scheint sich der Botschafter dann „bald" von der „Lebensfähigkeit des Nationalsozialismus überzeugt" zu haben[6]. Insofern hing wohl auch Hassell der – aus einer Unterschätzung Hitlers resultierenden – Illusion an, ein von den Konservativen kontrollierter „Führer" und seine Bewegung könnten zur Beseitigung der gespannten Lage, nicht zuletzt im Innern, beitragen. Diese Unterschätzung resultierte im übrigen auch aus dem Umstand, daß Hassell seit 1919 nicht mehr im Inland eingesetzt worden war und daher die innere Lage Deutschlands sowie die Dynamik der NS-Bewegung nicht wirklich aus eigener Anschauung kannte. Nicht zufällig äußerte er nach den Wahlen vom 5. März 1933, die ja der nationalsozialistisch-konservativen Koalition die Mehrheit sicherten, gegenüber dem Außenminister, Konstantin Freiherr von Neurath, die Hoffnung, daß nun innen-, aber auch außenpolitisch eine Zeit der „Stabilität" gekommen sei[7]. In diesem Sinne sollte er dann noch im Jahre 1939 – unbeschadet seiner grundsätzlichen Kritik an der Zerstörung „alle[r] vorhandenen ethischen Werte" – von den „unzweifelhaften äußeren Erfolge[n] des Nationalsozialismus" sprechen können[8]. Seine Aussage vom 7. September 1944, wonach er „1933 den Nationalsozialismus begrüßt" habe, da er mit dem „Weimarer System" nicht einverstanden gewesen sei[9], entstand wohl nicht nur aufgrund der Verhörsituation vor dem „Volksgerichtshof", sondern entsprach seiner tatsächlichen damaligen Auffassung.

Daß Hassell am 1. November 1933 – auch „seine" Partei, die DNVP, hatte sich inzwischen selbst aufgelöst – in die NSDAP eintrat, seit dem 20. September 1937 als „Brigadeführer" dem NS-Kraftfahrkorps (NSKK) angehörte, 1935 an den Feierlichkeiten zum Jahrestag des gescheiterten Putsches in München oder 1936 und 1937 an den Parteitagen teilnahm, läßt daher wohl keine Rückschlüsse auf seine innere Einstellung zum Nationalsozialismus mit allen seinen Konsequenzen zu[10]: Insbesondere an den Antisemitismus hat er niemals Konzessionen gemacht[11]. Zu einem Schritt, wie ihn seine Amtskollegen in Washington, Friedrich von Prittwitz und Gaffron, und in Moskau, Rudolf Nadolny, mit der – aus unterschiedlichen Motiven erfolgten – Quittierung ihres Dienstes taten, sah Hassell allerdings keine Veranlassung. Dafür war zu diesem Zeitpunkt wohl weniger eine Erkenntnis ausschlaggebend, die er dann 1938 nach seiner Abberufung gegenüber Hans Bernd Gisevius äußerte: Danach gab „es für einen Oppositionellen nur eins, mit Zähnen und Klauen seinen Posten zu verteidigen und für den Fall der Entlassung mit allen Mitteln zu versuchen, wiederhineinzukommen"[12].

Vielmehr waren die auf eine Revision des *status quo* oder auch die auf den Ausbau der mitteleuropäischen Großmachtposition des Reiches bezogenen außenpolitischen Ideen der neuen Machthaber durchaus mit denjenigen des Botschafters vereinbar. Insofern konnte er jetzt die außenpolitischen Vorstellungen der deutschen Diktatur gegenüber Italien ebenso überzeugt vertreten wie vor dem Kriege diejenigen des Kaiserreiches und unmittelbar danach die der Weimarer Republik. Hassell war eben ein typischer Vertreter jener „alten deutsche[n] Führungsschicht" aus „konservativen Beamten, Generale[n] und Politiker[n]", die – so der englische Historiker Hugh R. Trevor-Roper 1960 – Hitler „1933 den Weg zur Macht ebneten und nach 1933 wenigstens eine Zeit lang treu dienten", weil sie die „verständliche Absicht" hatten, „das durch die Niederlage erschütterte deutsche Selbstbewußtsein wiederaufzurichten". Sie hatten „Appetit [. . .] auf die alten polnischen Grenzen des Kaiserreichs. Wenn sie bereit waren,

noch etwas weiter zu gehen als der Kaiser, nämlich Österreich und dazu auch das Sudetenland zu schlucken, dann
war das lediglich eine durch den Zusammenbruch Habs-
burgs bedingte Notwendigkeit und nicht ein Ausdruck politischer Ambitionen in Südosteuropa. Denn die Forderungen
dieser Männer waren durchaus begrenzt, durchaus restaura-
tiv. Wenn sie auch das bolschewistische Rußland haßten,
erobern wollten sie es nicht"[13].

Hassell gehörte deshalb sicher, wie mit dem italienischen
Außenminister Ciano im Februar 1938 einer seiner entschiedensten Gegner notierte[14], „schicksalsmäßig und unweiger-
lich zu jener Welt der Junker", die „das Jahr 1914 nicht ver-
gessen" konnten und „im Grunde gegen den Nazismus"
eingestellt waren. Daß gerade diese Angehörigen der alten
preußisch-deutschen Elite Hitlers weitergehende Vorstellungen eines rassisch fundierten deutschen Großreiches im
Osten für absurd hielten, sollte sich gerade in diesem Fall
besonders verhängnisvoll ausnehmen: Zu spät erst erkannten die meisten, und unter ihnen auch Hassell, daß sie mit
ihrer Unterstützung der traditionell anmutenden Außenpolitik des zunächst auf sie angewiesenen „Führers" *de facto*
zugleich seinen wesentlich weitergehenden „Lebensraum"-
Plänen im Osten Vorschub leisteten.

Hassell besaß gute Kontakte zum engeren Führungskreis
in Partei und Staat, etwa zu Blomberg, Heß und Schacht[15].
Hitler selbst waren er und seine Frau schon vor der Machtübernahme begegnet[16], erstmals im Sommer des Jahres 1923
in München. Nach dem 30. Januar 1933 zeichnete sich dann,
wie Hans-Adolf Jacobsen gezeigt hat[17], sehr bald ab, daß Hitler auf die Berichte Hassells „besonderen Wert" legte und die
„Informationen aus Rom am stärksten in sein Kalkül einbe-
zogen zu haben" scheint. Jedenfalls war Hassell bis 1938 der
am häufigsten zur Berichterstattung nach Berlin zitierte Botschafter. Auch zu Joachim von Ribbentrop, dem späteren
Botschafter in London und deutschen Außenminister, war
das Verhältnis in der Anfangszeit offenbar noch nicht
gespannt: Auf einer Romreise Mitte des Jahres 1934 wurden
der „Sonderbeauftragte des Führers für außenpolitische Fragen", wie Ribbentrop sich damals nannte, und Erich Kordt

„aufgefordert, im Hause des Botschafters [. . .] Wohnung zu nehmen"[18]. Schon vor 1933 besonders eng scheinen die Beziehungen zu Hermann Göring gewesen zu sein. So war Hassell dem Ämter- und Kunstsammelnden 1937 bei Ausfuhren von Kunstgegenständen aus Italien behilflich und hoffte nach dem Februar 1938 bei seinem Versuch, wieder in die aktive Diplomatenlaufbahn zu gelangen, auf Görings Hilfe[19]. Und schließlich sah beispielsweise Weizsäcker, wie noch zu zeigen sein wird, am 31. August 1939 in einem Einwirken Hassells auf Göring eine der letzten noch verbliebenen Möglichkeiten, den deutschen Überfall auf Polen doch noch zu verhindern.

Mitunter erhebliche Schwierigkeiten wurden dem Botschafter indessen schon bald auf der unteren und mittleren Parteiebene bereitet. So geriet er bereits 1933 in die – z. T. persönlich motivierten – Querelen innerhalb der SA-Führung in Rom einerseits sowie zwischen dieser und der Ortsgruppe der NSDAP in der italienischen Hauptstadt andererseits. Um dieselben zu beenden, wandte sich Hassell u. a. wiederholt an Ernst Röhm, so z. B. bei dessen Aufenthalt in Rom, wo sich der Stabschef der SA nach Hassells Einschätzung „von dem an sich vortrefflichen Geist der einzelnen SA-Leute wie auch von der überaus mangelhaften Führung persönlich überzeugen" konnte. Daraufhin erklärte einer der Betroffenen, der im Zuge dieser Vorgänge seines Amtes als SA-Führer enthobene Major Wirth, Hassell habe einen „Wort- und Treubruch" begangen, und forderte dessen Ausschluß aus der Partei. Ein solches Verhalten konnte der Botschafter im Interesse seiner „dienstlichen und persönlichen Autorität" nicht „durchgehen" lassen, zumal er „in der Angelegenheit der SA natürlich nicht als Parteigenosse, sondern als Botschafter im deutschen Interesse gehandelt habe". In der „pflichtgemäß" angestellten Überlegung, „welche Art der Organisation den Interessen des Deutschtums und der Partei in Rom am besten dien[e]", konnte er nicht die „geringste Illoyalität" erkennen. Wirth mußte dann auch im April 1934 seine Vorwürfe zurücknehmen[20].

Insbesondere hatte sich der Botschafter jedoch gegen die Ambitionen des Außenpolitischen Amtes der NSDAP unter seinem Leiter, Alfred Rosenberg, zu wehren, und tatsächlich ist er dann wohl nicht zuletzt solchen „Parteieinflüssen zum Opfer gefallen"[21]. In einer Tagebuchaufzeichnung vom 14. Mai 1934 ließ sich Rosenberg über den „Charakter des frischen ‚Pg.' [Parteigenossen, G. S.] Hassel [sic]" aus, über den er durch einen seiner „Beamten in der römischen Botschaft" auf dem laufenden gehalten werde[22]. Dieser Gewährsmann, der Konsulatssekretär Walter Richard Engelberg, sandte regelmäßig Berichte an einen Mitarbeiter Rosenbergs in London, Dr. Thost, der sie an seinen Chef weiterleitete[23]. Indem er vor allem den Botschafter diskreditierte, suchte sich Engelberg zu profilieren und damit seine berufliche Situation (durch eine Versetzung) zu bessern. Keine Information war ihm zu unwichtig, als daß er sie nicht weitergeleitet hätte, ganz gleich, ob er über das enge Verhältnis Hassells zu Neurath („Duz-Freunde"), Papen oder Köpke berichtete oder sich über das überflüssige „Herumfahren" des Botschafters „im Wüstensand und in alten Ausgrabungen" von Tripolis ausließ[24]. Insbesondere aber betonte Engelberg immer wieder die Abneigung Hassells gegen Rosenberg und forderte – schon deshalb – seine Abberufung. Hassell sei eben „innerlich" kein Nationalsozialist[25], und es müsse „ein Botschafter herkomm[en], der 100 prozentiger Nationalsozialist und kein Salon-Nationalsozialist" sei[26]: „Von diesem Manne", so prognostizierte er am 25. März 1934[27], „drohen uns m. E. nachhaltigere Gefahren, als auf den ersten Blick sichtbar wird, da er unter der Maske des ehrlichen Biedermannes und Pg. sehr geschickt operiert."

Derartige Vorgänge führten dazu, daß sich Hassell seit 1934/35 zunehmend „von der Minderwertigkeit der ihn in Rom nun überflutenden Parteielemente" überzeugte[28]. Zusammen mit seiner Skepsis über den Kurs nationalsozialistischer Außenpolitik, die er erstmals zusammenfassend in einer großen Aufzeichnung vom April 1935 darlegte, trugen solche Erfahrungen sicher mit dazu bei, daß er seit 1936 eine zunehmend distanziertere Haltung zum Nationalsozialismus einnahm.

Zunächst einmal sah der Botschafter freilich wenig Anlaß zur Klage über die von der „neuen" Außenpolitik eingeschla-

gene Linie. Seine Politik in der italienischen Hauptstadt war
vor allem von zwei Leitideen getragen: Zum einen galt es,
das deutsch-italienische Verhältnis freundschaftlich, aber
zugleich und insofern nicht zu eng zu gestalten, als unter
den gegebenen Umständen keine weitere Annäherung Großbritanniens und Frankreichs und damit keine zusätzliche Entfremdung dieser beiden Großmächte vom Deutschen Reich
riskiert werden durfte. Zu gut wußte der Kenner und Vereh-
rer der „Bismarckschen Staatskunst", der ja die internationale
Entwicklung seit dem ausgehenden 19. Jahrhundert bewußt
miterlebt hatte, um die Bedeutung insbesondere der britischen für die deutsche Politik. Zum zweiten – und eben deshalb – mußte die Annäherung Italiens an Deutschland in
einer Weise betrieben werden, die den unmittelbaren Interessen des Reiches nützlich war. Diese aber lagen, und zwar
sowohl für den Botschafter als auch für die neuen Machthaber in Berlin, in Südosteuropa, auch wenn beide mit ihrer auf
Italien bzw. den „Donauraum" bezogenen Strategie in der
Konsequenz sehr unterschiedliche Ziele verfolgten.

Für Hassell jedenfalls bot sich, wie er beispielsweise in
einer programmatischen Aufzeichnung vom 3. März 1933
ausführte[29], der Südosten Europas geradezu als gemeinsames „Operationsgebiet" Deutschlands und Italiens an. Zwar
liefen die Interessen beider Länder hier „nicht in jeder Hinsicht parallel", doch bestehe ein „starkes gemeinsames politisches Interesse": die „Verdrängung der französischen Vor-
machtbestrebungen durch Aushöhlung der Kleinen Entente".
Ging es dem Botschafter in diesem Zusammenhang vor
allem um die „allmähliche Zermürbung der Vormachtstellung Frankreichs mit dem Ziel einer politischen Isolierung,
falls es intransigent bleibt", so hat er doch den zweiten
Aspekt einer solchen Strategie nie aus dem Auge verloren,
nämlich den Nachbarn für eine Annäherung an das Reich
„reif" zu machen und in Gemeinschaft mit Italien auf eine
künftige Verständigung mit Frankreich hinzuarbeiten.

Unmittelbar an seine Belgrader Erfahrungen und Vorschläge anknüpfend, betrachtete Hassell namentlich das
Donaubecken als geeignetes deutsch-italienisches Operationsgebiet der Zukunft, zumal es sich dabei zugleich um

einen „Lieblingsplan" Mussolinis handelte. Sein entsprechender Politischer Bericht vom 11. Januar 1933 löste dann auch im Auswärtigen Amt eine intensive Diskussion aus. Übereinstimmend kamen Hassell, Neurath und Köpke zu der Ansicht, daß die deutsche und die italienische Politik lediglich in einem Punkt „im Gegensatz" stünden, nämlich in der Österreichfrage[30]. Zwar war auch Hassell grundsätzlich durchaus ein Anhänger des 1918/19 sowohl in Deutschland als auch in Österreich favorisierten, von den Alliierten aber verbotenen „Anschlusses" der beiden Länder, doch wies er in der Anfangszeit seiner Römischen Botschaftertätigkeit immer wieder darauf hin, daß Italien konsequent an seiner „Gegnerschaft" in dieser Frage festhalte, und warnte vor überstürzten Schritten in diese Richtung[31]. Aus seiner Sicht der Dinge bot eine Intensivierung der vertrauensvollen Zusammenarbeit mit Italien, namentlich im Donauraum, eine günstige Voraussetzung, um „später einmal [. . .] die italienischen Bedenken in der Anschlußfrage zu zerstreuen". Diese Perspektive skizzierte der Botschafter in einer seiner großen Analysen, in welcher er sich am 22. März 1933 mit den Vorzügen und Nachteilen des von Mussolini angeregten „Viererpaktes" auseinandersetzte[32]. Sie zeigt Hassell einmal mehr als einen ausgesprochen umsichtigen, die Möglichkeiten deutscher Außenpolitik durchaus realistisch einschätzenden Diplomaten.

Deutlich sah er in dem am 7. Juni paraphierten, am 15. Juli 1933 unterzeichneten, aber wegen Deutschlands Austritt aus dem Völkerbund nie ratifizierten Pakt zwischen Italien, Deutschland, Frankreich und Großbritannien die sich langfristig ergebenden Chancen einer Revision der Friedensverträge und einer prinzipiellen Anerkennung des deutschen Rechts auf Gleichberechtigung. Insofern ist es kein Zufall, daß Hassell in den kommenden Jahren immer wieder auf die Idee des Paktes und damit auf das von ihm favorisierte Prinzip der Kooperation mit den Westmächten, insbesondere eben mit Großbritannien, zurückgekommen ist: Nicht zuletzt an dieser Frage sollte sich ja dann auch der Gegensatz zwischen ihm und einer immer einflußreicheren Gruppe deutscher Politiker und Diplomaten um Ribbentrop entzünden, deren Ziel die Blockbildung *gegen* Großbritannien war.

Ähnlich wie schon während seiner ersten Römischen Tätigkeit in den Jahren 1920/21 vertrat der Diplomat allerdings auch jetzt, im März 1933, engagiert die Auffassung, daß im Zuge einer solchen Westorientierung das Verhältnis zu Rußland nicht außer acht gelassen werden dürfe. Er empfahl daher, die sowjetische Regierung „wenigstens in großen Zügen auf dem laufenden zu erhalten", um Befürchtungen Moskaus vor einer einseitigen deutschen Westpolitik vorzubeugen, wie sie sich schon einmal, im Umkreis der Locarno-Verträge, eingestellt hätten. Die im Pakt von Rom angelegte Gefahr einer italienisch-französischen Annäherung glaubte Hassell eben durch die Vertiefung der „deutsch-italienischen Interessengemeinschaft" konterkarieren zu können.

In seinen „Stichworten zur Außenpolitik" vom September 1933, die zu den wenigen programmatischen Entwürfen der Zeit aus den Reihen des diplomatischen Dienstes und des Auswärtigen Amtes zählen, hat Hassell dann des näheren die Ziele deutscher Außenpolitik festgehalten, deren Realisierung sich perspektivisch mit einer engeren deutsch-italienischen Zusammenarbeit verbinden lassen könne. Sie enthalten damit zugleich die aus seiner Sicht wichtigsten Aufgaben deutscher Revisionspolitik und verdienen schon deshalb eine ausführliche, wörtliche Wiedergabe:

„1.) Das wichtigste Ziel ist die Aufrüstung, als erste unmittelbare Aufgabe, weil ohne einen Rüstungsausgleich keine aktive Außenpolitik möglich ist. 2.) Das nächste Ziel ist dann, unsere Verstümmelung im Osten zu beseitigen. 3.) Das Ziel im Gegensatz zu Frankreich und Polen erreichen zu wollen, hieße es ad calendas graecas vertagen. Daher ist ein politischer Zustand zu erstreben, in dem Frankreich Anlaß hat, Gewehr bei Fuß zu stehen, wenn wir uns mit Polen darüber so oder so auseinandersetzen. 4.) Eine solche Verständigung mit Frankreich ist heute noch nicht reif, weil Frankreich noch auf zu hohem Pferde sitzt, zu hoch spielt. 5.) Aus 1–4 ergibt sich eine konkrete, in der Natur der Dinge begründete Interessengemeinschaft mit Italien in dem Punkte: durch deutsch-italienisches Zusammenwirken und durch deutsche Aufrüstung eine europäische Gleichgewichtslage zu erreichen, die Frankreich verständigungsreif für uns beide macht; denn auch Italien hat als wichtigstes politisches Ziel die Beseitigung Frankreichs [. . .]"[33]

Wie nüchtern der Botschafter freilich die Realität der deutsch-italienischen Beziehungen des Jahres 1933 einschätzte, zeigt z. B. sein Schreiben an Neurath vom 25. Oktober, in welchem er einmal mehr seiner Sorge über die Entwicklung Ausdruck gab. Hassell warnte hier vor der „maßlosen Überschätzung Italiens als Freund", der man sich in Berlin hingebe. So habe namentlich Deutschlands Austritt aus dem Völkerbund am 14. Oktober 1933, mit dem ja auch Mussolinis „Lieblingsprojekt" des Viererpaktes als gescheitert angesehen werden mußte, den „Duce" „schwer gereizt"[34]. Immerhin wurde dieser Schritt in der Presse bekanntgegeben, während Hassell Mussolini im offiziellen Auftrag Berlins vom bevorstehenden deutschen Rückzug von der Abrüstungskonferenz unterrichtete und auf den Viererpakt als mögliche Alternative hinwies, aber nicht einmal selbst von der Völkerbund-Aktion unterrichtet war.

Hinzu kam natürlich das nach wie vor virulente Problem Österreich. Mit argumentativem Geschick bemühte sich Hassell, auf ein behutsames Vorgehen in dieser Frage hinzuwirken, und zwar sowohl in Deutschland als auch in Österreich: Wohl sah er die Forderung, „daß jede Diskrimination der NSDAP in Österreich rückgängig gemacht wird", als „berechtigt" an, „weil die Deutschen im Reich und in Österreich ein Volk sind", doch riet er dringend zu einer Anerkennung der gegebenen Machtverhältnisse, wonach Italien die Wiener Politik nun einmal maßgeblich bestimme[35]. Daraus folgte, wie er am 28. Dezember 1933 an den Landesinspekteur der NSDAP in Österreich schrieb[36], als Maxime für die deutsche Politik wie für die österreichischen Nationalsozialisten, „den Anschluß oder eine ihm gleichbedeutende Regelung für den Augenblick unbedingt zu verhindern und überhaupt so lange wie möglich hinauszuschieben". Der Botschafter wurde nicht müde, die Prioritäten zu betonen. Danach lag die *Voraussetzung* für alle künftigen, jedenfalls für alle erfolgreichen Schritte in Südosteuropa, u. a. eben auch für die Lösung der „Anschluß"-Frage, in einer weiteren Verbesserung der deutsch-italienischen Kooperation. Geduld, eine der wichtigsten Eigenschaften der Diplomatie, war das Gebot der Stunde.

Seit dem Februar 1934 warnte er dann verstärkt vor einer Entwicklung, nach der eine an Italien vorbei betriebene Südosteuropa- und vor allem Österreich-Politik zu Gegenmaßnahmen Roms führen könnte[37]. Die Mitte März zwischen Italien, Österreich und Ungarn unterzeichneten Protokolle, insbesondere über eine verstärkte Zusammenarbeit im Donauraum, sollten dem Botschafter recht geben[38]. In einer bemerkenswerten Aufzeichnung über diesen „Dreierpakt" vom 24. März 1934 zog er eine vorläufige Bilanz und unterbreitete zugleich noch einmal seine alternative Auffassung von der künftigen Gestaltung der deutsch-italienischen Beziehungen[39], obgleich er inzwischen vom Auswärtigen Amt ermahnt worden war, keine „Ratschläge" zu erteilen, sondern über „Tatsachen" zu berichten[40].

Insbesondere schien es Hassell erforderlich, alles zu vermeiden, „was das Vertrauen zur deutschen Politik in Budapest und Rom gänzlich erschüttern" könne. Es biete sich daher an, die Zusammenarbeit mit Italien und Ungarn zunächst „um das österreichische Problem herum" in Angriff zu nehmen und erst dann – auf einer solchermaßen geschaffenen Vertrauensbasis – Österreich in eine solche Verbindung miteinzubeziehen. Darüber hinaus plädierte er, einen erstmals im Juni 1933 geäußerten Gedanken aufgreifend[41], für ein „Gentlemen's Agreement" mit Italien in dem Sinne, „dass sich keins der beiden Länder mit Frankreich verständigen würde auf Kosten des anderen und ohne das andere auf dem Laufenden zu halten". Und schließlich schlug er zur allgemeinen Verbesserung des Klimas ein Treffen Hitlers mit Mussolini vor.

Daß diese erste Begegnung dann tatsächlich am 14. und 15. Juni 1934 in Venedig zustande kam, ist vor allem dem Einsatz des Botschafters zuzuschreiben. Die Einzelheiten und Ergebnisse der Unterredungen sind in unserem Zusammenhang nicht von Interesse[42]. Die offenkundig erzielte Klimaverbesserung war indessen nur von kurzer Dauer. So hinterließen beispielsweise die Ereignisse im Umkreis der sogenannten „Röhm-Revolte", d. h. die Ausschaltung der SA

Mussolini begrüßt Hitler bei dessen Ankunft in Venedig am 14. Juni 1934. Links, nachdenklich: Botschafter von Hassell, der maßgeblichen Anteil am Zustandekommen dieser Begegnung hatte.

sowie die Ermordung politischer Gegner durch das Hitler-Regime am 30. Juni 1934, ihre Spuren auch im deutsch-italienischen Verhältnis. In einem Schreiben an Neurath vom 23. Juli trug Hassell jedenfalls die entsprechenden Bedenken Mussolinis mit der Bitte vor, Hitler und Blomberg „von dem Inhalt etwas zu unterbreiten". Daß in diesem Zusammenhang von dem „geringen Zutrauen" der Welt „zu den Regierungsqualitäten und zur Beständigkeit des Regimes" die Rede war, ist sicher ebenso bemerkenswert wie Mussolinis abschließender Befund, wonach er „den Faktor Deutschland" insofern „als unsicher und unberechenbar" ansehe[43].

Nur zwei Tage nachdem Hassell die Grundzüge seiner Unterredung mit Mussolini zu Papier gebracht hatte, sollten die dort geäußerten Bedenken eine dramatische Bestätigung erfahren: Mit dem nationalsozialistischen Putschversuch in Österreich am 25. Juli, der Ermordung des Bundeskanzlers Dollfuß sowie der Reaktion Mussolinis, der demonstrativ am Brenner italienische Truppen aufmarschieren ließ, war – wie Ludwig Curtius sich erinnerte[44] – das „ganze mühsam errichtete Gebäude" der Hassellschen Diplomatie zusammengebrochen. Der „österreichische Spaltpilz", so formulierte es dieser selbst, hatte „eine breite Kluft zwischen der deutschen und der italienischen Politik aufspringen lassen"[45].

Aber damit nicht genug: Die Wiedereinführung der allgemeinen Wehrpflicht in Deutschland am 16. März 1935 rief auch in Italien Entrüstung und Befürchtungen hervor und ruinierte scheinbar endgültig das sich in zarten Ansätzen wieder verbessernde Klima[46]. Was sich bereits nach dem Österreich-Abenteuer abgezeichnet hatte, schien jetzt unabwendbar zu sein, nämlich eine enge Anlehnung Italiens an Großbritannien und insbesondere an Frankreich. Die Nachricht eines bevorstehenden Treffens von Vertretern der drei Mächte in Stresa ließ bei vielen Diplomaten der alten Schule, unter ihnen eben auch Hassell, das Gespenst der „Entente" der Vorkriegszeit und damit einer erneuten „Einkreisung" des Reiches wiederauferstehen. Vor diesem Hintergrund hatte der Botschafter nur noch die freilich sehr schwache Hoffnung, es könne durch Wiederherstellung eines „Minimums von Vertrauen" noch bewirkt werden, daß sich Italien

„auf dem neu zusammengestellten Entente-Bob in den Kur-
ven ein wenig anders" lege, als es dem „französischen
Mannschaftsführer gefallen" könne[47].

Allerdings gab sich Hassell nicht mit derartigen Hoffnungen zufrieden. In einer nicht signierten Aufzeichnung über
„Das deutsch-italienische Verhältnis von Ende 1932 bis
Anfang 1935" hat der Botschafter im April 1935 am Beispiel
der deutschen Italienpolitik erstmals eine umfassende, fun-
damentale Kritik an der nationalsozialistischen Außenpolitik
zu Papier gebracht[48]. Zu den deutschen Versäumnissen
gegenüber Italien zählte Hassell u. a. die Behandlung Mussolinis beim Austritt aus dem Völkerbund, das Nichtausnut-
zen eines „Gentlemen's Agreement" über die Verständigung
mit Frankreich, vor allem aber die deutsche Südosteuropa-
Politik. Hier fiel – neben der Behandlung der Österreich-
Frage – namentlich die „Passivität" einer deutsch-italienischen Verständigung ins Gewicht. Ausdrücklich knüpfte der
Diplomat in diesem Zusammenhang an seine Belgrader
Tätigkeit an und faßte seine damaligen Erkenntnisse einmal
mehr dahingehend zusammen, „daß wir Ungarn keinesfalls
preisgeben, mit Italien aber unbedingt eine Verständigung
erreichen könnten und müßten". Diese Versäumnisse der
deutschen Italien-Politik – so das Fazit – hätten dazu
geführt, daß auch Mussolini jetzt „in die konservative Front
der Verteidiger von Versailles eingeschwenkt" sei.

Tatsächlich schien sich ja im April und Mai 1935 die Situation des Deutschen Reiches in dieser Hinsicht drastisch zu
verschlechtern. Nicht nur hatten die Vertreter Italiens, Frankreichs und Großbritanniens am 14. April in Stresa ihren Willen bekundet, sich in Zukunft „mit allen geeigneten Mitteln
jeder einseitigen Aufkündigung von Verträgen zu widerset-
zen", vielmehr wollte auch die Sowjetunion offenbar wieder
auf dem „Entente-Bob" Platz nehmen. Aus deutscher Sicht
jedenfalls waren die am 2. bzw. 16. Mai mit Frankreich und
der Tschechoslowakei abgeschlossenen Beistandspakte
durchaus in diesem Sinne interpretierbar.

Daß es dann doch schon sehr bald Indikatoren für eine
Änderung dieser Großwetterlage gab, war ein Resultat der
sich wandelnden Interessenlage zweier Stresa-Partner. Nicht

nur betrat Großbritannien am 18. Juni mit der Unterzeichnung des deutsch-englischen Flottenabkommens den Weg
des „Appeasement" gegenüber dem Deutschen Reich[49]. Vor
allem glaubte auch Hassell bereits am 30. Mai 1935 „fast von
einem Umschwung in der Einstellung Italiens Deutschland
gegenüber sprechen" zu können[50]. Dafür war weniger das
auch in Italien registrierbare Mißtrauen gegenüber den
genannten Beistandspakten der Sowjetunion verantwortlich
als vielmehr die englische und französische Haltung in der
abessinischen Frage. Es wurde immer deutlicher, daß Italien
für die erfolgreiche Durchführung seiner diesbezüglichen
Vorhaben der deutschen Rückendeckung bedurfte. Hassell
unterstrich dann auch schon Ende Mai in Rom „besonders
klar" die „deutsche Neutralität und Zurückhaltung"[51].

Der Botschafter war jedoch weit davon entfernt, das
deutsch-italienische Verhältnis als problemlos zu betrachten.
Grundsätzlich mochte er eine Wiederannäherung Frankreichs
an Italien, selbst eine Verständigung in der Abessinienfrage
nicht ausschließen. Zeitweilig sah er sogar die Gefahr einer
„italienisch-französischen, implicite gegen uns gerichteten,
von Rußland und der Tschechoslowakei gestützten Frontbil-
dung in Mitteleuropa"[52]. Für Hassell stand fest, daß man den
Italienern entgegenkommen müsse. Als geeignete Mittel
empfahl er nicht nur strikte politische Abstinenz in den
südosteuropäischen Angelegenheiten. Vielmehr regte der ja
noch in der Tradition des 19. Jahrhunderts stehende Diplomat
wiederholt an, „den Italienern bei jeder sich bietenden Gelegenheit das Gefühl zu geben, daß wir sie als Großmacht voll
ansehen und auf ein gutes Verhältnis zu ihnen entscheidenden Wert legen. Im Augenblick würde ich glauben, daß dies
z. B. durch freundschaftliche Informierung über unseren
Standpunkt und unsere Ziele beim Londoner Flottenabkommen zum Ausdruck kommen könnte"[53].

Der am 3. Oktober 1935 eröffnete Krieg Italiens gegen
Abessinien führte dann jedoch zu einer aus deutscher Sicht
günstigen Veränderung der Konstellationen im internationalen Bereich und insbesondere zu einer deutlichen Verbesserung des Verhältnisses zwischen Deutschland und dem unter
erheblichem Druck stehenden Italien. Der Krieg nämlich

lenkte, so Hassell am 17. Oktober, die „Kraftlinie" der italienischen Politik von Österreich zum Roten Meer, brachte die
Stresa-Front endgültig ins Wanken und zog schließlich die
„Aufmerksamkeit der ganzen Welt" in einem Augenblick
von Deutschland ab, in dem dieses „ganz besonders unge-
störter Aufbauarbeit" bedurfte. Allerdings kam der Konflikt,
„betrachtet als Zusammenstoß zwischen dynamischer und
statischer Auffassung des gegenwärtigen politisch-wirt-
schaftlichen Zustandes der Welt", für Deutschland „ver-
früht"[54]. In sehr vorsichtiger Formulierung, gleichwohl aber
in der Sache deutlich, warnte Hassell mithin schon zu diesem
frühen Zeitpunkt vor überstürzten Schritten der deutschen
Politik, also vor dem Versuch, die augenblicklich günstige,
freilich auch schnell wieder wandelbare Situation durch ein-
seitige Aktionen ausnutzen zu wollen.

Deutschlands Rolle im Abessinienkonflikt ist gründlich
untersucht worden[55] und bedarf hier nicht der Schilderung
im einzelnen. Grundsätzlich eröffneten sich für die deutsche
Politik seit Ende des Jahres 1935 zwei Möglichkeiten. Zum
einen erklärte der „Duce" dem überraschten deutschen Botschafter am 7. Januar 1936, daß er „nichts einzuwenden"
habe, falls Österreich „praktisch ein Satellit Deutschlands"
würde, bestand aber auf dessen „formell unbedingter" Selb-
ständigkeit, etwa in Form eines Freundschaftsvertrages mit
Nichtangriffspakt[56]. Diese Lösung wurde indes in Berlin
abgelehnt, auch wenn man mit Mussolini weiter im
Gespräch über die Österreich-Frage blieb. Vor allem sah man
im Vorschlag des „Duce" eine Strategie, die Aufmerksamkeit
der übrigen Großmächte nach Mitteleuropa zurückzulenken,
und überdies war man nach wie vor nicht zur Anerkennung
der „Unabhängigkeit" Österreichs bereit[57].

Die alternative zweite Möglichkeit, den Abessinienkrieg
für die deutsche Politik zu nutzen, bestand – jedenfalls für
Hitler – im Einmarsch deutscher Truppen in die entmilitarisierte Zone des Rheinlandes. Da der „Führer" bei der erfolgreichen Durchführung dieses riskanten „Coups" das italienische Stillhalten als unabdingbar betrachtete, kam dem deutschen Botschafter in Rom insofern eine Schlüsselrolle zu, als
Hassell die delikate Frage nach der Haltung Italiens in geeig-

neter Form zu erörtern hatte. Am 12. Februar scheint Hitlers
Entschluß festgestanden zu haben[58]. Am 14. Februar ließ er
Hassell nach München und am 18. Februar, nachdem der
Botschafter zwischenzeitlich nach Rom zurückgeflogen war,
noch einmal nach Berlin kommen, um ihm seine Pläne vor-
zutragen.

Hassell hat den Verlauf und die Ergebnisse dieser Unterredungen sowohl in amtlichen als auch in privaten Aufzeichnungen festgehalten. Aus letzteren[59] geht hervor, daß ihm –
Ausdruck seiner grundsätzlichen Haltung zu einer Revision
des Versailler Vertrages – der „Gedanke der Aktivität" durchaus „sympathisch" war, daß er freilich „starke Zweifel" hatte,
„ob das Ergebnis, nämlich die bloße *Beschleunigung* eines in
1–2 Jahren ohnehin wahrscheinlichen Ereignisses, das Risiko
lohnt". Immerhin ging es hier nicht nur um einen Bruch des
Versailler Vertrages, sondern insbesondere auch der Locarno-
Verträge vom 16. Oktober 1925: Deren Kernstück, der sogenannte Sicherheits- oder auch Rheinpakt, enthielt ja u. a. die
Bestätigung des territorialen und politischen *status quo* im
Westen des Deutschen Reiches, also auch der durch den Versailler Vertrag entmilitarisierten und seit dem 30. Juni 1930
endgültig von alliierten Truppen geräumten Zonen des
Rheinlandes. Als solcher stand der Pakt sinnbildlich für die
deutsche Verständigungspolitik in der Ära Stresemann und
zugleich für den Beginn von Deutschlands Rückkehr in den
Kreis der europäischen Großmächte. Daß die seit Februar
1936 von Hitler geplante Aktion nach außen mit dem „Rus-
senpakt", d. h. dem sowjetisch-französischen Beistandspakt
vom 2. Mai 1935, legitimiert werden sollte, änderte daher
nichts an der prinzipiellen Bedeutung dieses Schrittes.

Der Botschafter hat seine Bedenken im übrigen auch bei
seiner zweiten Besprechung mit Hitler am 18. Februar vorgetragen, indem er einerseits darauf hinwies, daß ein „Mitge-
hen" der Italiener angesichts neuerer Entwicklungen in der
Abessinien-Frage keineswegs sicher sei, und andererseits
eben betonte, „daß insofern keine besondere Eile" bestehe,
als sich für die Beseitigung der entmilitarisierten Zone „auch
später Chancen bieten würden". Hassell schwebte hier einmal mehr eine Verhandlungs-, also Verständigungslösung

vor. Angesichts der sich mit dem Flottenabkommen bereits in Umrissen abzeichnenden „Appeasement"-Strategie der britischen Regierung und der sich ganz offenkundig daran orientierenden französischen Außenpolitik war eine solche Perspektive keineswegs unrealistisch. Freilich stand der Botschafter mit dieser Auffassung allein. Neurath, bei der Unterredung anwesend, „schien sich mit der Entscheidung abgefunden zu haben"[60], und Ribbentrop redete dem „Führer" in „plumpster Weise nach dem Munde"[61].

Am 22. Februar fand die entscheidende Unterredung zwischen Hassell und Mussolini statt. Mit professionellem Geschick führte der Diplomat den „Duce" zu dem für Hitlers Vorhaben entscheidenden Punkt. Unter Hinweis auf die erwartete Ratifizierung des „Russenpaktes" im französischen Senat faßte er den deutschen Standpunkt auftragsgemäß dahingehend zusammen, daß man „diese Verletzung von Locarno nicht ohne irgendeine Reaktion hinnehmen" könne. Zwar wollte Mussolini die Ratifizierung des Paktes nicht zum Anlaß eines italienischen Vorgehens nehmen, doch rechnete er wegen des Abessinienkrieges mit einer Verschärfung der Sanktionen durch Frankreich und Großbritannien und stellte „für diesen Fall Austritt aus dem Völkerbund unter automatischem Fortfall auch der Locarno-Verpflichtungen in Aussicht". War schon diese Ankündigung für die geplante Aktion Hitlers bedeutsam, so sollte dies erst recht für die zweimal wiederholte Auffassung des „Duce" gelten, die Hassell auf den folgenden Nenner brachte: „Mussolini würde sich an einer Aktion Englands und Frankreichs gegen Deutschland, die einen angeblichen Bruch des Locarno-Vertrags durch Deutschland zum Anlaß nähme, nicht beteiligen"[62]. Damit war der Weg ins Rheinland in dieser Hinsicht grundsätzlich frei.

Daß Mussolini dann die Nachricht vom Einmarsch deutscher Truppen in die entmilitarisierte Zone des Rheinlandes am 7. März 1936 als „schweren Schlag" empfand und „auf das äußerste betroffen" war, lag weniger an der Aktion selbst, die zweifellos auch von ihm als eine Entlastung für das nach wie vor in Abessinien Krieg führende Italien betrachtet wurde, als vielmehr an Hitlers gleichzeitiger,

Botschafter von Hassell, Reichskanzler Hitler sowie Außenminister von Neurath im Juni 1934 in Venedig.

bekanntlich nie realisierter Ankündigung, in den Völkerbund zurückkehren zu wollen. Von der den Italienern zuvor mehrfach in Aussicht gestellten Wiederbelebung des von Mussolini favorisierten Viererpaktes war dagegen jetzt keine Rede mehr. Vor allem aber hatte mit Hitlers Ankündigung das „Hauptargument" des „Duce" in seinem „politischen Kampf" gegen Sanktionen, „nämlich die Drohung mit dem Austritt aus dem Völkerbund, jeden Wert verloren"[63].

Aus einer privaten Aufzeichnung Hassells vom 15. März 1936[64] wird dann auch deutlich, daß sich anläßlich dieser von ihm diplomatisch maßgeblich mitvorbereiteten Aktion erstmals jene Skepsis gegenüber der von Hitler betriebenen Außenpolitik einstellte, die sich schließlich zu seiner Oppositionshaltung gegen den „verantwortungslosen Spieler"[65] verdichten sollte. Zwar ließ sich, wie gesagt, über den „Schritt selbst [...] durchaus reden", doch schien ihm nach wie vor „das Minus zu überwiegen: zu hohes Risiko für das zu erreichende Ergebnis". Hitlers „unwiderstehlicher Drang ..., aus der Passivität herauszutreten", war dem Diplomaten suspekt. Vor allem mißfielen ihm jedoch die Begleitumstände, nämlich „1) das Überwiegen des innenpolitischen Motivs, 2) das aus Angst vor der eigenen Courage viel zu hohe Angebot an Sicherungen für unseren Friedenswillen, vor allem des Wiedereintritts in den Völkerbund".

Die „schlimmste Wirkung" der Aktion sah der Botschafter freilich in dem „Schlag gegen Hitlers Glaubwürdigkeit", da niemand mehr an die Aufrichtigkeit der Zusicherungen glauben werde. Zu gut wußte der historisch versierte Hassell um die Folgen einer solchen Entwicklung. Als überzeugter Anhänger der „Bismarckschen Staatskunst" veranschlagte er die Glaubwürdigkeit und damit natürlich auch die Berechenbarkeit als unverzichtbare Elemente einer erfolgreichen Diplomatie sehr hoch. Daß er Hitler an derartigen Kriterien messen zu können glaubte, läßt indessen sehr deutlich werden, daß auch Hassell den Diktator nach wie vor für einen Machtpolitiker klassischen Zuschnitts hielt, ihn also zunächst einmal als typischen Vertreter deutscher Revisionspolitik betrachtete.

Eben deshalb glaubte er nach wie vor das „Dritte Reich" diplomatisch vertreten zu können; nicht zuletzt deshalb war es ihm auch möglich, Hitlers Außenpolitik mit derjenigen des von ihm so hoch geschätzten Bismarck zu vergleichen. Und natürlich klingt es wie eine Kritik an den geschilderten jüngsten Vorgängen, wenn Hassell wenig später, am 27. März 1936, in einem Vortrag an der Bibliotheca Hertziana über „Cavour und Bismarck" seinen Zuhörern darlegte, „dass Politik die Kunst des Möglichen und zugleich eine Kunst darstellt, die verlangt, dass, wer sie ausübt, für sie geboren und in ihr erfahren sein muss". Mit Blick auf die „dynamischen Ereignisse" der Gegenwart gab er dann seiner Hoffnung Ausdruck, daß „die genialen Gedanken, die den Duce beseelten, als er den Viererpakt vorschlug, in neuer Form erstehen" würden, „um alle Streitigkeiten zwischen den Westmächten, Italien und Deutschland freundschaftlich beizulegen"[66].

Hassells letztgenannte Erinnerung an die „genialen Gedanken" Mussolinis war keineswegs nur eine Höflichkeitsadresse. Vielmehr entsprach ja die Idee eines Viererpaktes durchaus grundsätzlich seinen eigenen Vorstellungen. Danach hielt er zwar nach wie vor die deutsch-italienische Annäherung schon wegen der deutschen Interessen in Südosteuropa für unverzichtbar, doch durfte sich diese keinesfalls so eng gestalten, daß sie zu einer weiteren Entfremdung Frankreichs und insbesondere Großbritanniens führte. Der Viererpakt oder eine vergleichbare Konstruktion boten in seinen Augen eine gute Möglichkeit, einer solchen Entwicklung vorzubeugen und gleichzeitig das deutsch-italienische Verhältnis noch enger zu gestalten.

Auf eben diesem Gebiet der deutsch-italienischen Annäherung wurden in der zweiten Hälfte des Jahres 1936 deutliche Fortschritte erzielt. So weigerte sich einerseits Italien nach anfänglich zwiespältiger Haltung, sich aktiv an einer Wiederbelebung der Locarno-Verträge zu beteiligen, die nicht nur ohne, sondern in gewisser Weise auch gegen Deutschland betrieben werden sollte[67]. Andererseits konnte Hassell am 5. Oktober Mussolini endgültig mitteilen, daß der „Führer" bereit sei, sofern Italien wegen der Haltung des

Völkerbundes zur abessinischen Frage aus demselben aus-
trete, die „deutsche seinerzeit erklärte Bereitschaft zum Wiedereintritt als hinfällig zu erklären"[68]. In beiden Fällen trug
diese Politik allerdings nicht gerade zu einer Besserung des
jeweiligen Verhältnisses zu Großbritannien bei.

Das gilt auch für die italienische und die deutsche Haltung
zum spanischen Bürgerkrieg, der am 17./18. Juli 1936 mit
dem Militärputsch unter General Franco begonnen hatte. Der
eine Woche später gefaßte Entschluß Italiens und Deutschlands, die Putschisten zu unterstützen[69], führte indessen die
beiden Länder weiter zusammen. Und tatsächlich war –
neben der deutschen Anerkennung der Annexion Abessi-
niens durch Italien – die Vereinbarung über ein gemeinsames
Vorgehen in der spanischen Frage einer der wichtigsten
Punkte jenes Protokolls, das am 25. Oktober 1936 von den
Außenministern beider Länder, Neurath und Ciano, in Berlin
unterzeichnet wurde und dann unter der von Mussolini
geprägten Bezeichnung „Achse Berlin-Rom" in die
Geschichte eingegangen ist.

Den entscheidenden Anstoß für diese Entwicklung hatte
freilich die Unterzeichnung des deutsch-österreichischen
Abkommens am 11. Juni 1936 in Wien gegeben, in dem sich
nach der bezeichnenden Verlautbarung des Deutschen Nach-
richtenbüros vom gleichen Tage[70] zwar einerseits Österreich
als „deutscher Staat" bekannte, das Deutsche Reich aber
andererseits „die volle Souveränität des Bundesstaates Österreich" anerkannte. Mussolini brachte dann auch gegenüber
Hassell seine „lebhafte Befriedigung" über dieses Ereignis
zum Ausdruck, welches dem „unerfreulichen Zustand Österreichs als Spielball fremder Interessen ein Ende mache und
vor allem [die] einzige und letzte Hypothek auf [dem]
deutsch-italienischen Verhältnis beseitige"[71].

Es bot sich an, daß der Botschafter jetzt „zum ersten Mal
wieder" auf seine Berichterstattung aus den Jahren 1933/34
„über die Notwendigkeit einer deutsch-italienischen Verständigung politischer und vor allem auch wirtschaftspolitischer
Art im Donaubecken" zurückkam[72], die nunmehr auch auf
eine positive Einstellung des Auswärtigen Amtes traf[73]. Das
am 10. Dezember 1936 unterzeichnete Protokoll über die

deutsch-italienische Zusammenarbeit im Donauraum[74] war insofern ein erster Erfolg der entsprechenden Bemühungen Hassells und zugleich ein Indikator für die zu Ende des Jahres 1936 wieder sehr guten Beziehungen zwischen den beiden Ländern.

Der Botschafter mochte sich indessen trotz der sprunghaften Erhöhung des „Wärmegrades" in der deutsch-italienischen Zusammenarbeit[75] keineswegs mit dieser Entwicklung zufriedengeben. Vielmehr sollten der weitere Gang der deutschen Italienpolitik sowie die – damit aufs engste verknüpften – Versuche, von außen her in seinem „Amtsbereich Politik zu treiben", seine seit dem März 1936 unverkennbare Skepsis gegenüber der Ausrichtung nationalsozialistischer Außenpolitik im Laufe des kommenden Jahres noch verstärken und schließlich zu seiner Abberufung aus Rom führen.

In welche Richtung seine Bedenken gingen, zeigt sich in einer Aufzeichnung über „Die Spanischen Wirren und die deutsch-italienische Politik" vom 18. Dezember 1936[76]. Zwar riet er zu einem „aktiven Wohlwollen" gegenüber der italienischen Spanienpolitik, um einer für Deutschland ungünstigen Entwicklung, etwa in Form einer italienisch-englischen Separatverständigung, vorzubeugen, doch warnte er in zunächst noch sehr vorsichtigen Formulierungen vor einem *zu* engen Zusammengehen mit Italien, vor einer „Blockpolitik". Wünschenswert erschien ihm nach wie vor eine „allgemeine Verständigung zwischen West- und Mitteleuropa auf der Basis voller Gleichberechtigung", also der Versuch, „mit England, wenn möglich auch mit Frankreich, zur Verständigung zu gelangen". In diesem Sinne bekannte sich Hassell am 19. Januar 1937 in einem Vortrag an der Kölner Universität zu seinem „großen *Ziel,* nämlich ein im Gleichgewicht befindliches Europa zu wirksamer Zusammenarbeit zu führen", um insbesondere die „Kriegsursachen innerhalb der europäischen Völkerfamilie" zu beseitigen[77].

Dahinter wird sein eigentliches Bemühen erkennbar, einer „akuten weltpolitischen Antithese" vorzubeugen[78]. Sicherlich hatte Hassell die entsprechende Entwicklung vor Ausbruch des Ersten Weltkrieges vor Augen, wenn er eindringlich vor einem „bewußte[n] konzentrische[n] Zusammengehen der drei westlichen Reiche", womöglich unterstützt durch den „östliche[n] Bolschewismus", warnte. Eine solche Koalition könne „unzweifelhaft materiell weit überlegene Kräfte" gegen den deutsch-italienischen Block ins Feld führen. Die potentielle „Gegenbastion" Japan sei „von problematischem Wert und jedenfalls zum Ausgleich nicht ausreichend". Die Situation des Deutschen Reiches im Jahre 1941 sollte diese Vision Hassells eindrucksvoll bestätigen.

Vorderhand überschätzte der Diplomat allerdings die Überzeugungskraft seiner Argumente – oder genauer: er unterschätzte die entgegenwirkenden Kräfte in Berlin, die sich alsbald vernehmlich zu Wort melden, ja, unmittelbar in die Politik des Botschafters eingreifen sollten. So ließ es sich Hermann Göring im Januar 1937 bei einem seiner Rom-Aufenthalte nicht nehmen, gegenüber Mussolini – und entgegen dem ausdrücklichen Rat Hassells – darauf hinzuweisen, „daß uns Österreich einmal zufallen müßte"[79]. Wurden die Gespräche Görings in Rom immerhin noch offiziell und in Abstimmung mit Hassell geführt, so mußte es der Botschafter als „der Sache des Reichs schädlich", für ihn selbst „unannehmbar und für alle Beteiligten peinlich ansehen", daß gelegentlich seitens des Büros Ribbentrop in Rom politische Sondierungen stattfanden, zu denen Hassell nicht nur nicht hinzugezogen wurde, sondern die man vor ihm „absichtlich geheim" hielt, wie er durch den japanischen Botschafter erfuhr[80]. Hassell trug dann auch im März sowohl gegenüber Hitler als auch gegenüber Göring die „dringende Bitte" vor, „die Politik in Italien durch mich als dem alleinigen Vertreter zu betreiben"[81].

Für kurze Zeit ist es dann dem Botschafter noch einmal gelungen, seinen Argumenten in Berlin gegenüber den immer stärker werdenden, auf eine feste „Blockbildung" hinarbeitenden Kräften um Ribbentrop Gehör zu verschaffen. Am 12. April 1937 knüpfte Hassell in einem Politischen Bericht über „Deutschland und die Achse Berlin-Rom" an seine entsprechenden Ausführungen vom 18. Dezember des Vorjahres an und wies – in einer bis dahin nicht zu beobachtenden deutlichen Sprache – nachdrücklich darauf hin, daß eine deutsch-italienische Blockbildung die „Grundlage einer bewußten Einkreisungspolitik" mit der Möglichkeit einer „kriegerischen Entladung" bilden könne.

Expressis verbis zog der Botschafter jetzt eine Parallele zu den Entwicklungen vor Ausbruch des Ersten Weltkrieges mit ihren für Deutschland schließlich so nachteiligen Konsequenzen. Spekulationen, wonach sich ein Konflikt mit hoher Wahrscheinlichkeit am italienisch-englischen Gegensatz entzünden und daher aus deutscher Sicht lokalisierbar sein werde, hielt er für ebenso unzweckmäßig wie diejenigen, welche 1914 von „manche[n] Stellen" im Reich angestellt worden seien, „den als unvermeidlich angesehenen europäischen Krieg lieber aus Anlaß einer Österreich-Ungarn unmittelbar betreffenden Frage ausbrechen zu lassen". Eine solche Argumentation konnte Hassell nicht überzeugen: „Entstehung" und „Ablauf von Konflikten dieses Ausmaßes" – so sein aus der Geschichte gewonnenes Fazit – ließen sich eben „nicht vorher berechnen". Daraus ergab sich geradezu zwingend seine politische Maxime, die „Achse [. . .] in der richtigen Lage zu halten" und eine die deutschen Interessen wahrende Verständigung mit England als „unbedingt erstrebenswertes Korrelat [. . .] im Auge zu behalten, und zwar um so mehr, als das bolschewistisch verseuchte Rußland als Partner für uns heute nicht in Frage kommt"[82].

Den Kern dieser Strategie hat der Diplomat dann in die Form eines Kommuniqué-Entwurfes gekleidet, der als Grundlage für den geplanten Besuch Mussolinis in Berlin und zugleich als Alternative bzw. Ergänzung zu einem für diesen Zweck erarbeiteten Vorschlag Cianos gedacht war, welcher eine intensivierte, um Österreich und Ungarn erweiterte Blockbildung vorsah. Der Punkt 4) des Hassellschen Entwurfes schrieb fest, „daß Italien und Deutschland eine Verständigung mit Großbritannien und Frankreich besonders erwünscht [. . .] ist"[83].

Noch einmal schien sich die traditionelle Linie deutscher Außenpolitik, in diesem Falle vertreten durch Hassell sowie in Berlin vor allem durch Neurath und Weizsäcker, durchsetzen zu können, auch wenn der Vorschlag des Botschafters dahingehend abgeschwächt wurde, daß jetzt nur noch von der „Bereitwilligkeit" Deutschlands und Italiens die Rede war, „mit allen anderen Ländern zusammenzugehen, die in gleicher Weise zur Erreichung des gemeinsamen Zieles mitzuarbeiten entschlossen sind"[84]. Immerhin glaubte man im Auswärtigen Amt, auf diese Weise dem „Eindruck einer Blockbildung im Gegensatz zu Großbritannien und Frankreich" entgegenwirken zu können"[85].

Freilich standen die Verfechter dieser Linie und namentlich Ulrich von Hassell inzwischen auf verlorenem Posten. Starke Kräfte in Italien, insbesondere der Außenminister Ciano, sowie in Deutschland, hier vor allem der Londoner Botschafter Ribbentrop, drängten auf die Blockbildung *gegen* England und Frankreich. Der Beitritt Italiens zum deutsch-japanischen Antikominternpakt des Jahres 1936 bildete den vorläufigen Höhepunkt dieser Entwicklung und markierte zugleich für den deutschen Botschafter in Rom eine tiefe Zäsur: Zum einen hatte sich sein Gegenspieler Ribbentrop mit seiner Idee eines globalen Bündnissystems durchsetzen können[86]. Zum anderen aber war die Lage für Hassell, wie er an Neurath schrieb, jetzt „unerträglich, und zwar zunächst hinsichtlich der Methode, dann aber wegen des Ernstes der Sache selbst"[87].

Tatsächlich war es ja ein Affront, daß nicht der deutsche Botschafter am Quirinal, sondern der deutsche Vertreter in London, eben Ribbentrop, den Vertrag am 6. November 1937 in Rom unterzeichnete. Daß Hassell beim Empfang Ribbentrops am Bahnhof in Rom „grün vor Ärger" war, wie mit Ciano einer seiner anderen Gegenspieler genüßlich notierte[88], ist angesichts dieser „Methode" durchaus verständlich.

Schwerwiegender waren freilich Hassells Bedenken in der Sache. Der Block, so heißt es in seinem Schreiben an Neurath weiter, richte sich klar gegen die Sowjetunion *und* gegen die Westmächte: „Hier handelt es sich um eine Neuorientierung der deutschen Außenpolitik, die auf Anregung niemanden anderes als des Botschafters in London sich bewußt gegen England stellt und einen Weltkonflikt geradezu ins Auge faßt."[89] In diesem Punkt war er sich beispielsweise mit Ciano durchaus einig, der nach dem Unterzeichnungsakt in sein

Tagebuch notierte: „Die Engländer [. . .] fühlen, daß sich das
Bündnis-System gegen sie schließt [. . .] Drei Völker ver-
pflichten sich, denselben Weg zu gehen, der sie vielleicht
zum Krieg führen wird. Zu einem notwendigen Krieg, wenn
man diese Schale sprengen will, die die Energie und die
Ansprüche der jungen Völker erstickt."[90]

Damit erreichte – durch Ribbentrop maßgeblich vorange-
trieben – eine Entwicklung ihren vorläufigen Höhepunkt, die
Hassell seit ihren Anfängen im Jahre 1936 zu verhindern
gesucht hatte. Für den Diplomaten stand eben stets fest, wie
es z. B. in einer stichwortartigen Aufzeichnung für einen
Vortrag vor der Wehrmachtsakademie am 19. März 1937
heißt, „dass das gegebene Korrelat der deutschen Zusammenarbeit mit Italien von Anfang [an] immer eine vernünf-
tige Verständigung mit England gewesen" sei[91]. Und tatsächlich war er ja dann – so das Fazit einer die Entwicklung
resümierenden Aufzeichnung vom Dezember 1937[92] –
getreu seiner „bisherigen Linie für eine systematische, aber
nüchterne Zusammenarbeit mit Italien und *gegen* eine ‚Blockbildung' (Militärbündnis) eingetreten". In gewisser Weise
stellte er sich damit freilich, wie wohl zutreffend bemerkt
worden ist, „einer Entwicklung entgegen, die er immerhin
mit eingeleitet hatte"[93], jedenfalls insoweit, als er ja die Verbesserung des deutsch-italienischen Verhältnisses als eines
der wichtigsten Ziele seiner Römischen Tätigkeit betrachtete.
Allerdings hoffte er, dieses Ziel erstens durch eine vertrauensvolle Zusammenarbeit in einer beide Staaten interessierenden Region, in Südosteuropa, und zweitens nicht in Kon-
frontation gegen die Westmächte erreichen zu können.

Daß Hassell einer der entschiedensten Befürworter des
von Mussolini angeregten Viererpaktes war, war daher nur
konsequent. Italiens Beitritt zum Antikominternpakt begrub
dann nicht nur endgültig diese Idee, sie realisierte vielmehr
mit der in diesem Akt angelegten Blockbildung das glatte
Gegenteil, einen *gegen* die Westmächte und insbesondere
gegen Großbritannien gerichteten Pakt. Damit zeichnete sich
für den Botschafter eine Wiederholung der verhängnisvollen
Vorkriegskonstellation ab. Ein Zusammengehen des bolschewistischen Rußland mit den Westmächten war nicht mehr

auszuschließen, eine erneute „Einkreisung" des Reiches wahrscheinlich.

Mithin schien sich in der Konsequenz und zu einem Zeitpunkt eine erneute Bedrohung des deutschen Großmachtstatus abzuzeichnen, an dem dieser noch nicht einmal in einem für Hassell notwendigen Maße als wiederhergestellt gelten konnte. Es waren schließlich vor allem die *Methoden* nationalsozialistischer Außenpolitik, die ihn zunehmend auf Distanz zu jenen „neuen" Kräften gehen ließen, von denen er sich ursprünglich den Wiederaufstieg des Deutschen Reiches zur gleichberechtigten Großmacht erhofft und denen er eben deshalb zunächst wichtige Dienste geleistet hatte. Diese sowie seine sich immer deutlicher ausprägende Erkenntnis von der „Unsittlichkeit" der neuen Politik sollten den Konservativen schließlich in die – von seinem Selbstverständnis her – verkehrte Frontstellung des Oppositionellen führen.

Hassell konnte die seit dem November 1937 unübersehbare „Neuorientierung" der deutschen Außenpolitik nicht mehr mit Überzeugung vertreten. Seine seit der Wiederbesetzung des Rheinlandes spürbare Skepsis hatte sich zu grundsätzlicher Kritik verdichtet. Im Zuge der Blomberg-Fritsch-Krise und der Ersetzung Neuraths durch Ribbentrop wurde daher auch er am 17. Februar 1938 in den Wartestand versetzt, nachdem er bereits am 4. Januar von Neurath über den bevorstehenden Schritt und dann am 18. Januar, gleichfalls vom Außenminister, von der Verfügung des „Führers" unterrichtet worden war, „dass Du nunmehr sofort einen Urlaub antreten sollst"[94]. Am 17. Februar 1938 übergab Hassell die Geschäfte an Baron von Plessen und am 5. März reiste er aus Rom ab. Damit endete die Karriere eines im In- und Ausland hoch geschätzten deutschen Diplomaten.

Vor allem drei Faktoren waren schließlich für die Abberufung Hassells aus Rom verantwortlich, und zwar zum einen die sich seit 1933/34 formierende Fronde innerhalb der NSDAP, zum zweiten der italienische Außenminister Ciano, der nicht die „geringsten Gewissensbisse" bei dem Gedanken hatte, daß er „die Abberufung dieses Individuums herbeigeführt" habe[95], sowie nicht zuletzt die couragierte Haltung Hassells und seiner Frau. Diese zeigte sich im Falle des Bot-

Ilse von Hassell, Mitte der 30er Jahre.

schafters nicht nur in seinem offenen Widerspruch etwa zur Politik der Blockbildung in den Jahren 1936/37. Vielmehr haben sich Ulrich und Ilse von Hassell, wie ganz unterschiedlich denkende Zeitgenossen bezeugen[96], nie gescheut, ihre Ansicht insbesondere über die „Minderwertigkeit" der sie umgebenden „Parteielemente" öffentlich kundzutun. Daran sollte sich auch in den kommenden Jahren nichts ändern.

III. Der Oppositionelle
(1938–1944)

1. Tätigkeiten und Aktivitäten

Nach seiner Versetzung in den Wartestand zog sich Hassell nach Ebenhausen im Isartal zurück und verlegte sich zeitweilig ganz auf die Schriftstellerei. Die Ergebnisse dieser ausgesprochen fruchtbaren Betätigung gilt es in anderem Zusammenhang zu betrachten. Allerdings führten ihn neue, gleichfalls noch zu erläuternde berufliche Tätigkeiten regelmäßig auch nach Berlin, so daß er in einer gewissen Verbindung mit den politischen Entscheidungszentren der Hauptstadt blieb. Durch seine „vielfältigen Kontakte zu leitenden Berufsdiplomaten" war Hassell zudem „stets frühzeitig und zuverlässig" über Interna des Auswärtigen Amtes sowie Pläne der deutschen Außenpolitik informiert[1].

Daß der Diplomat das politische Geschehen auch weiterhin mit großem Interesse und wachsender Besorgnis beobachtete, ist unverkennbar und auch in seinen Tagebüchern, die er bis zu seiner Verhaftung im Juli 1944 führte, deutlich dokumentiert. Seine dort niedergeschriebenen Reaktionen auf politische Entscheidungen und Ereignisse lesen sich häufig wie ein typischer Ausdruck des allgemeinen Empfindens der Zeit. So teilte er natürlich nach der für Hitler erfolgreich verlaufenen Münchener Konferenz die „Erleichterung des ganzen Volks, richtiger, aller Völker, über den abgewendeten Krieg"[2], dies um so mehr, als er in ihrem Vorfeld überzeugt gewesen war, daß die Forderungen des Diktators für die Westmächte „schon aus Prestigegründen" nicht akzeptabel sein würden[3]. Und wie wohl die meisten seiner Landsleute war auch Hassell ein halbes Jahr später von der Inszenierung des am 15. März äußerlich „glänzend durchgeführt[en]" sogenannten „Griffs nach Prag", also der endgültigen Zerschlagung der Tschechoslowakei, durchaus beeindruckt, obgleich er bereits seit dem Januar von Vorbereitungen für eine solche Aktion wußte. Daß dieser erste Eindruck nichts an seiner Bewertung des Vorganges änderte, ist freilich nicht minder offenkundig: „Es ist der erste Fall offenbarer Hybris, das Überschreiten aller Grenzen, zugleich jedes Anstands"[4].

Gerade seine Tagebucheintragungen im Umkreis dieser Ereignisse zeigen im übrigen sehr deutlich, daß Hassell mit jenem eher seltenen politischen Instinkt ausgestattet war, der nicht zuletzt an der Beschäftigung mit der Geschichte geschult wird und der den guten Diplomaten auszeichnet: Er glaube nicht, so notierte er eine Woche nach Hitlers Coup, daß diese Sache, auch wenn „unmittelbar alles gut" gehe, „auf die Dauer anders als unheilvoll ausgehen" könne[5]. Jeder neue Schritt, so heißt es dann wenig später, nach der am 22. März unter erheblichem Druck auf Litauen erfolgten Rückgabe des Memelgebietes an Deutschland, könne die „Katastrophe herbeiführen"[6]. Und im Sommer des Jahres 1939 werden dann auch solche Tagebucheintragungen immer häufiger, die im Grunde schon, implicite, von der Unvermeidbarkeit des Krieges ausgehen[7].

Mitte August hatte Hassell keinen Zweifel mehr, daß der Krieg mit Polen „mit hoher Wahrscheinlichkeit" bevorstehe. Wie in anderen Situationen – beispielsweise dann nach Abschluß des sogenannten Hitler-Stalin-Paktes[8] – erwies sich der Diplomat auch jetzt als scharfsinniger Beobachter und Analytiker der Konstellationen im internationalen Bereich: Anders als Hitler dies jedenfalls nach außen „vorgab", konnte Hassell nicht glauben, „daß die Westmächte neutral bleiben", also erneut einen für den Status von Großmächten unter Umständen folgenreichen Prestigeverlust hinnehmen würden. Anders als „manche Leute" war er freilich auch nicht der Ansicht, daß das Reich durch die „Katastrophe eines Weltkrieges mit zu 80 Prozent wahrscheinlicher Niederlage" hindurch müsse, „um im Innern zu gesunden Verhältnissen zu kommen". Vielmehr sollten eben „alle klarsehenden Menschen [. . .] alles tun", um den Krieg zu verhindern. Die Frage sei nur, „was man tun" könne[9].

Hassell sollte sehr bald eine Antwort auf diese Frage finden, und zwar in einer Situation, die er noch Mitte August

als den in der Theorie „ideale[n] Augenblick des Eingreifens"
beschrieben hatte, der Situation „unmittelbar vor oder bei
Kriegsausbruch"[10]: Am Morgen des 31. August 1939, einen
Tag vor dem deutschen Überfall auf Polen und damit dem
Ausbruch des Krieges, bat Weizsäcker den Diplomaten telefonisch zu sich. Anlaß und Hintergrund des Telefonats war
die sich stündlich verschärfende Krise um Polen, deren Verlauf im einzelnen dokumentiert und bekannt ist und die
daher hier nicht der erneuten Darstellung und Analyse
bedarf[11]. Jedenfalls teilte der Staatssekretär des Auswärtigen
Amtes Hassell mit, er sehe „nur noch eine Hoffnung", nämlich daß der britische Botschafter, Sir Nevile Henderson, seinen polnischen Kollegen Lipski und die polnische Regierung
„unverzüglich bewege, noch heute vor Mittag auf Warschau
einzuwirken, sofort einen bevollmächtigten Unterhändler zu
entsenden oder wenigstens noch vormittags durch Lipski bei
Ribbentrop anzukündigen", um die deutschen Bedingungen
für eine nicht gewaltsame Lösung der Krise in Empfang zu
nehmen[12]. Nach seinen eigenen Erinnerungen fügte Weizsäkker noch hinzu, man sei „doch nicht verpflichtet, wegen
zweier Wahnsinniger (Hitler und Ribbentrop) in den
Abgrund zu stürzen"[13].

Mit dieser Lageanalyse verband der Staatssekretär seine
Bitte an Hassell, ob er „privat" bei Henderson in diesem
Sinne vorstellig werden und einwirken und eventuell auch
Göring vor übereilten Entschlüssen Hitlers warnen könne.
Weizsäcker wandte sich mit seiner Bitte nicht zufällig an den
ehemaligen Botschafter. Dieser hatte ja, wie in anderem
Zusammenhang gezeigt wurde, schon vor der Machtüber-
nahme der Nationalsozialisten in Beziehung zu Göring
gestanden, und dem britischen Botschafter Henderson war
Hassell seit der gemeinsamen Zeit in Belgrad freundschaft-
lich verbunden[14].

Hassell sagte sofort zu, da für ihn alles darauf ankam,
„den Weltkrieg [sic] zu vermeiden". Von Weizsäcker begab er
sich zu Henderson, von diesem zu Göring, von Göring wieder zu Henderson[15] und von diesem schließlich erneut zu
Weizsäcker, um dann im Verlaufe des Nachmittags – allerdings auf eigene Initiative – noch einmal den britischen Bot-

schafter aufzusuchen. Indessen mußte seine Mission zu diesem Zeitpunkt bereits als gescheitert gelten. Während seiner zweiten Unterredung mit Weizsäcker hatte nämlich Ribbentrop dem Staatssekretär telefonisch „untersagt, mit H[enderson] Verbindung aufzunehmen", und hinzugefügt, „Hitler habe angeordnet, alles ‚abzuwimmeln' "[16]. Über den eigentlichen Grund für den Ausbruch des Krieges und damit eben auch für das Scheitern aller Vermittlungs- und Friedensbemühungen hatte Hassell selbst keinen Zweifel: Hitler und Ribbentrop, so heißt es lapidar und zugleich resigniert in einer Tagebuchaufzeichnung vom 10. September[17], „wollten den Krieg gegen Polen [. . .] und [. . .] haben das Risiko des Krieges gegen die Westmächte bewußt übernommen".

Es steht außer Frage, daß diese Erkenntnis den Diplomaten in jener oppositionellen Haltung bestärkte, die sich bereits in Ansätzen während seiner Römischen Zeit ausgebildet und ihn danach in Kontakt mit der sich formierenden Widerstandsgruppe um Carl Goerdeler, den ehemaligen Oberbürgermeister von Leipzig sowie Reichskommissar für die Preisüberwachung, und Ludwig Beck gebracht hatte, der ja als einer der wenigen führenden Militärs aus Protest gegen Hitlers Kriegskurs von seinem Posten als Generalstabschef des Heeres zurückgetreten war. Hassell war Goerdeler und Beck, die sich ihrerseits schon seit einigen Jahren kannten, Ende Dezember 1938 bzw. Mitte August 1939 erstmals begegnet. Der Diplomat schätzte die beiden auf ihre Weise sehr unterschiedlichen Charaktere. Beck erschien ihm als „feiner, kluger Kopf und anständiger Soldat"[18], und Goerdeler hielt er nach der ersten Begegnung vom 14. August 1939 für „frisch, klar, aktiv", vielleicht „ein bißchen sanguinisch [. . .] Auf alle Fälle eine Wohltat, einmal mit einem Mann zu sprechen, der nicht ‚meckert', sondern handeln will"[19].

Es ist gelegentlich bemerkt worden, daß man seit dieser Begegnung Hassells mit Goerdeler im Münchener Hotel „Continental" von einer Art „Dreier-Gruppe" Goerdeler-Beck-Hassell sprechen könne[20]. Tatsächlich hat sich für den Kreis dieser eher konservativ orientierten Oppositionellen die Bezeichnung „Goerdeler-Beck-von Hassell-Gruppe" oder auch „Honoratioren" eingebürgert[21]. Zugleich besteht jedoch in der Forschung weitgehend Einigkeit, daß es sich bei diesem Kreis nicht um eine Gruppe im Sinne einer Organisation gehandelt hat. Zum einen gab es keine entsprechenden organisatorischen Strukturen, zum zweiten waren auch zwischen den „Honoratioren" z. T. erhebliche Meinungsverschiedenheiten über den Zeitpunkt und die konkrete Organisation des Staatsstreichs sowie insbesondere über die Pläne und Konzeptionen für das „andere Deutschland" unübersehbar. Schließlich waren Persönlichkeiten wie Hassell viel zu „eigenwillig", um sich in das Gefüge einer Gruppenorganisation dieser Art einpassen zu können[22].

Zu einer engeren Kooperation und *insoweit* zu einer Gruppenbildung zwischen Hassell, Goerdeler, Beck und weiteren konservativen Oppositionellen, wie namentlich dem preußischen Finanzminister Johannes Popitz, ist es dann nach dem deutschen Überfall auf Polen gekommen. Beginnend mit der Begegnung zwischen Hassell und Goerdeler im Münchener Hotel „Continental", berichten die Tagebücher des Diplomaten insbesondere im Oktober 1939 über eine ganze Serie solcher Treffen. Namentlich die Aufzeichnung über die Münchener Unterredung vom 11. Oktober vermittelt zugleich einen sehr guten Einblick in die Motive, welche Hassell zu seinem entsprechenden Engagement bewogen haben.

Einmal abgesehen von seiner Abscheu vor den zunehmenden Unrechtstaten des Regimes, die in den „schamlosen Judenverfolgungen" des November 1938 ihren vorläufigen Höhepunkt gefunden und bei Hassell „schwere Sorgen" über das „innere Leben" hervorgerufen hatten[23], abgesehen also von dieser sich während des Krieges weiter verstärkenden moralischen Empörung, war es im Oktober des Jahres 1939 natürlich vor allem auch der „verbrecherische Leichtsinn" der „Kriegspolitik", der die Widerstandshaltung der Konservativen weiter festigte. Für Hassell war namentlich die „Verbrüderung mit den Sowjets" im sogenannten Hitler-Stalin-Pakt ein geradezu klassischer Ausdruck der „völlige[n] geistige[n] Verwirrung" und der Preisgabe „allerwichtigste[r] Positionen", d. h. der „Ostsee" und der „Ostgrenze", also dessen, wofür er sich unter anderem als Diplomat eingesetzt hatte:

„Ganz zu schweigen von der politisch unsittlichen Preisgabe der baltischen Länder ist nun das dominium maris baltici schwer gefährdet [. . .] Alles tritt aber zurück gegen die unbekümmerte Auslieferung eines großen wichtigen Teils des Abendlandes, zum Teil deutsch-lutherischer Kultur, zum Teil altes Österreich, an denselben Bolschewismus, den wir angeblich im fernen Spanien auf Tod und Leben bekämpft haben."[24]

Aus diesen und anderen Gründen waren sich dann auch Hassell und Goerdeler bei ihrer denkwürdigen Münchener Begegnung in dem „Schluße" einig, „daß es hohe Zeit wird, den hinabrollenden Wagen zu bremsen"[25]. Daß es noch fast fünf Jahre, bis zum 20. Juli 1944, dauern sollte, bis der Versuch tatsächlich unternommen wurde, hat sich zu diesem Zeitpunkt wohl keiner der beiden Gesprächspartner vorstellen können oder gar wollen.

Aber bekanntlich sahen sich die Oppositionellen alsbald mit zahlreichen schwerwiegenden Problemen konfrontiert. Zum einen hatten selbst die Konservativen um Goerdeler, Beck und Hassell aus zum Teil verständlichen, in der Natur konspirativer Tätigkeit liegenden Gründen erhebliche Schwierigkeiten, sich auf ein gemeinsames Vorgehen zu verständigen. So wurde man sich beispielsweise erst im März 1942 einig, daß „alle Fäden" bei Beck „zusammenlaufen" sollten[26]. Erst von diesem Zeitpunkt an war also mit Beck eine „Zentrale konstituiert"[27]. Das lag im übrigen nicht zuletzt an einem Umstand, der sich alsbald als eines der gravierendsten Probleme erweisen sollte: Wie nämlich war es – zweitens – möglich, „die Generäle", auf deren Hilfe man bei der Durchführung des Staatsstreiches angewiesen war, von dessen Notwendigkeit zu überzeugen und zu einer aktiven Unterstützung zu bewegen? Diese Frage sowie die Klage über die unschlüssige oder ablehnende Haltung der Militärs spielte schon in der Münchener Unterredung zwischen Goerdeler und Hassell eine wichtige Rolle, und sie ziehen sich wie ein roter Faden durch Hassells Tagebücher.

Als ein drittes, ausgesprochen schwerwiegendes Hindernis erwies sich die unüberbrückbare Zersplitterung des deutschen Widerstandes, der eben deshalb nie wirklich zu einer

„Bewegung" wurde. Hassell selbst galt im übrigen als einer der wenigen „Mittler zwischen den verschiedenen Temperamenten und Anschauungen"[28] innerhalb des ja niemals geschlossen agierenden nicht-sozialistischen bzw. nicht-kommunistischen Widerstandes. Das gilt insbesondere für die Kontakte zu den „jüngeren" Oppositionellen um Helmuth James Graf von Moltke und Graf Yorck von Wartenburg, deren konspirative Treffen in Kreisau, dem schlesischen Gut Moltkes, stattfanden.

Die Vorstellungen dieses „Kreisauer Kreises" unterschieden sich in vieler Hinsicht von denjenigen der Gruppe um Goerdeler, Beck und Hassell. Insbesondere Moltke, der führende Kopf der „Kreisauer", blieb bis zuletzt überzeugt, daß eine vollständige militärische Niederlage des Deutschen Reiches die unabdingbare Voraussetzung für den politischen Neubeginn Deutschlands und Europas sei. Daß die konservativen Oppositionellen um Goerdeler, die ja vor allem auch führende Militärs für ihre Sache zu gewinnen suchten, eine solche Sicht der Dinge nicht übernehmen mochten, ist unmittelbar einsichtig. Ähnliches gilt für manche innenpolitischen Vorstellungen der Männer um Moltke. Ihre Idee eines künftigen Staates orientierte sich an einem Menschenbild, das Elemente der christlichen wie der sozialistischen Weltanschauung zu vereinigen suchte. In erkennbarem Gegensatz zu den noch zu erläuternden Konzeptionen Nationalkonservativer wie Hassell schwebte den „Kreisauern" eine Neuorganisation des politischen und sozialen Lebens in Deutschland vor. Ihr Staat der Zukunft sollte gewissermaßen von der Basis aus neu konstruiert werden. Ein sich nach oben verjüngendes System gewählter Gremien sollte sicherstellen, daß alle Schichten der Bevölkerung in ausreichendem Maße an der politischen Entscheidungsfindung beteiligt waren. Eine künftige Realisierung dieses Prinzips mußte und sollte natürlich auch die Überwindung der alten „Klassengegensätze" nach sich ziehen.

Diese und andere Vorstellungen und Forderungen waren kaum mit denen der konservativen „Honoratioren" vereinbar. Gleichwohl oder eben deshalb hielt es Hassell für notwendig, mit den „Kreisauern" ins Gespräch zu kommen. Er hatte stets das „Bedenken, daß wir zu wenig Kontakt mit den jüngeren Kreisen hätten". Im Dezember 1941 traf er sich dann mit Yorck, Moltke, Adam von Trott zu Solz, Karl Ludwig Freiherr von Guttenberg und Fritz-Dietlof Graf von der Schulenburg zu längeren Gesprächen. Allerdings zeigten sich auch bei diesen Unterredungen die „großen Schwierigkeiten" einer Verständigung. Hassell faßte seinen eigenen Standpunkt in den umstrittenen Fragen dahingehend zusammen, daß erstens das „Handeln [. . .] aber die Hauptsache" sei. Zum zweiten glaubte er, daß die Restauration der Hohenzollern-Monarchie ein Weg sei, der „trotz aller Bedenken noch die meisten Aussichten der Zusammenfassung habe". In dieser gerade zum Jahresende 1941 noch einmal ins Zentrum der Diskussion rückenden Frage wußte sich Hassell im übrigen auch mit dem „sanguinischen, die Dinge im gewünschten Lichte sehenden, und in mancher Weise wirklich ‚reaktionären'" Goerdeler einig.

In dieser gelegentlich durchschimmernden Einschätzung Goerdelers stimmte Hassell zugleich mit vielen der jüngeren „Kreisauer" überein, und insofern war sein Versuch, „eine Art trait d'union zu den Junioren zu bilden", nicht ganz aussichtslos[29]. Aber für ein effektives Zusammengehen reichte diese ja auch nur bedingt übereinstimmende Beurteilung Goerdelers natürlich nicht aus. Das wurde vor allem anläßlich der „großen" Aussprache zwischen den „Jungen" und den „Alten" deutlich, die am Abend des 8. Januar 1943 bei Yorck stattfand[30]. Einig war man sich nur in dem Wunsche, den Staatsstreich herbeizuführen. Die z. T. gravierenden politischen Gegensätze konnten dagegen bekanntlich nicht überbrückt werden[31]. Auch Hassell hielt die Aussprache zwar für „interessant, aber im Grunde wenig befriedigend". Daß die „Jungen" zu ihm Vertrauen hatten und ihre Bedenken mit ihm berieten, freute ihn indessen sehr[32]. Daß Hassell „viel Verständnis" für die „dem Patriarchalismus Goerdelers abgeneigte sozialpolitische und wirtschaftspolitische Konstruktion" der Kreisauer zeigte, hat mit Eugen Gerstenmaier auch ein Teilnehmer aus dem Kreise der letzteren an jener Aussprache berichtet[33].

Diese hier nur an einem Beispiel demonstrierten Verstän-

Ulrich von Hassell zu Beginn der 40er Jahre.

digungsschwierigkeiten zwischen den verschiedenen oppositionellen Kreisen verweist nun zugleich auf ein letztes, vier-
tes schwerwiegendes Problem, mit dem sich der Widerstand
konfrontiert sah: Bei der rückblickenden Betrachtung der
deutschen Opposition gegen Hitler und namentlich ihrer
organisatorischen Schwierigkeiten ist nämlich stets in Rechnung zu stellen, daß es sich hier um eine Verschwörung, um
eine Untergrundbewegung handelte. Neben anderem erfor-
derte diese Ausgangsbedingung strikte Geheimhaltung und
natürlich äußerste Vorsicht. Schon die für jedes Organisieren
und alles gemeinschaftliche Planen elementaren Voraussetzungen, nämlich Unterredungen, Treffen usw., waren unter
solchen Umständen mit den größten Schwierigkeiten und
Gefahren verbunden.

Eine der wenigen Möglichkeiten, sich unter vergleichsweise unverdächtigen Umständen zu treffen, stellte die renom-
mierte, in Berlin ansässige „Mittwochs-Gesellschaft" dar.
1863 vom ehemaligen preußischen Kultusminister Moritz
August von Bethmann Hollweg gegründet, bot die Gesellschaft einem exklusiven Kreis von Gelehrten, Offizieren und
hohen Beamten die Möglichkeit zum Meinungsaustausch
über politische, historische, wissenschaftliche und kulturelle
Fragen. Der Tagungsort wechselte turnusmäßig, und man traf
sich in der Regel in der Wohnung des jeweils Vortragenden.

Hassell war seit Ende November 1940 Mitglied der „Mittwochs-Gesellschaft" und gehörte am 26. Juli 1944 auf deren
letzter, 1056. Sitzung neben Paul Fechter, Ludwig Diels,
Eduard Spranger und Johannes Stroux zu den fünf verbliebenen Anwesenden[34]. Zwei Tage später sollte er verhaftet werden: Zu den Folgen des Staatsstreichversuchs vom 20. Juli
gehörte auch das Ende dieser Gesellschaft. Für Hassell bot
die Mitgliedschaft zwei Vorteile: Zum einen kamen die
Begegnungen seinen geistigen Neigungen und Bedürfnissen
entgegen. Er selbst hat gelegentlich vorgetragen, und zwar
über die Persönlichkeiten Mussolinis und des Königs Alexander von Jugoslawien sowie über den politischen Begriff
des „neuen Mittelmeeres"[35].

Zum anderen boten die Versammlungen eben für einige
Oppositionelle eine relativ günstige Möglichkeit, sich zu

treffen und zu beraten. Zu den Mitgliedern der Gesellschaft zählten u. a. Beck und Popitz. Zwar blieb die „Mittwochs-Gesellschaft", wie Klaus Scholder gezeigt hat, äußerlich ganz das, „was sie seit mehr als siebzig Jahren gewesen war: ein gelehrter und geselliger Kreis für wissenschaftliche Unterhaltung". Aber durch die maßgebliche Initiative von Popitz bildete sich hier ein „Kreis im Kreise", auch wenn zu keiner Zeit „auch nur andeutungsweise" der Versuch unternommen worden ist, „etwa aus der Mittwochs-Gesellschaft insgesamt einen Kreis von Verschwörern zu machen"³⁶. Dafür war der gelehrte Zirkel – schon wegen des Mangels an entsprechenden Möglichkeiten – auch ungeeignet. Die Verschwörer benötigten den direkten Zugang zu den Schaltzentralen der Macht im In- und Ausland. Das gilt auch für Ulrich von Hassell, der freilich mit seiner erzwungenen Suspendierung erst einmal von den Machtzentren abgeschnitten war.

Notgedrungen mußte sich der Diplomat jetzt auf andere Tätigkeiten verlegen. Es handelte sich dabei durchweg um Aktivitäten, die seinen Interessen und Fähigkeiten entsprachen oder doch entgegenkamen und die ihm zugleich die Chance für einen Wiedereintritt in die aktive diplomatische Laufbahn offenhielten. Daß er diese anstrebte, steht außer Zweifel, und er hat, wie Hans Bernd Gisevius berichtet, stets und „mit allen Mitteln" versucht, „wiederhineinzukommen"³⁷. Nicht nur empfand er ja den diplomatischen Dienst als seine „eigentliche Linie", vielmehr sah er hier wohl auch die größte „Einwirkungsmöglichkeit" auf den als verhängnisvoll betrachteten außenpolitischen Kurs. Zwar legte er sich bereits 1938 „immer häufiger" die Frage vor, „ob man einem so unmoralischen Regime überhaupt dienen darf, andererseits die geringe Chance, überhaupt etwas zu machen, vermindert sich noch, wenn man ‚draußen' ist"³⁸. Zudem befand er sich ja vorläufig noch im „Wartestand" und konnte, zumindest bis zu seiner Versetzung in den „Ruhestand" am 10. Februar 1943, die Hoffnung auf eine Rückkehr in den auswärtigen Dienst hegen.

Es liegt auf der Hand, daß Hassell, um dieses Ziel zu erreichen und jedenfalls nach außen, manchen Kompromiß mit den Machthabern eingehen mußte. Insofern arbeitete er tatsächlich, wie Margret Boveri formuliert hat, „für und gegen das regierende Deutschland"[39]. Seine verschiedenen Tätigkeiten bewegten sich mehr oder weniger auf der „offiziellen" Linie. Dies wiederum eröffnete freilich dem *Oppositionellen* wichtige Möglichkeiten, um unter dem Deckmantel seiner offiziellen bzw. halboffiziellen Aktivitäten seine konspirativen Ziele verfolgen, und das hieß vor allem: reisen zu können.

Nur noch einmal ist Ulrich von Hassell vorübergehend für Berlin in offizieller diplomatischer Mission aktiv gewesen. Unmittelbar nach dem deutschen Überfall auf Polen wurde er Anfang September 1939 für einige Tage als „bevollmächtigter Vertreter" des Auswärtigen Amtes in die Hauptstädte Dänemarks, Schwedens, Norwegens und Finnlands entsandt[40]. Zur Sicherstellung der „Zufuhren aus neutralen Ländern im Kriegsfalle", so heißt es in einer Aufzeichnung des Leiters der Wirtschaftspolitischen Abteilung des Auswärtigen Amtes vom 28. August[41], schien es „erforderlich, einigen neutralen Regierungen von vornherein keinen Zweifel über unsere diesbezüglichen Erwartungen zu lassen". Aus der Sicht des Amtes war die Wahl Hassells insofern naheliegend, als sich der Diplomat während seiner Kopenhagener Zeit einen über Dänemark hinausgehenden guten Ruf erworben hatte und überdies die Verhandlungen nicht nur in Kopenhagen, sondern auch in Stockholm und Oslo in dänischer Sprache führen konnte. In einer resümierenden Aufzeichnung vom 9. September 1939 faßte der Sonderbotschafter die Ergebnisse seiner Reise dahingehend zusammen, daß er in allen vier Hauptstädten „die Ausführungen über ein etwaiges neutralitätswidriges Verhalten und über das Dulden einer freundlichen Handelskontrolle mit besonderem Nachdruck" vorgetragen habe. In der skandinavischen Presse sei sein Besuch durchweg „wohlwollend kommentiert und als erfreuliche Geste gewertet" worden[42].

Natürlich erhebt sich die Frage, warum Hassell diese Sondermission übernommen, warum er sich also insoweit noch einmal in den Dienst der nationalsozialistischen Außenpolitik gestellt hat. Daß er hoffte, auf diesem Weg möglicherweise wieder in den auswärtigen Dienst „hineinzukommen",

ist zu vermuten und als persönliches Motiv wohl auch nachvollziehbar. Offenbar hat ihn aber auch ein politischer Grund
zur Übernahme dieser Aufgabe bewogen. Über diesen hat er
sich im November 1939 öffentlich geäußert[43]. Danach war
„vollkommen klar", daß Deutschland in keiner Weise wün-
schen konnte, „daß ein Land, dessen Interessen durch den
Krieg nicht berührt werden, eine unneutrale Haltung zuun-
gunsten der Gegner Deutschlands einnehme". Hassell zeigte
sich überzeugt, daß die Neutralität für ein Land dann in seinem *eigenen* Interesse liege, wenn kein vitaler Grund „die
Teilnahme fordert". Die Geschichte lehre, mit welchen nachteiligen Folgen die Aufgabe der Neutralität – gerade für klei-
nere Länder und in wirtschaftlicher Hinsicht – verbunden
sei.

Aber welche Motive Hassell im einzelnen auch immer
bewogen haben mögen, diese Mission war jedenfalls seine
letzte im Dienste des Auswärtigen Amtes. Er mußte sich jetzt
nach anderen Möglichkeiten umsehen. Seine Tätigkeiten in
den kommenden Jahren waren vielfältiger Natur. So berichtet
Hjalmar Schacht, Hassell habe noch bis 1944 „seine Opposi-
tionsstellung durch wiederholte Mitwirkung am Reichsrund-
funk zu tarnen" gesucht[44]. Wesentlich wichtiger waren
jedoch seine Vortragsreisen und seine Tätigkeit als Schriftsteller, zumal beides seinen Neigungen sehr entgegenkam.
Die Zahl seiner Publikationen aus den Jahren 1938–1944 ist
kaum überschaubar. Z. T. aus den genannten Motiven heraus
und um keinen Verdacht an seiner „Linientreue" aufkommen
zu lassen, aber auch schlichtweg mangels anderer Möglichkeiten, hat sich Hassell nicht gescheut, in den offiziösen
Organen der Partei und des Staates zu publizieren, vornehmlich in der Zeitschrift „Auswärtige Politik", aber beispielsweise auch in den „Nationalsozialistischen Monatsheften",
oder im „Vierjahresplan", den „amtlichen Mitteilungen"
Görings[45].

Auf die dort und andernorts vorgetragenen Ideen wird in
anderem Zusammenhang einzugehen sein. Grundsätzlich ist
jedoch festzuhalten, daß man die Arbeiten Hassells sehr
genau zu lesen und ihre häufig keineswegs mit der offiziellen Politik harmonierenden Aussagen gleichsam zwischen

den Zeilen zu suchen hat. Immerhin mußte er ja beispielsweise, solange er noch nicht in den Ruhestand versetzt war,
vor einer Veröffentlichung stets die Genehmigung des Auswärtigen Amtes einholen, die keineswegs immer erteilt
wurde[46]: Unter den Bedingungen eines totalitären Regimes
Vorträge zu halten und zu publizieren, u. a. um „im
Gespräch" zu bleiben, aber dabei in den zentralen Fragen –
etwa der rassenideologischen – keine Konzessionen zu
machen und überdies womöglich eine alternative Sicht der
politischen Verhältnisse und ihrer Entwicklung zu unterbreiten, bedeutete wahrlich ein Kunststück.

Wie Hassell im Januar 1942 anläßlich eines in Paris gehaltenen Vortrages über „Lebensraum oder Imperialismus?"
notierte, wurden seine Ausführungen daher häufig nicht
„wirklich verstanden"[47]. Seine beispielsweise dort dargelegte,
dann auch publizierte Auffassung, wonach „Lebensraum" in
seinem Verständnis keine „trostlose Einheitsform" vorstellen
dürfe, sondern vielmehr „allen seinen Teilhabern *wirtschaftliches* Gedeihen verbürgen" und die „Mannigfaltigkeit der auf
ethisch-christlicher Grundlage erwachsenen europäischen
Kulturen" verbürgen müsse[48], war zwar als Auseinandersetzung mit dem britischen Empire-Konzept gedacht, aber
natürlich auch als Kritik an jenem Verständnis von „Lebensraum" zu lesen, das seit den 20er Jahren propagiert und seit
1939 bzw. 1941 in brutaler Weise realisiert wurde. Darauf
wird noch einmal zurückzukommen sein.

Wichtig war für Hassell vor allem seine Tätigkeit im „Mitteleuropäischen Wirtschaftstag" (MWT). Dieser war 1931 aus
dem 1924 gegründeten, in Wien ansässigen „Mitteleuropäischen Wirtschaftsverein" hervorgegangen und sollte der
deutschen Industrie als wirkungsvolles Instrument bei der
wirtschaftlichen Durchdringung Südosteuropas dienen. Im
März 1941 waren über 80 Industrieunternehmen, Banken,
Kammern usw. im MWT zusammengeschlossen[49]. Solchermaßen war der Verband schon für die Politiker der Weimarer
Republik ein interessanter Partner, bildete Südosteuropa
doch eines der wenigen aussichtsreichen Betätigungsfelder
deutscher Außenpolitik nach dem Ersten Weltkrieg.

Mitte Dezember 1938 erörterte der Vorsitzende des MWT,

Tilo Freiherr von Wilmowsky, erstmals mit Hassell „vage"
die Möglichkeit einer Mitarbeit des Diplomaten in dem Verband[50]. Allerdings verzögerte sich die Angelegenheit –
offenbar wegen der widerstrebenden Haltung einiger deutscher Behörden – bis zum Frühsommer 1940. Erst jetzt billig-
ten Vierjahresplan, Auswärtiges Amt und Reichswirtschafts-
ministerium ausdrücklich Hassells Eintritt in das Kuratorium
und den Vorstand des MWT, um insbesondere, so der „Zwi-
schenbericht" des MWT vom Februar 1941, „seine langjähri-
gen Erfahrungen auf dem Gebiet der deutsch-italienischen
Zusammenarbeit in dieser Form in den Dienst der deutschen
Wirtschaft zu stellen"[51].

Der Diplomat war dann freilich nur für knapp drei Jahre
Vorstandsmitglied des Verbandes. Bereits Ende Dezember
1942 einigte er sich mit Wilmowsky grundsätzlich über sein
Ausscheiden, weil Ribbentrop seine Tätigkeit „immer stärker
bekämpfte", die Gestapo ihn beobachte und seine Reisen
unmöglich mache und er solchermaßen für den MWT eine
„schwere Belastung" sei[52]. Am 20. Februar 1943 setzte er Wilmowsky offiziell von seiner Entscheidung in Kenntnis. Hassell blieb noch im Kuratorium des MWT. Sein neues, von
seiner Bedeutung her allerdings kaum vergleichbares Betätigungsfeld war fortan das „Deutsche Institut für Wirtschaftsforschung", gleichfalls mit Sitz in Berlin[53]. Bereits seit dem
März 1942 war Hassell als Auswärtiger Mitarbeiter in der
Abteilung „Verkehrswirtschaft und Nachrichtenwesen"
beschäftigt und wurde vor allem als Verbindungsmann für
die östlichen und südöstlichen Außenstellen eingesetzt[54].
Zwar war er auch hier „nicht glücklich", zumal ihm inzwischen, wie noch in anderem Zusammenhang zu zeigen sein
wird, die Reisemöglichkeit genommen worden war, doch
betrachtete er seine persönliche Unzufriedenheit als „Neben-
sache". Die Tätigkeit im Institut war als „Basis nötig". Erstmals finden wir in dieser Situation deutliche Anzeichen von
Resignation: Manchmal, so notierte er am 6. März 1943, sei
er „Berlin sehr satt" und habe „Lust, nach E[benhausen] aus-
zuwandern und nur zu schriftstellern. Aber es wäre doch
wohl falsch und feige."[55]

Aus alledem wird deutlich, daß die Tätigkeit im MWT für

Hassell aus drei Gründen wichtig war. Zum einen kam sie seinen Neigungen und Fähigkeiten als Diplomat sehr entgegen. Zum zweiten eröffnete sich hier eine neue Möglichkeit, aktiv seine Südosteuropakonzeption der 30er Jahre weiterzuverfolgen. Das zeigt sich beispielsweise in seiner Denkschrift „Leitgedanken für den künftigen wirtschaftlichen Austausch Deutschlands mit Südosteuropa und die deutsche Mitarbeit an der wirtschaftlichen Entwicklung dieser Länder" vom September 1941. Hier plädierte Hassell für einen „anderen Geist" der Südosteuropapolitik, der „die Interessen und den Fortschritt der südöstlichen Länder ganz genau so ins Auge" fasse wie die eigenen[56]. Zwar bezog er damit – und sicherlich aus Überzeugung – vordergründig gegen die Methoden des „westlichen Kapitalismus" Stellung, doch war ein solches Konzept zugleich kaum mit der nationalsozialistischen Südosteuropapolitik vereinbar, die ja im April mit der Besetzung Griechenlands und der Zerschlagung Jugoslawiens einen vorläufigen Höhepunkt erreicht hatte. Schließlich aber, und hier lag für den *Oppositionellen* Hassell die Bedeutung seiner Mitgliedschaft im Vorstand des MWT, bot ihm diese Tätigkeit die Möglichkeit zu Auslandsreisen: „gute Plattform, die sich praktisch auswirkt", notierte er am 22. September 1940 in sein Tagebuch[57].

2. Auslandskontakte und Friedensfühler

Zu den wichtigsten Anliegen der deutschen Opposition gehörte ja, und zwar bis in den Juli 1944 hinein und zumal für den Diplomaten Hassell, der Auf- und Ausbau von Auslandskontakten. Das Ziel dieser Bemühungen bestand vor allem in der Erkundung der Voraussetzungen und Bedingungen, unter denen die Kriegsgegner einem Waffenstillstand bzw. einem Sonderfrieden mit einem „anderen" Deutschland zustimmen konnten. Das Interesse richtete sich zunächst naturgemäß vor allem auf Großbritannien. Zum einen wußte gerade der historisch versierte Hassell um dessen Schlüsselrolle in der europäischen Politik, und zum anderen war ja Großbritannien bis zum Juni 1941 der wichtigste bzw.

schließlich der einzige Gegner des Deutschen Reiches. Schon aus diesen Gründen, aber auch wegen seines bereits in der Zeit des Kaiserreiches unverkennbaren, niemals wirklich beseitigten Mißtrauens gegenüber den USA spielten für ihn die Friedensfühler zur amerikanischen Seite eine deutlich untergeordnete Rolle. Das gilt natürlich erst recht für das bolschewistische Rußland. Dieses rückte – notgedrungen – erst im Verlaufe des Jahres 1943 in den Horizont der entsprechenden Überlegungen Hassells.

Die zahlreichen Kontaktversuche des ehemaligen Botschafters sind in seinen Tagebüchern dokumentiert. Daß es sich dabei um ausgesprochen gefährliche Unternehmungen handelte, bedarf keiner näheren Erläuterung. Zwar konnte Hassell seit Mitte des Jahres 1941 seine Tätigkeit im MWT gewissermaßen als Deckmantel für seine Reisen ins Ausland nutzen, doch benötigte er für diese die entsprechenden „Ausreise- und Wiedereinreisesichtvermerke" in seinem Paß, so daß die deutschen Behörden grundsätzlich über seine Reise*ziele* informiert waren. Gleichwohl ist es ihm offenbar gelungen, insbesondere die Kontaktaufnahmen bzw. -versuche mit der *britischen* Regierung geheimzuhalten. Zumindest bis zur Forderung nach „unconditional surrender", wie sie am 24. Januar 1943 von Roosevelt und Churchill in Casablanca verkündet wurde, hofften ja die deutschen Oppositionellen, mit der Londoner Regierung über die Bedingungen für einen Sonderfrieden ins Gespräch kommen zu können[1]. Ja, Gerhard Schulz hat sogar pointiert die Auffassung vertreten, „daß letztlich doch der deutsche Widerstand [. . .] mindestens bis zum Herbst 1941 – und nachwirkend teilweise darüber hinaus – Erzeugnis und Ergebnis deutsch-englischer Beziehungen gewesen" sei[2]. Das Angebot der Oppositionellen bestand in einem Regimewechsel in Deutschland und der Beendigung des Krieges, ihre Forderungen bezogen sich auf die zukünftigen Grenzen des Deutschen Reiches und vor allem auf die Zusage der britischen Regierung, die Situation eines Regimewechsels in Deutschland nicht militärisch ausnutzen zu wollen.

Von den zahlreichen Kontaktaufnahmen der deutschen Opposition zur britischen Regierung in dieser ersten Phase

des Krieges haben vor allem drei Prominenz erlangt, und
zwar die maßgeblich von der Gruppe um Oster und Halder
durch den Rechtsanwalt Josef Müller betriebenen Verhandlungen über den Vatikan (Oktober 1939–März 1940), die
Treffen Hassells mit Lonsdale Bryans in Arosa (Februar und
April 1940) sowie der Vorstoß Goerdelers (Mai 1941). In
unserem Zusammenhang sind natürlich die Gespräche Hassells in der Schweiz von besonderem Interesse. Über die
anderen Initiativen war er zwar unterrichtet, aber nicht entscheidend an ihrer Durchführung beteiligt[3].

Bereits Gerhard Ritter hat die Vermutung geäußert, daß
ein Grund für das Scheitern der Bemühungen Hassells im
Februar und April 1940 in der Person seines englischen
Gesprächspartners zu suchen ist. Lonsdale Bryans war „Welt-
reisender und Amateurdiplomat" und lag seit Oktober 1939
„in Rom gewissermaßen auf der Lauer, in der Hoffnung, sich
dort irgendwie als Vermittler zwischen den kriegführenden
Mächten nützlich machen zu können"[4]. In seinen 1951 publizierten Erinnerungen „Blind Victory" spricht Lonsdale
Bryans dann auch unumwunden von einer „self-appointed
mission", deren Ziel die Rettung von „Millionen Menschen-
leben" und die „Wiederherstellung des Friedens" gewesen
sei[5]. Offensichtlich ist jedoch sein persönlicher Geltungsdrang als Motiv für seine diversen, z. T. recht obskuren Frie-
densvermittlungsversuche ebenso hoch, wenn nicht höher zu
veranschlagen. So bemühte er sich beispielsweise im Oktober 1940 um eine Audienz bei Hitler. Dafür wählte er den
Weg eines – dem Foreign Office in London zugespielten –
Briefes an den Direktor des Schwarzhäupter Verlages in
Leipzig, in welchem sein Buch „The Curve of Fate" in deutscher Übersetzung erscheinen sollte[6].

Während seines Rom-Aufenthaltes also kam Lonsdale
Bryans im November 1939 zufällig mit dem künftigen
Schwiegersohn Hassells, Deltamo Pirzio-Biroli, in Kontakt.
Bryans bot sich an, als Vermittler zwischen der deutschen
Oppositionsgruppe, von deren Existenz er durch Pirzio-
Biroli erfuhr, und der britischen Regierung zu fungieren. Er
versprach, den Namen Hassells, der als führender Kopf der
Bewegung erscheint, nur gegenüber dem Außenminister

preiszugeben, und nahm einen vom 28. Dezember 1939 datierten, nicht namentlich unterzeichneten Brief des Italieners mit nach London. Dieser enthielt u. a. die – im wesentlichen mit Hassells Vorstellungen identischen – „Friedensbedingungen" der deutschen Opposition[7].

In London traf Lonsdale Bryans freilich zunächst auf taube Ohren. Halifax, der wenige Tage vor Ausbruch des Krieges schon einmal von seinem Landsmann „aufgehalten" worden war[8], wollte sich nicht sprechen lassen. Erst ein Brief des mit Chamberlain befreundeten konservativen Politikers Lord Brocket an den britischen Außenminister öffnete dem selbsternannten Friedensvermittler am 8. Januar die Türen des Foreign Office zu einem Gespräch mit Halifax[9]. Dieser nahm das Schreiben Pirzio-Briolis entgegen, stellte allerdings von vornherein klar, daß sein Name aus allen öffentlichen Erörterungen in diesem Zusammenhang herausgehalten werden müsse. Als seine persönliche Meinung gab er zu erkennen, „daß ·natürlich eine neue Situation entstehen würde, wenn Hitler und seine Umgebung, also Ribbentrop, Himmler und Co., beseitigt und in Deutschland Verfassung und Freiheit wieder institutionalisiert seien". In einem solchen Falle sei er persönlich gegen ein Ausnutzen der Situation durch die Alliierten. Diese freilich könnten sich nicht mit einem „patched-up peace" zufriedengeben[10].

Auf Skepsis traf der Inhalt des Schreibens von Pirzio-Biroli vor allem bei einigen einflußreichen Beamten des Foreign Office. So stellte Kirkpatrick fest[11], daß der Brief keinerlei Hinweis darauf enthalte, mit welchem „Typ von Nationalisten" man es zu tun habe: Es könne Hassell sein, sein Schwager Tirpitz und deren „Freunde", welche zumeist Direktoren der I. G. Farben, pensionierte Generäle usw. seien! „Diese Leute", so schloß der Beamte, „haben selbstverständlich keinen Einfluß." Immerhin fand sich Halifax bereit, Lonsdale Bryans eine weitere Reise nach Rom zu erleichtern. Der britische Botschafter vor Ort wurde dementsprechend instruiert, indessen zugleich darauf hingewiesen, „[that Lonsdale Bryans] is clearly a light-weight, and has not, of course, been sent on any mission by me"[12].

Von jetzt ab und bis zu seiner Rückkehr aus der Schweiz

am 24. Februar verliert sich die Spur des Amateurdiplomaten in den Akten des Foreign Office[13]. Jedenfalls traf Lonsdale Bryans in Rom erneut mit Pirzio-Biroli zusammen. Dieser übergab ihm einerseits einen zweiten, ebenfalls nicht namentlich unterzeichneten Brief für Halifax[14] und arrangierte zum anderen ein Treffen zwischen dem Engländer und seinem Schwiegervater in der Schweiz. Dieses fand am 22. und 23. Februar 1940 in Arosa statt. Nach eigenem Bekunden – und entgegen der ausdrücklichen Weisung des Foreign Office – ist Lonsdale Bryans dort als „English envoy extraordinary (if not plenipotentiary) of the First Secretary of State for Foreign Affairs of His Britannic Majesty" aufgetreten[15]. Hassell, der unter dem Vorwand, seinen erkrankten Sohn Wolf Ulrich im Sanatorium besuchen zu wollen, nach Arosa gereist war, hat die Ziele dieses „äußerst gefahrvollen" Unternehmens[16] in einer privaten Aufzeichnung festgehalten, die im Rahmen seiner Tagebücher veröffentlicht wurde.

Danach war es vordringlich, noch „*vor großen militärischen Schlägen*" zu einem Frieden zu kommen. Wichtig war ihm der Hinweis, daß die Forderung nach einer „Regimeänderung" in Deutschland nicht von „*nicht*-deutscher Seite" aufgestellt werde. Zu gut sei den Deutschen noch die Situation des Jahres 1918 in Erinnerung, „als man den Kaiser preisgab". Eine Monarchie, so wollte er schließlich – einen Hinweis Lonsdale Bryans aufgreifend – an die britische Adresse signalisieren, sei „sehr erwünscht, aber erst ein Problem des II. Aktes". Ob Hassell seinem Gesprächspartner deshalb keine „Hintermänner" nennen wollte, weil er dessen tatsächliche Stellung eher skeptisch beurteilte, läßt sich nicht mit letzter Sicherheit feststellen[17].

Immerhin fand er sich zu dem für ihn ausgesprochen riskanten Schritt bereit, Lonsdale Bryans nicht nur ein handschriftliches „Statement" für die britische Regierung mit den Bedingungen für einen Friedensschluß zu überreichen, sondern auch ein an den Engländer gerichtetes, von ihm unterzeichnetes Billet, das als Beleg für die Authentizität des Dokuments und die Identität seines Verfassers gelten sollte[18].

In der Sache werden die Vorschläge, welche Hassell dem

Confidential!   23-2-40 56
Ge/40/2.

Dear Mr. Bryans, according to your wishes I beg to include a note on the principles considered to be essential for the restablishment of permanent peace.

With kind regards

Yours very sincerely

Ulrich v. Hassell

Das handschriftliche und signierte Billet, das Hassell zum Beweis der Autorschaft jenem „Statement" beigab, das als Grundlage für Verhandlungen der deutschen Opposition mit der britischen Regierung dienen sollte.

englischen Unterhändler und damit der britischen Regierung unterbreitete, nur verständlich, wenn man den Stand des Krieges im Februar 1940 in Rechnung stellt: Mit der Kapitulation der letzten polnischen Einheiten konnte Anfang Oktober 1939 der am 1. September mit dem deutschen Angriff eröffnete Feldzug gegen Polen als abgeschlossen gelten. Die deutschen Truppen standen auf der im geheimen Zusatzprotokoll zum deutsch-sowjetischen Freundschaftsvertrag vom 28. September 1939 festgelegten Linie. Der dem Deutschen Reich von den Westmächten am 3. September erklärte Krieg hatte im eigentlichen Sinne noch gar nicht begonnen, und die deutsche Offensive im Westen war wiederholt verschoben worden. Anders verhielt es sich im Falle der Sowjetunion. Diese hatte im Zuge ihres am 17. September begonnenen Feldzuges inzwischen Ostpolen besetzt, Ende September bzw. Anfang Oktober von Estland, Lettland und Litauen die Abtretung von Stützpunkten erzwungen und befand sich – nach dem Angriff vom 30. November 1939 – auf dem Höhepunkt ihres sogenannten Winterkrieges gegen Finnland, dessen Unterstützung gegen die sowjetische Übermacht soeben, am 5. Februar 1940, vom alliierten Kriegsrat in Paris beschlossen worden war.

Vor diesem Hintergrund beschwor dann auch Hassell in seinem „Statement" die sich in seinen Augen immer deutlicher abzeichnende Gefahr, daß Europa „bolschewisiert" werde. Insofern sah er jetzt also seine gleichermaßen ideologisch und machtpolitisch bedingte Furcht der dreißiger Jahre bestätigt, als er mit eben diesem Argument beispielsweise die Jugoslawen von der Notwendigkeit eines „gesunden", d. h. nicht zuletzt durch seine Anlehnung an Österreich und den Ausbau seiner mitteleuropäischen Position gestärkten Deutschen Reiches zu überzeugen gesucht hatte. In diesem Sinne führte er im Februar 1940 der englischen Regierung vor Augen, „daß ein gesundes, lebenskräftiges Deutschland ein unentbehrlicher Faktor" sei.

Aber auch zu den „Bedingungen" für die Lebensfähigkeit Deutschlands und für eine „dauernde Befriedung und Gesundung Europas auf fester Grundlage" hat sich Hassell in seinem „Statement" ausgelassen. Dazu zählte der Opposi-

tionelle u. a. die „Vereinigung Österreichs und des Sudetenlandes mit dem Reich" sowie „im wesentlichen" die Wiederherstellung der deutsch-polnischen Grenze des Jahres 1914.
Ein „Wiederaufrollen von Grenzfragen im Westen Deutschlands" (also insbesondere eine Wiedereingliederung Elsaß-
Lothringens) sollte – entsprechend den Regelungen des Versailler Vertrages und der Locarno-Verträge – „nicht in Frage"
kommen. Die deutsche Irredenta in Nordschleswig, die Hassell seinerzeit als Gesandter in Kopenhagen stark beschäftigt
hatte, wurde im übrigen ebensowenig erwähnt wie der vor-
malige deutsche Kolonialbesitz. Letzterer spielte auch in der
noch zu erläuternden, ganz auf ein von Deutschland geführ-
tes „Großeuropa" konzentrierten außenpolitischen Konzeption Hassells während des Krieges keine Rolle.

Derartige Vorstellungen, wie sie in Hassells Forderungen
an die Adresse Londons zum Ausdruck kommen, mögen den
rückblickenden, mit dem weiteren Gang der Ereignisse vertrauten Betrachter befremden. Immerhin befand sich ja
Deutschland in einem von ihm selbst entfesselten Krieg. Für
Hassell dürften indessen diese Vorschläge und „Bedingungen" vor allem aus zwei Gründen realistisch bzw. zwingend
gewesen sein: Zum einen stand für ihn außer Frage, daß das
Deutsche Reich seine Großmachtbasis erhalten bzw. sogar
noch erweitern müsse[19]. Darin lag für ihn die *conditio sine qua
non* des Überlebens. Denn nur so, wenn überhaupt, konnte
Deutschland den Gefahren vorbeugen, die sich aus seiner
geostrategischen Lage ergaben. Eben diese Sicht der Dinge
wurde im übrigen auch von den wohl meisten Deutschen
geteilt, und schon deshalb wären – zu diesem Zeitpunkt –
bescheidenere Vorschläge kaum denkbar gewesen: Wie hätte
man eine an außenpolitische Erfolge gewöhnte Bevölkerung
nach einem etwaigen Staatsstreich von der Notwendigkeit
überzeugen können, beispielsweise die Grenzen von 1937 zu
akzeptieren[20]?

Zum anderen aber hatte ja die britische Regierung, an
deren Adresse Hassell jetzt seine Vorschläge richtete, bereits
am 19. November 1937 durch den damaligen Lord President
im Kabinett Chamberlain und jetzigen Außenminister, Lord
Halifax, die deutsche Seite wissen lassen, man sei in England

nicht der Ansicht, daß der *status quo* in Europa „unter allen
Umständen aufrecht erhalten werden müsse", und in diesem
Zusammenhang ausdrücklich „Danzig und Österreich und
die Tschechoslowakei" erwähnt[21]. Und tatsächlich hatte man
ja in England nicht nur von der Ergreifung effektiver Maßnahmen gegen den „Anschluß" Österreichs an das Deutsche
Reich vom 12. bzw. 13. März 1938 abgesehen, sondern dann
auch am 29. September 1938, auf der Münchener Konferenz,
zusammen mit Frankreich und Italien Hitlers nächstem
Schritt, der Besetzung der sudetendeutschen Gebiete der
Tschechoslowakei, *im vorhinein* ausdrücklich zugestimmt.

Auch Hassells „Bedingung" bezüglich der Wiederherstellung der deutsch-polnischen Grenze des Jahres 1914
erscheint dann, und jedenfalls aus dieser Sicht der Dinge,
weniger unrealistisch, wenn einerseits die schon sehr bald
nach 1919 und gerade in Großbritannien aufkommenden
Bedenken hinsichtlich der Grenzziehungen des Versailler
Vertrages und andererseits die englische Haltung zur Frage
einer Garantie für Polen in Rechnung gestellt werden. Letztere war ja bis zum 25. August 1939, also bis zur Unterzeichnung des Beistandspaktes, durch ein kaum zu übersehendes
Zögern und nach dem deutschen Überfall durch ihr militäri-
sches Stillhalten ausgezeichnet. So hatte beispielsweise die
„Times" ihre Leser darauf hingewiesen, daß sich die am
31. März 1939 vom britischen Premierminister abgegebene
Garantieerklärung auf die Unabhängigkeit Polens („indepen-
dence"), nicht aber auf seine territoriale Integrität beziehe:
„Integrity might have meant an unconditional guarantee of
all the existing Polish frontiers."[22] Und selbst im englisch-
polnischen Beistandspakt war ausdrücklich von der „Unabhängigkeit" der beiden vertragsschließenden Parteien die
Rede, nicht aber von ihrer territorialen Integrität.

Tatsächlich enthielt dann ja auch Hassells Vorschlag *implicite* den *Rückzug* der deutschen Truppen auf die Grenze von
1914 und die ausdrückliche Wiederherstellung eines „unabhängigen Polen" (sowie einer „tschechischen Republik"). Auf
die sich damit geradezu aufdrängende Frage, wie sich Hassell die Haltung der Sowjetunion zum letztgenannten Punkt
vorgestellt haben mag, gibt sein „Statement" keine Antwort.

Aber sicher geht man nicht fehl in der Annahme, daß der Oppositionelle für den Fall der Wiederherstellung eines „unabhängigen Polen" ein gemeinsames Vorgehen des Deutschen Reiches mit den Westmächten – unter Umständen auch gegen das „bolschewistische Rußland" – zumindest nicht ausgeschlossen hat. Hatten nicht zuletzt die britisch-sowjetischen Verhandlungen über einen Beistandspakt vom Juli 1939 einmal mehr die tiefe Skepsis auch und gerade englischer Staatsmänner gegenüber der Sowjetunion unter der Führung Stalins deutlich demonstriert?

Schließlich aber ist bei der Betrachtung dieser und ähnlicher Vorstellungen und Vorschläge aus den Reihen der konservativen Opposition in Rechnung zu stellen, daß ihr Ausgangspunkt – jedenfalls bis in das Jahr 1942 hinein – stets der *status quo* gewesen ist. Das heißt in diesem Falle: Österreich und die sudetendeutschen Gebiete der Tschechoslowakei *waren* ja inzwischen mit dem Deutschen Reich vereinigt und die vor 1914 bzw. 1919 zu ihm gehörenden Gebiete Polens von deutschen Truppen besetzt. Eben dieser Tatbestand war Ausgangspunkt der Hassellschen „Bedingungen". Noch deutlicher wird diese Haltung in einem „Friedensplan" Goerdelers vom 30. Mai 1941, der gleichfalls zur Übermittlung an die britische Regierung gedacht war. Inzwischen waren Dänemark, Norwegen, Belgien, die Niederlande, Frankreich, Jugoslawien und Griechenland von Deutschland überfallen und besiegt worden und befanden sich deutsche Truppen in Nordafrika auf dem Vormarsch. Dementsprechend zählten zu Goerdelers „Friedenszielen" jetzt – über Hassells Vorschläge deutlich hinausgehend – u. a. auch die „Wiederherstellung der Grenzen von 1914" gegenüber Belgien und Frankreich (also insbesondere die Wiedereingliederungen von Eupen-Malmedy und Elsaß-Lothringen) sowie die „Rückgabe der deutschen Kolonien"[23].

Damit wird sehr deutlich, wie wenig sich gerade auch die Angehörigen des konservativen Widerstandes den Erfolgen der deutschen Wehrmacht entziehen konnten, die Hassell in einer Tagebucheintragung vom 10. April 1941 als „unerhört glänzendes Instrument" bezeichnete, „alle tüchtigen Eigenschaften des Deutschen enthaltend, zugleich von absolutem

Selbstvertrauen erfüllt", auch wenn er die „Tragik" darin erblickte, daß mit „diesem wunderbaren Instrument [. . .] die
Zerstörung Europas à la perfection durchgeführt" werde[24].
Daß diese militärischen Erfolge in den politischen Konzeptionen der konservativen Opposition und ihren sich daraus
herleitenden Friedensvorschlägen einen deutlichen Niederschlag gefunden haben, ist jedenfalls unverkennbar und
auch in Hassells „Statement" deutlich dokumentiert.

Dieses Dokument brachte Lonsdale Bryans am 24. Februar,
also einen Tag nach seiner letzten Unterredung mit Hassell in
Arosa, nach London. Durch erneute Vermittlung Lord
Brockets wurde er in den folgenden Wochen zweimal von Sir
Alexander Cadogan empfangen, nachdem Halifax wegen
Überlastung abgesagt hatte. Über den Inhalt der Gespräche
sagen die Akten des Foreign Office nichts aus. Es wird lediglich deutlich, daß sich das Amt bereit fand, in Form einer
Ausreisegenehmigung und anderer Maßnahmen eine weitere
Reise des Amateurdiplomaten zu erleichtern, und daß Lonsdale Bryans von Lord Brocket für diesen Zweck einen Kredit
erhielt. Allerdings wurde letzterem durch Cadogan unmiß-
verständlich bedeutet, „that not only is he not being asked to
undertake this journey but that it is quite immaterial to us
wether he goes or not"[25]. Wie den Tagebüchern des Beamten
zu entnehmen ist, wurde diese Entscheidung in Übereinstimmung mit Halifax und Vansittart getroffen[26]. Bereits nach der
ersten Unterredung mit Lonsdale Bryans hatte Cadogan
notiert: „[. . .] ridiculous stale story of a German opposition
ready to overthrow Hitler [. . .] Let him talk, and then broke it
to him that this was about the 100th time I had heard this
story."[27]

Insofern mußte Lonsdale Bryans Hassell mit leeren Händen entgegentreten, als sich die beiden am 14. und 15. April
1940 erneut in Arosa trafen. Nicht nur konnte er keine
schriftliche Zusicherung des britischen Außenministers zu
den von Hassell angesprochenen Bedingungen, insbesondere
hinsichtlich des britischen Stillhaltens im Falle eines Staatsstreiches, mitbringen, vielmehr entsprach auch der Hassell
gegenüber abgegebene Bericht über seine Unterredungen in
London nicht den Tatsachen. Danach dankte der Minister

„sehr für die Mitteilung und schätze sie hoch ein, sei auch mit den dargelegten Grundsätzen ganz einverstanden". Indessen lassen Hassells Tagebucheintragungen Skepsis gegenüber diesen Äußerungen erkennen, zumal ja am 9. April der deutsche Einmarsch nach Dänemark und Norwegen begonnen hatte[28].

Der Versuch war gescheitert. Ob er jemals Aussicht auf Erfolg hatte, sei dahingestellt[29]. In einer am 14. April 1941 vorgelegten Denkschrift des Foreign Office „Summary of Principal Peace Feelers, September 1939-March 1941"[30] wird er jedenfalls nicht einmal erwähnt. Für den rückschauenden Betrachter ist die Schlußfolgerung naheliegend, daß der für die britische Seite überzeugendste, womöglich auch der einzig erfolgversprechende Weg in der sofortigen Aktion der Generäle bestanden hätte. Das wußte auch Ulrich von Hassell. Daß diese freilich eine vorherige Zusage der britischen Regierung, vor allem hinsichtlich ihres militärischen Stillhaltens, für unverzichtbar hielten, war ihm nicht minder bewußt. Eben hierin ist ein wichtiges Motiv seiner Bemühungen zu sehen.

Lonsdale Bryans kehrte vorerst nicht nach London zurück, sondern reiste über Italien nach Portugal. Von dort versuchte das Foreign Office das „undesirable + untrustworthy individual" Anfang des Jahres 1941 zur Rückkehr nach London zu bewegen, bevor der selbsternannte Diplomat noch größeres Unheil anrichten konnte[31]. Dieser hat dann noch längere Zeit den Kontakt zu Hassells Schwiegersohn gehalten und in London mehrfach versucht, zu Alexander Cadogan vorzudringen. Der ließ ihm am 20. September 1943 endgültig durch seinen Privatsekretär mitteilen, daß Kontakte zu „German nationals" nicht die Zustimmung der britischen Regierung fänden und namentlich eine Verbindung zu Hassell nicht im „nationalen Interesse" läge[32].

Tatsächlich war zu diesem Zeitpunkt die grundsätzliche Entscheidung längst gefallen: Die Akten des Foreign Office lassen erkennen, daß die skizzierten Bemühungen des Jahres 1940 nicht nur an der zwielichtigen Erscheinung des Amateurdiplomaten[33], sondern auch und vor allem am Widerstand einflußreicher Beamter des britischen Außenministe-

riums gescheitert sind. Zwar bleibt deren Haltung zu den
Vorschlägen Hassells weitgehend im dunkeln, doch lassen
ihre Stellungnahmen zu anderen Kontaktversuchen deutscher Oppositioneller und Emigranten, etwa Fritz Thyssens,
die Meinungsbildung in eben dieser Zeit, d. h. im Februar
und März des Jahres 1940, sehr gut erkennen[34].

So firmierten die Umsturzpläne der deutschen Militärs im
Foreign Office schon zu dieser Zeit als die „old old story".
An dieser Einschätzung sollte sich im übrigen auch in den
folgenden Jahren nichts ändern, auch nicht nach dem Staats-
streichsversuch des 20. Juli 1944. Mehr und mehr setzte sich
zu Anfang des Jahres 1940 in London der Gedanke durch,
„that what we must eliminate from Germany is not only Hit-
lerism, but the power of the military caste, and the perver-
sion of all these forces of the state to serve this caste." Aus
dieser Perspektive mußten die Vertreter der „Reichswehr-
Royalist-Goerdeler clique" – unter ihnen ja z. B. auch der
Schwiegersohn von Tirpitz – natürlich ganz besonders
suspekt erscheinen.

Solchermaßen war es nur konsequent, wenn das Foreign
Office Anfang des Jahres 1941 in Telegrammen an die britischen Vertretungen in Bern, Stockholm und Madrid jedwede
Reaktion auf weitere Friedensfühler ausdrücklich untersagte.
Dementsprechend hat die britische Regierung auch offiziell
keine Stellung zu jenem bereits erwähnten „Friedensplan"
Goerdelers vom 30. Mai 1941 bezogen, der durch den Päd-
agogen Friedrich Wilhelm Siegmund-Schultze nach Bern
gebracht wurde[35], wohl aber seiner Transferierung zum Erzbischof von York zugestimmt[36]. Aus den Akten des Foreign
Office wird allerdings deutlich, daß der Plan – anders als
noch von Ritter angenommen – für die britische Regierung
nicht akzeptabel war. Das lag vor allem an den territorialen
„Friedenszielen" Goerdelers, namentlich an seiner Forderung
nach „Wiederherstellung der Grenzen Deutschlands von
1914" im Westen[37]. Hinzu kam ein zweites Motiv, das in
einer Mitteilung Churchills an Eden vom 10. September
1941[38] greifbar wird: „Ich bin sicher", so stellte der Premierminister fest, „daß wir unsere Linie absoluten Schweigens
nicht verlassen dürfen. Nichts würde für unsere neuen

Freunde in den Vereinigten Staaten verwirrender und im Verhältnis zu unserem neuen Alliierten Rußland gefährlicher sein als die Vermutung, daß wir solchen Ideen nachgehen. Ich bin absolut gegen den geringsten Kontakt."

An diese politische Linie hat man sich in London im folgenden konsequent gehalten. Gleichwohl glaubten die deutschen Oppositionellen immer noch Indikatoren zu haben, wonach „unter den bekannten Voraussetzungen Friedensmöglichkeiten annehmbarer Art vor allem mit England" bestünden. Das jedenfalls vermerkte Hassell noch am 20. Dezember 1942 in seinem Tagebuch[39].

Es hat indessen den Anschein, daß auch Hassell dabei nach jedem Hinweis wie nach einem Strohhalm griff und überdies die Qualität bzw. Bedeutung einiger Informationen überschätzte. Das gilt nicht zuletzt für diejenigen, welche er von Carl J. Burckhardt erhielt, der zu dieser Zeit Vizepräsident des Roten Kreuzes war. Hassell traf sich im August 1941 mit Burckhardt und wollte ihn als Vermittler zur britischen Regierung einsetzen[40]. Diese allerdings ließ keinen Zweifel, daß man Burckhardt nur als Vertreter des Roten Kreuzes in London sehen und keinerlei politische Gespräche mit ihm führen wolle[41]. Nach der Rückkehr Burckhardts aus England trafen sich die beiden am 20. Januar 1942 in Genf. Dabei faßte Burckhardt seine Eindrücke dahingehend zusammen, daß in den führenden Kreisen jenseits des Kanals die „Parole maßgebend" sei, „mit einem anständigen Deutschland müsse man doch zu einem Arrangement kommen können". Überdies herrsche in England ein „gewisses Erstaunen" darüber, daß sich die deutschen Oppositionellen mit den Grenzen von 1914 zufriedengeben wollten[42]. Diese Information entsprach sicher nicht der offiziellen Haltung der britischen Politik. Aber bei Hassell nährte sie doch die Hoffnung auf eine immer noch im Bereich des Möglichen liegende Verständigung, jedenfalls mit Großbritannien.

Wesentlich skeptischer beurteilte er inzwischen entsprechende Signale an die Adresse der USA. Seine eigenen Bemühungen in diese Richtung waren Ende 1941 gescheitert. So hatte sich Hassell in einer seiner zahlreichen Unterredungen mit dem Geschäftsträger der amerikanischen Botschaft in Berlin, Alexander Kirk[43], vergeblich bemüht, eine Begegnung zwischen dem nach Europa entsandten Vertrauten Roosevelts, Sumner Welles, und führenden Angehörigen der Opposition zu arrangieren. Immerhin war es Anfang März 1940 zu einer Unterredung zwischen Sumner Welles und Hjalmar Schacht gekommen, in welcher der ehemalige Reichsbankpräsident und Reichswirtschaftsminister den Amerikaner von der Existenz der deutschen Opposition gegen Hitler unterrichtete: Schacht, so heißt es im offiziellen Bericht von Welles[44], „gave me to understand that a movement was under way, headed by leading generals, to supplant the Hitler régime [. . .] Dr. Schacht said that he was unable to mention any names and that he felt sure I would understand the reasons therefore." Hassell, der von Schacht über die Einzelheiten der Unterredung informiert wurde, fand schon die Tatsache der Begegnung „bemerkenswert"[45].

Er selbst beschritt dann freilich einen anderen Weg. Vor allem im September und Oktober 1941 versuchte der Diplomat, „Besprechungen über Friedensverhandlungen [. . .] herbeizuführen". Das jedenfalls ließ Heydrich am 15. November 1941 seinen Chef Himmler – ähnlich wie einige Tage zuvor schon den Reichsaußenminister – wissen. Der „Chef der Sicherheitspolizei und des SD" legte einen Bericht über die Kontakte Hassells zu dem amerikanischen Geschäftsmann Frederico Stallforth vor, über die er durch die deutsche Sekretärin des Amerikaners informiert worden war[46].

Hassell hatte Stallforth im April 1941 kennengelernt[47]. Dieser bemühte sich damals in Gesprächen u. a. mit Brauchitsch und Keitel, zur Erhaltung des Friedens zwischen den USA und dem Deutschen Reich beizutragen. Bis Anfang Oktober 1941 kam es auch zu mehreren Unterredungen sowie indirekten Kontakten zwischen dem Diplomaten und dem Geschäftsmann. Bei seiner Rückkehr in die Vereinigten Staaten nahm letzterer dann im September einen „Vorschlag" Hassells für die amerikanische Regierung mit. Am Nachmittag des 30. September traf Stallforth in Washington mit dem Leiter des amerikanischen Geheimdienstes, dem soeben zum „Coordinator of Information" ernannten William J. Donovan, und mit dessen Mitarbeiter, William D. Whitney, zusammen.

Botschafter von Hassell bei der Ankunft des „Reichsführers SS", Hein-rich Himmler, am 18. Oktober 1937 in Rom. In der zweiten Reihe rechts: Reinhard Heydrich. Hassell trug die Uniform des NS-Kraftfahr-corps, dem er kurz zuvor u. a. deshalb beigetreten war, um den Eintritt in die SS zu umgehen. Das Bild entstand vier Jahre bevor sich Heydrich und Himmler für die Aktivitäten des Oppositionellen Hassell zu interes-sieren begannen.

Das von letzterem angefertigte Gesprächsprotokoll wurde
dann durch Donovan an den Präsidenten weitergeleitet[48].
Danach berichtete der Geschäftsmann u. a. ausführlich über
seine Unterredungen mit namentlich nicht genannten Militärs, die sich offensichtlich der deutschen Opposition
zurechneten. Die Gespräche mit Hassell fanden nicht einmal
Erwähnung. Laut Protokoll tauchte der Name des Diplomaten („son-in-law of old Tirpitz") in dem Bericht Stallforth's
überhaupt nur einmal auf, und zwar als von „einem" der
Militärs genannter möglicher Unterhändler zur britischen
Regierung.

Dieser Befund läßt zwei mögliche Schlüsse zu. Entweder
die Vertreter des amerikanischen Geheimdienstes hielten die
entsprechenden Passagen der Stallforthschen Ausführungen
nicht für interessant bzw. wichtig genug, um sie in das entsprechende Protokoll aufzunehmen, oder aber der Geschäftsmann selbst hat den Inhalt seiner Gespräche mit Hassell und
damit auch dessen Vorschläge für eine Nachkriegsordnung
nicht an die Vertreter der amerikanischen Regierung weitergeleitet. Letzteres war wohl der Fall. Dafür spricht u. a. auch
eine von Stallforth schriftlich nachgereichte Ergänzung zu
seinen mündlichen Ausführungen, die sich im wesentlichen
mit den Chancen der Erhaltung bzw. Wiederherstellung des
Friedens befaßt. Hier findet sich nicht einmal ein Hinweis
auf die deutsche Opposition[49].

Es hat mithin den Anschein, als sei Hassell – ähnlich wie
im Falle Bryans – auch hier, bei seinen nicht minder gefährlichen Kontaktversuchen zur amerikanischen Regierung,
einem selbsternannten Friedensvermittler aufgesessen, der
vor allem seine eigene Person in den Vordergrund rücken
wollte. Die entsprechenden Memoranden des amerikanischen Geheimdienstes vom Oktober 1941 enthalten jedenfalls keinen Hinweis auf einen offiziellen Auftrag oder auch
nur auf eine Autorisierung der Kontakte. Aber damit
erschöpft sich noch nicht die Parallele zum Fall Bryans. Vielmehr ging auch der Amerikaner noch einen Schritt weiter:
Anfang Oktober ließ Stallforth über seine ehemalige Sekretärin Hassell von den USA aus telefonisch mitteilen, seine Vorschläge seien „in Amerika auf sehr guten Boden gefallen",

und schlug ein Treffen des Oppositionellen mit einer „autorisierten Persönlichkeit" in Lissabon vor[50]. Diesem freilich kamen jetzt verschiedene Bedenken, die sich u. a. auf den Treffpunkt – Hassell selbst brachte Zürich und Genf, als Alternative eventuell noch Barcelona und Madrid in Anregung[51] – sowie auf die Person des Amerikaners bezogen[52]. Skeptisch hatten sich diesbezüglich insbesondere Weizsäcker und Schacht geäußert[53]. Der japanische Überfall auf Pearl Harbour und die deutsche Kriegserklärung an die USA am 7. bzw. 11. Dezember 1941 setzten diesem Versuch jedoch ohnehin ein vorzeitiges Ende.

Über den Inhalt seiner Vorschläge hüllte sich Hassell selbst in Schweigen. Allerdings hat Alexander B. Maley, ein Mitglied des Nachrichtendienstes der amerikanischen Marine, 1946 Einzelheiten mitgeteilt. Danach schlug Hassell den Rückzug der deutschen Truppen aus allen seit 1933 in Besitz genommenen Territorien vor. Ausnahmen sollten das Saarland, Österreich und Danzig bilden. Das Rheinland wird in diesem Zusammenhang nicht erwähnt. Den Anspruch auf die sudetendeutschen Gebiete hatte er mithin fallengelassen. Mit Blick auf die Ostgrenze regte er einen Gebietsaustausch für den Korridor an, der Polen – gewissermaßen als Kompensation für Danzig – einen Zugang zur Ostsee sichern sollte[54].

Verglichen mit seinem „Statement" vom Februar 1940 nehmen sich diese Vorschläge Hassells deutlich bescheidener aus. Indessen hatte sich die Situation seitdem erheblich verändert. Zwar schien der Vormarsch der deutschen Truppen, die mittlerweile fast ganz Europa kontrollierten, in der am 22. Juni 1941 überfallenen Sowjetunion noch unaufhaltsam zu sein. Aber eben dieser Sachverhalt hatte ja gerade – und auch in Deutschland unüberhörbar – die Entschlossenheit Roosevelts noch einmal verstärkt, dem Aggressor militärisch entgegenzutreten. Überdies war insbesondere der deutsche Überfall auf die skandinavischen und westeuropäischen Staaten im Frühjahr 1940 in den USA mit Empörung aufgenommen worden und hatte zur allmählichen Steigerung der amerikanischen Kriegsbereitschaft beigetragen. Insofern zeigt der Inhalt der ja an die amerikanische Adresse gerichteten, indirekt natürlich auch für die britische Regierung gedachten „Proposition" Hassells vom September 1941 einmal mehr, daß der Diplomat zwar nach wie vor ein lebensfähiges, d. h. aus dieser Sicht „starkes" Deutschland für unverzichtbar hielt, gleichwohl aber die gegebene Lage durchaus realistisch zu betrachten und die Möglichkeiten relativ nüchtern einzuschätzen suchte.

Im Zusammenhang der frühzeitig gescheiterten Stallforth-Kontakte stellt sich nun geradezu zwangsläufig die Frage, warum die deutschen Behörden nicht gegen Hassell vorgingen, Himmler vielmehr eine „diskrete Weiterverfolgung des Fadens" anordnete. Einmal abgesehen von dem wichtigen Umstand, daß Hassell zu diesem Zeitpunkt noch nicht als „Verschwörer" galt, findet sich eine gewissermaßen indirekte Antwort in seinen ‚Tagebüchern': Danach bekam der Diplomat im September 1941 Besuch von einem Beamten des Sicherheitsdienstes, der ihm erklärte, man sei über die Bedenken gegenüber Stallforth unterrichtet, „habe sie genau geprüft und sei zu einem positiven Ergebnis gekommen". Überdies gewann Hassell aus dieser Unterredung den Eindruck, „daß man sich in Himmlers Rayon schwere Sorgen macht und über Auswege grübelt"[55]. Es ist mithin nicht auszuschließen, daß Himmler den Faden „weiterverfolgen" lassen wollte, um sich diese und ähnliche Kanäle für seine eigenen Pläne zunutze zu machen[56]. Daß auch er – wie die deutsche Opposition, freilich aus gänzlich anderen Motiven – immer wieder mit dem Ausland Kontakt suchte, ist bekannt.

Hassell war sich zwar der potentiellen Gefahr seiner Aktivitäten bewußt, scheint aber vorerst, d. h. bis in das Frühjahr 1942 hinein, noch keine konkreten Anhaltspunkte für eine besondere Aufmerksamkeit der Dienste an seiner Person gesehen zu haben. Dabei wurde er mitunter regelrecht beschattet, so z. B. auf seiner Reise nach Südosteuropa, die ihn im April 1942 von Wien aus nach Bulgarien, Ungarn und Rumänien führte. Soweit seine Briefe und Aufzeichnungen von dieser Reise[57] zeigen, hat sich der Diplomat lediglich in seiner Funktion als Vorstandsmitglied des MWT in Südosteuropa umgesehen und bei dieser Gelegenheit auch einige ihm aus früherer Zeit bekannte Persönlichkeiten aufgesucht. Zu diesen zählten u. a. der französische Gesandte in Budapest, Comte de Dampierre, und dessen Frau, die Hassell aus seiner Römischen Zeit kannte. Die offensichtlich abgehörte, in einem Brief Hassells an seine Frau lediglich beiläufig erwähnte Unterhaltung trug nach den Erkenntnissen der Sicherheitspolizei den „Charakter eines typischen Diplomatengespräches". Der Franzose galt freilich den deutschen Behörden als „absoluter Anhänger de Gaulles", und schon dies ließ die Unterredung verdächtig erscheinen[58].

Obgleich sich Hassell auf seiner Reise durchaus – und ganz seinen bekannten Vorstellungen entsprechend – für die deutschen Interessen in Südosteuropa einsetzte, stellte sich Ribbentrop auf den Standpunkt, „daß wir Hassel [sic] nicht mehr ausreisen lassen" sollten, und ließ die „Ansicht" Heydrichs einholen[59]. Durch das Attentat auf den Chef der Gestapo verzögerte sich die Antwort des Reichssicherheitshauptamtes[60]. Schließlich lehnte das Auswärtige Amt „ohne Angabe von Gründen" einen erneuten Antrag Hassells auf ein Visum für Ungarn auch „für die Zukunft" und für „sonstige Länder des Balkans" ab[61]. Nach seiner Rückkehr aus Südosteuropa war allerdings auch Hassell selbst, wie er am 1. August 1942 notierte[62], nicht entgangen, daß er „den Gegenstand besonderer Aufmerksamkeit" bildete. „Gewisse Nachrichten" hatten „gesteigerte Vorsicht zur Pflicht" gemacht, so daß er für etwa zweieinhalb Monate auf Tagebucheintragungen gänzlich verzichtet hatte: Am 29. April, also nach seiner Rückkehr aus Südosteuropa, hatte ihn Weizsäcker in einem erregt geführten Gespräch mit „schwersten Vorwürfen" überhäuft. Der Diplomat sei „unerhört unvorsichtig" gewesen und ahne nicht, wie die Gestapo hinter ihm her sei. Er werde auf Schritt und Tritt beobachtet. Weizsäcker ließ in diesem Zusammenhang keinen Zweifel daran, daß er auf absehbare Zeit keinen Kontakt mehr wünschte, vor allem auch nicht zwischen den beiden Familien. Hassell zeigte sich über diese „menschliche Erfahrung" tief deprimiert[63].

Mithin zeichnete sich im Sommer des Jahres 1942 eine allgemeine Verschlechterung der Situation ab. Nicht nur mußte Hassell fortan noch vorsichtiger operieren, auch sein

Aktionsradius war jetzt deutlich eingeschränkt. Insofern war der geschilderte Austritt aus dem MWT nur konsequent. Wesentlich bedenklicher war freilich die Bilanz, wonach sich bislang alle Bemühungen um Kontakte mit der amerikanischen und insbesondere mit der britischen Regierung in der Sache als ergebnislos erwiesen hatten; und schließlich schien sich mit der im Januar 1943 in Casablanca öffentlich demonstrierten Entschlossenheit Churchills und Roosevelts ein neues, kaum mehr zu überwindendes Hindernis aufzubauen.

Vor dem Hintergrund dieser Entwicklung wich Hassells Hoffnung auf eine Verständigung mit den Westmächten im Verlaufe des Jahres 1943 wachsender Skepsis. Zwar ist der Diplomat, wie beispielsweise auch die Untersuchungen des Reichssicherheitshauptamtes über den Attentatsversuch des 20. Juli 1944 ergaben, nie zu einem überzeugten „Vertreter der Ostlösung" geworden[64]. Doch mochte selbst er jetzt, gewissermaßen als Notlösung und unbeschadet der gerade von ihm immer wieder beschworenen „bolschewistischen Gefahr", eine Verständigung mit Stalin nicht mehr ausschließen. Unter dem Datum des 15. August 1943 notierte er in sein Tagebuch[65], daß eine (zu diesem Zeitpunkt ja keineswegs ausgeschlossene) Wiederannäherung Hitlers und Stalins ein unvorstellbares Unheil sei. „Anders ein anständiges staatsbewußtes Deutschland. Dieses *muß* in seiner Lage *alle* Chancen ausnutzen. Es gibt eigentlich nur noch diesen einen Kunstgriff: *entweder* Rußland *oder* den Angloamerikanern begreiflich zu machen, daß ein erhalten bleibendes Deutschland in ihrem Interesse liegt." Wieder einmal begegnet uns Hassells zentrale Idee, wonach eine „gesunde europäische Mitte" nicht nur vom deutschen Standpunkt aus unverzichtbar sei, sondern auch „im Interesse sowohl des Ostens als auch des Westens" liege.

Es muß offen bleiben, ob Hassell eine solche Verständigung mit der Sowjetunion auch als potentielles Druckmittel gegenüber Großbritannien benutzt wissen wollte, inwieweit er also in dieser Hinsicht auch in der Tradition deutscher Englandpolitik seit der Wilhelminischen Ära stand. In der gegebenen Situation des Sommers 1943 jedenfalls war der Gedanke einer Ostorientierung, der dann insbesondere in der unmittelbaren Vorgeschichte des 20. Juli von einigen Oppositionellen favorisiert wurde, aus zwei Gründen nicht ganz unrealistisch: Zum einen hatte Stalin ja seinerseits – vornehmlich über Stockholm – Friedensfühler in Richtung Deutschland ausstrecken lassen[66]. Angesichts der Spannungen innerhalb der „Anti-Hitler-Koalition", insbesondere seiner bislang vergeblichen Forderung nach einer „echten" zweiten Front, wollte er offensichtlich die Möglichkeit einer (erneuten) Verständigung mit Hitler oder auch mit oppositionellen Kräften in Deutschland nicht grundsätzlich ausschließen, wobei diese Initiativen ihrerseits womöglich als Druckmittel gegen die angelsächsischen Mächte zu interpretieren sind. Zum anderen suchte sich Stalin bekanntlich beide Optionen, d. h. sowohl eine Aufteilung Deutschlands als auch eine gesamtdeutsche Lösung, offenzuhalten[67].

Allerdings war letztere für ihn wohl nur in einer Form denkbar, die den Vorstellungen Hassells von einem „gesunden und starken Herzen" gerade nicht entsprach. Und anders als noch während des Ersten Weltkrieges und in der Zwischenkriegszeit war man jetzt auch in Großbritannien der Ansicht, daß eine „europäische Mitte" im Sinne Hassells für den Kontinent gerade „ungesund" sei: Einige Monate später, Ende November 1943, entschieden sich Churchill, Roosevelt und Stalin bei ihrem ersten gemeinsamen Treffen in Teheran zunächst einmal grundsätzlich für eine Zerstückelung Deutschlands. Auf eine Verständigung mit Großbritannien, die im Zentrum der oppositionellen Bemühungen seit 1939 gestanden hatte, war endgültig nicht mehr zu rechnen, selbst dann nicht, wenn der Staatsstreich gewagt werden und gelingen sollte.

Die verschiedenen Initiativen des Diplomaten während des Zweiten Weltkrieges sowie ihre wichtigsten Ziele resümierend, wird man mithin folgendes festhalten können: Eine jede Beurteilung der Forderungen, wie sie in diesem Falle Ulrich von Hassell an die Adresse insbesondere der britischen Regierung gerichtet hat, muß zunächst einmal von den „besonderen Motiven und Umständen" solcher Entwürfe ausgehen. Zum einen schien die „taktische Lage" der Opposition einen vollen Verzicht auf die seit 1938 gewonnenen

Gebiete zumal dann nicht zuzulassen, wenn der Umsturz „ausreichende Unterstützung" im Innern finden sollte. Zum anderen waren ja die Forderungen, soweit sie in der Tradition des deutschen Großmachtdenkens und des Revisionismus der Weimarer Zeit standen, von der westlichen Appeasementpolitik bereits vor dem September 1939 „weitgehend hingenommen" worden[68]. Insofern besaßen sie also aus der Sicht des konservativen Oppositionellen durchaus Plausibilität *und* Legitimität.

Wenn sie dennoch in der historischen Rückschau in hohem Maße unrealistisch erscheinen, so aus den folgenden Gründen: Zum einen war natürlich gerade im Falle Hassells die „Nähe zur nationalsozialistischen Reichs- und Europaideologie" gar nicht zu verkennen: „Bei allem Unterschied gegenüber den Methoden und Zielen Hitlers berührten sich die Argumente in dem Gedanken, daß die technische und wirtschaftliche Entwicklung größere Zusammenschlüsse erfordere."[69] Gewiß, Hassells politische Visionen und Konzeptionen einer deutschen „Führungsrolle" in „Großeuropa" unterschieden sich gerade in zweierlei Hinsicht von Hitlers Neuordnungsplänen, und das, wie noch im einzelnen zu zeigen sein wird, fundamental: Einerseits fehlte ihnen die rassenideologische Fundierung bzw. Motivierung und damit natürlich und vor allem der Vernichtungsgedanke. Andererseits basierte Hassells Konzept sehr wesentlich auf einem weitgehenden, allerdings nicht näher beschriebenen Selbstbehauptungsrecht der kleineren, unter deutscher Führung und vor allem auf dem Gebiet der Wirtschaft organisatorisch zusammenzuschließenden Staaten. Aber diese für den Oppositionellen wie für den rückschauenden Betrachter gleichermaßen wichtigen Differenzen interessierten die Adressaten der Hassellschen Vorschläge, d. h. insbesondere die britische Regierung, in der gegebenen Situation wenig[70].

Denn immerhin – und auch aus diesem zweiten Grunde müssen die Vorschläge Hassells höchst unrealistisch klingen – befand sich ja Großbritannien seit dem 3. September 1939 in einem von Deutschland entfesselten Krieg. Zudem und nicht zuletzt deshalb stellte sich der Sachverhalt aus englischer Sicht so dar, daß man nicht in erster Linie gegen Hitler und den Nationalsozialismus Krieg führte, sondern – einmal mehr – gegen Deutschland und die Deutschen. Und für viele politisch verantwortliche Briten war der Oppositionelle eben zunächst einmal ein Deutscher. Überdies bildete sich zur gleichen Zeit, in der Hassell über Bryans seine Propositionen an das Foreign Office zu übermitteln suchte, ebendort die Meinung aus, daß es jetzt vordringlich darauf ankomme, erstens den Krieg gegen Deutschland mit allen Kräften und mit allen zur Verfügung stehenden Mitteln zu führen, und zweitens, ihn zu gewinnen.

Namentlich Robert Vansittart – Erster diplomatischer Berater der Regierung und seit langem einer der wichtigsten Exponenten des deutschlandfeindlichen Kurses im Foreign Office[71] – setzte sich nachhaltig dafür ein, „that we should realize as early as possible that this war must be won, and that it can only be won by fighting". In einer engagiert formulierten und in vieler Hinsicht an das berühmte Memorandum Sir Eyre Crowes vom Januar 1907 erinnernden [72] Denkschrift „The Nature of the Beast" vom 14. März 1940[73] verwies er auf die Tradition preußisch-deutscher Außenpolitik seit Friedrich dem Großen und legte die näheren Gründe für seine Haltung so dar: „Wir bekämpfen den *Charakter* der Deutschen. Wenn wir und bis wir diesen Charakter und die Art und Weise, wie er zum Ausdruck kommt, nicht *in einem langwierigen Prozeß* ändern, haben wir keine Zukunft. Wenn wir diesen Wandel nicht damit beginnen können, daß wir beide, den Krieg und den Frieden, deutlich zu unseren Gunsten entscheiden, wird uns die Natur der Bestie mit Sicherheit in naher Zukunft umbringen, und diese wird dann Deutschland und der Finsternis gehören." Als vordringlich sah er es an, die Amerikaner von der Richtigkeit dieser Lagebeurteilung zu überzeugen und der „amateurishness of Mr. Welles, and possibly of Mr. Roosevelt", entgegenzutreten. Und mit Blick auf die zurückliegende Reise des Vertrauten Roosevelts, Sumner Welles, formulierte Vansittart einen Monat später, am 14. April 1940, noch einmal die extreme, sich mehr und mehr durchsetzende Position, „[that] no sane man will consider disarmament unless (a) Prussia is broken up; (b) the German military caste is destroyed"[74].

Daß nun der konservative Hassell für viele Briten ein
nachgerade typischer Vertreter dieser einflußreichen und *aus
englischer Sicht* für die beiden großen Katastrophen des
20. Jahrhunderts verantwortlichen preußischen Schicht war,
ist wohl noch nachvollziehbar. Aber damit nicht genug: In
einer grundlegenden Verkennung von Hitlers eigentlichen
Motiven und Intentionen stellte sich für eine wachsende
Zahl britischer Beobachter eben auch der Diktator als überzeugter und überzeugender Repräsentant des alten Preußen
dar. Es sei dahingestellt, inwiefern in dieser Beurteilung auch
der bereits skizzierte, folgenreiche Sachverhalt seinen Niederschlag fand, daß zahlreiche Vertreter der alten preußisch-
deutschen Führungsschichten – unter ihnen eben auch Vertreter des späteren Widerstandes wie Hassell – über Jahre
hinweg Hitlers Politik unterstützt hatten, in der Annahme,
der Diktator bewege sich in den traditionellen und den meisten Deutschen durchaus vertrauten Bahnen des Weimarer
Revisionismus.

Als sicher darf hingegen gelten, daß Hassells Kontakte
und Friedensfühler zur amerikanischen, insbesondere aber
zur britischen Regierung unter diesen Umständen kaum eine
Aussicht auf Erfolg hatten. Denn zum einen galt Hassell
eben als Vertreter jener Tradition, deren Zerschlagung nach
dem Ausbruch des Krieges endgültig an die oberste Stelle
des englischen und dann auch des alliierten Kriegszielkatalo-
ges rückte. Zum zweiten war die für Hassell aus den genannten Gründen zwingende Idee der „anderen" deutschen Großmacht aus englischer Sicht lediglich eine Variante der soeben
mit kriegerischen Mitteln in ihr Realisierungsstadium getre-
tenen Neuordnungspläne Hitlers. Inwieweit es unter solchen
Umständen, jedenfalls bis zum deutschen Überfall auf
Frankreich, realistisch war, auf den vor dem 1. September
1939 durch die Appeasementpolitik gemachten Zugeständ-
nissen zu bestehen, ist zumindest fraglich. Ähnliche Zweifel
sind schließlich, drittens, auch mit Blick auf die Gesprächspartner Hassells angebracht. In allen wichtigen Fällen hatte
es der Diplomat mit Unterhändlern zu tun, die sich selbst als
Vermittler präsentiert und angeboten hatten, die aber eben
nicht als solche autorisiert waren, jedenfalls nicht von den

Stellen bzw. Personen, mit denen Hassell gerade ins Gespräch kommen wollte. Dieser Befund ergibt sich auf der Grundlage der verfügbaren Akten mit hoher Wahrscheinlichkeit sowohl für Lonsdale Bryans als auch für Stallforth und wohl auch für Burckhardt.

Zusammengenommen lassen diese Ergebnisse im Grunde nur den einen Schluß zu, daß für den Vertreter des „anderen Deutschland" bei seinen verschiedenen und durchweg außerordentlich gefährlichen Auslandskontakten und Friedensfühlern wohl zu keiner Zeit eine realistische Chance bestanden hat, seine Vorstellungen von der anderen deutschen Großmacht an die Adresse der Kriegsgegner zu übermitteln, geschweige denn, sie einer adäquaten Prüfung unterziehen zu lassen. Daß der Oppositionelle niemals eine Antwort erhalten hat, ist daher sicher kein Zufall.

Fragt man nach Hassells Konzeptionen für das „andere Deutschland" und namentlich für dessen Stellung in der Staatengemeinschaft, so wird man sich nicht auf die Analyse jener Vorschläge beschränken können, welche der Diplomat an die Regierungen Großbritanniens und der USA zu übermitteln suchte und die natürlich, wie gesehen, in hohem Maße durch die sich wandelnden militärischen Konstellationen, taktische Erwägungen oder die Einschätzung des jeweiligen Adressaten mitbestimmt waren. Ein wirklich vollständiges Bild seiner Vorstellungen von der neuen, der „anderen" Großmacht ergibt sich vielmehr erst auf der Grundlage seiner zahlreichen Publikationen.

3. Der Staat der Zukunft: Visionen im Krieg

Nach seinem erzwungenen Ausscheiden aus dem auswärtigen Dienst im Februar 1938 hat sich Ulrich von Hassell auch jetzt – ähnlich wie schon einmal während seines gesundheitsbedingten Rückzuges aus der Diplomatie in den Jahren 1915–1919 – engagiert auf die „Schriftstellerei" verlegt. Das Schreiben war eine seiner Leidenschaften, und es entsprach seinen Fähigkeiten und Neigungen. Hier fand er zudem einen Ausgleich für seine offiziellen Tätigkeiten, etwa im

MWT, und vor allem für seinen Einsatz in der Oppositionsbewegung.

In den Jahren 1938–1944 hat Hassell etwa 50 Arbeiten verfaßt, von Miszellen und Rezensionen über Aufsätze bis hin
zu mehreren eigenständigen Werken. Bei letzteren handelt es
sich um zwei Monographien, und zwar ein Buch über „Das
Drama des Mittelmeeres" und eine posthum veröffentlichte
Studie über „Pyrrhus", sowie um zwei unter dem Titel „Im
Wandel der Außenpolitik" und „Europäische Lebensfragen
im Lichte der Gegenwart" publizierte Aufsatzbände, in denen
z. T. bereits an anderem Ort gedruckte Arbeiten wiederveröf-
fentlich sind[1]. Auch bei den in Zeitungen und Zeitschriften
publizierten Aufsätzen handelt es sich häufig um leicht oder
auch gar nicht modifizierte Wiederabdrucke, Übersetzungen
oder Vorabdrucke von Kapiteln seiner Bücher[2]. Schließlich
sind z. T. wörtliche Wiederholungen insbesondere zentraler
Gedanken keine Seltenheit. Aber die Vielzahl der Arbeiten und der behandelten Themen bleibt doch beeindruk-
kend.

Ähnlich wie schon während der Jahre 1917–1919 hatten
viele seiner Arbeiten auch jetzt tagespolitische Fragen zum
Gegenstand, namentlich solche, die einen Bezug zu seiner
jeweiligen beruflichen Tätigkeit besaßen. Konzentrierten sich
seine Arbeiten in der Zeit des Ersten Weltkrieges und der
unmittelbaren Nachkriegszeit vor allem auf das Problem der
inneren Selbstverwaltung, so stehen während des Zweiten
Weltkrieges – seiner Tätigkeit insbesondere im MWT entsprechend – die Fragen nach der wirtschaftlichen Reorganisation Europas und nach Deutschlands Rolle in diesem Prozeß im Vordergrund seiner diesbezüglichen Arbeiten.

Allerdings läßt sich in den Jahren 1938–44 deutlich ein
zweiter, neuer Schwerpunkt erkennen, die intensive Beschäftigung mit historischen Fragestellungen. Eine eingehende
Analyse der historischen Studien Hassells würde den Rahmen dieser Arbeit sprengen. Sie wären aber sicher eine
eigene Untersuchung wert. Die Lektüre dieser Schriften zeigt
jedenfalls Hassell nicht nur als exzellenten Kenner insbesondere der europäischen Geschichte, vielmehr war er auch mit
den Arbeiten zahlreicher Historiker intim vertraut.

Was die Schwerpunkte seiner historiographischen Interessen anbelangt, so hat er sich vor allem immer wieder mit herausragenden bzw. „bestimmenden" *Persönlichkeiten*[3] der Geschichte befaßt. Dazu zählen, um nur die wichtigsten Beispiele zu nennen, Prinz Eugen, die preußischen Reformer Gneisenau, Hardenberg und der Freiherr vom Stein, die britischen „Duellanten" Castlereagh und Canning, der Amerikaner Monroe, Napoleon III. und die „Napoleoniden", der „große" Italiener Cavour, der russische „Gegenspieler" Bismarcks, Gortschakow, der „erste Ungar am Ballplatz", Andrassy, oder Hassells Schwiegervater, der „Preuße und Weltpolitiker" Tirpitz. Sein besonderes Interesse aber galt dem König von Epirus, Pyrrhus, dem „großen Gescheiterten", und Otto von Bismarck, dem „großen Staatsmann". Mit diesen beiden hat er sich immer wieder beschäftigt, zu beiden, so wird man wohl feststellen dürfen, fühlte er – aus freilich sehr unterschiedlichen Gründen – eine gewisse Wesensverwandtschaft.

Bismarck war ja vor allem ein „Meister der Diplomatie", und neben den „bestimmenden Persönlichkeiten" haben Hassell dann auch – zweitens – im Rahmen seiner biographisch-historischen Portraits vor allem die *„diplomatischen Methoden"* interessiert. Einen dritten Schwerpunkt seiner Arbeit bildete schließlich die Frage nach dem Zusammenhang von *Geographie und Politik* in der Geschichte: Zwei „große Probleme" standen dabei im Vordergrund: „Einmal die Frage des Gleichgewichts zwischen Ost und West in Europa, die für die Mitte des Kontinents die Aufgabe in sich begreift, sich zwischen dem Osten und Westen selbständig zu behaupten. Die zweite Frage betrifft das Verhältnis zwischen Festlands- und Überseepolitik"[4]. Diese drei ihn besonders interessierenden Aspekte der neueren Geschichte – die bestimmenden Persönlichkeiten, die diplomatischen Methoden und der Zusammenhang von Geographie und Politik – fanden ihr gewissermaßen verbindendes Glied in der alles überragenden Frage nach Aufstieg, Geschichte und vor allem Zukunft des preußisch-deutschen Staates. Und insofern sind auch die historischen Arbeiten Hassells nicht zuletzt ein Ausdruck seines „Ringens um den Staat der Zukunft".

Aber mit welcher historischen Frage Hassell sich auch immer befaßte, stets hatten seine Betrachtungen einen aktuellen Gesichtspunkt. Andererseits leben seine die Tagespolitik im weitesten Sinne beleuchtenden und analysierenden Arbeiten in hohem Maße von der Einbeziehung des immer präsenten geschichtlichen Hintergrundes. Seine Gedanken kreisten vor allem um drei eng miteinander verknüpfte Probleme. Zu nennen ist hier zunächst der Erste Weltkrieg und seine Folgen, namentlich die 1919/20 geschaffene „Staatenkonstruktion" – „das Musterbeispiel einer auf der geduldigen Landkarte sich austobenden Kabinettspolitik mit völlig veralteten Mitteln"[5]. Sodann ließen Hassell natürlich die aktuellen, durch die deutsche Kriegführung bestimmten Geschehnisse nicht unbeeindruckt – im Gegenteil: Wie die meisten in- und ausländischen Beobachter die eigentlichen, programmatisch festliegenden rassenideologischen Ziele Hitlers zunächst ignorierend bzw. unterschätzend, sah der Diplomat im Krieg insbesondere gegen das bolschewistische Rußland die Chance zu einer weitgehenden Revision der zitierten „Staatenkonstruktion" sowie einer grundlegenden Reorganisation der europäischen Verhältnisse. Mit der Vorstellung, daß diese durch die deutschen Interessen geprägt sein sollte, blieb er seiner politischen Konzeption treu. Und damit ist zugleich das dritte, seine Gedanken während des Kriegs prägende Problem angesprochen, die Frage nach der Zukunft des Deutschen Reiches und *damit* Europas.

Den wohl besten Einblick in seine diesbezüglichen Vorstellungen vermitteln einige 1943 in Buchform unter dem Titel „Europäische Lebensfragen im Lichte der Gegenwart" wiederveröffentlichte Aufsätze aus den Jahren 1941/42[6]. Vor allem geben diese Arbeiten eine umfassende Antwort auf die Frage nach dem „Wie" der von Hassell inaugurierten grundlegenden Umgestaltung der europäischen Verhältnisse im Gefolge der deutschen Kriegführung. Und schließlich belegen die Essays sehr deutlich, in welch hohem Maße die Gedanken des Diplomaten durch die Erfolge der deutschen Kriegführung beeinflußt waren. Zum Zeitpunkt ihrer Entstehung (1941/42) befand sich das „Dritte Reich" auf dem Höhepunkt seiner militärischen Erfolge und seiner territorialen Ausdehnung.

Wie wohl die meisten Deutschen, und keineswegs nur sie, konnte sich auch Hassell diesem Eindruck nicht entziehen.

Für den Konservativen, der den Überfall auf die Sowjetunion selbst mißbilligt hatte, stellte sich der Rußlandfeldzug nicht zuletzt als „Kreuzzug" gegen den Bolschewismus dar. Hassell hatte keinen Zweifel, daß eine „Bolschewisierung des europäischen Kontinents auch unentrinnbar die britischen Inseln und später oder früher die Vereinigten Staaten ergreifen" werde[7]. Der Kampf gegen den „uneuropäischen" Charakter des Bolschewismus[8] stellte sich für ihn als Überlebenskampf des christlichen Abendlandes um die Erhaltung seines kulturellen und politischen Erbes dar. Ihn „an der Wurzel auszurotten", war daher eigentlich eine genuin „europäische" Aufgabe[9]. Das Zerbrechen der europäischen Solidarität und nicht zuletzt die englische Politik und Kriegführung hatten indessen bewirkt, daß der Kampf nun „unter *deutscher* Führung ausgefochten" wurde[10].

Der rückblickende Betrachter, dem der tatsächliche Verlauf, der Charakter und das furchtbare Ergebnis des *Hitlerschen* „Kreuzzuges" bekannt sind, muß derartige Analysen aus der Feder eines Vertreters des deutschen Widerstandes zunächst einmal mit Befremden lesen. Zu ihrem Verständnis gilt es jedoch einige wichtige Aspekte in Rechnung zu stellen: Zum einen war der Gedanke, daß der Bolschewismus eine Bedrohung für Europa darstelle, in den westlichen Ländern des Kontinents vertraut und verbreitet. Das belegt nicht nur die tiefe Skepsis der britischen Regierung im Sommer des Jahres 1939, die in erheblichem Maße für das Scheitern der britisch-sowjetischen Bündnisgespräche mitverantwortlich war, sondern etwa auch die abwartende Haltung der englischen und der amerikanischen Führung in der Frage nach der Errichtung einer zweiten Front seit der Jahreswende 1941/42. Stalin jedenfalls hatte keinen Zweifel, daß diese Haltung der angelsächsischen Mächte durch die Überlegung eines möglichen deutschen Sieges über das bolschewistische Rußland mitbestimmt war. Insofern sind Hassells diesbezügliche Gedanken ein geradezu charakteristischer Ausdruck der sich seit 1917 ausbildenden Stimmungslage in Europa.

Zum zweiten unterschied sich die Hassellsche „Kreuzzugs"-Idee vor allem in einem entscheidenden Aspekt grundsätzlich von derjenigen Hitlers: Der rassenideologisch bedingte und im Zusammenhang des Rußlandfeldzuges radikal realisierte Gedanke der Vernichtung namentlich des europäischen Judentums war dem Diplomaten fremd. Die an anderer Stelle zitierten Tagebucheintragungen zeigen das deutlich. Vergleichbares gilt schließlich – drittens – auch für Hitlers programmatisch festliegenden Entschluß, die „slawische Rasse" zu unterjochen, ja, teilweise zu vernichten. Anders als für Hitler, in dessen Gedankenwelt Slawentum und Bolschewismus wesensmäßig aufs engste miteinander verbunden und schon deshalb zu bekämpfen waren, stellte sich für Hassell der Bolschewismus als „uneuropäische" Überfremdung der slawischen „Sprach- und Kulturstämme" dar. Das Slawentum bildete für ihn einen unverzichtbaren Bestandteil abendländischer Kultur, erst die „germanisch-romanisch-slawische Dreiheit" machte für Hassell „die europäische Kultur als Ganzes aus"[11].

Der Kampf gegen das bolschewistische Rußland war mithin für Hassell kein Vernichtungskrieg gegen eine oder mehrere Rassen, sondern er verfolgte vor allem zwei Ziele. Zum einen, wie gesehen, ein ideologisches, die Beseitigung der „Ansteckungsgefahr des Bolschewismus für das Abendland"[12], und zum zweiten ein machtpolitisches, die Reduzierung der „schwere[n] Last, die Deutschland durch seine Mittelstellung zwischen Ost und West auferlegt ist"[13]. Hassell war überzeugt, daß beide Ziele nicht nur im deutschen, sondern vielmehr auch im gesamteuropäischen Interesse lagen.

Die machtpolitische Zielsetzung Hassells war eindeutig: An dem grundlegenden geographischen und dem sich daraus ergebenden bündnispolitischen Sachverhalt, „weder Ost noch West zu sein", ließ sich nichts ändern. Wohl aber eröffnete „sich zum ersten Male in der neueren Geschichte [. . .] die Möglichkeit für Deutschland, statt des Balancierens zwischen westlicher und östlicher Anlehnung die europäische Führerrolle zu übernehmen, die der Mitte des Kontinents von vornherein hätte zugeteilt werden müssen, wenn nicht die politische Uneinigkeit und Schwäche der Deutschen sie für Jahrhunderte dafür unfähig gemacht hätte"[14].

Das Erreichen dieses Ziels und das Zurückdrängen Rußlands waren nun für Hassell vor allem mit Blick auf eine
Region aufs engste miteinander verknüpft: Südosteuropa.
Aus der Sicht des deutschen Diplomaten hatte der Kriegsausbruch im August 1914 blitzartig das „tragische" Element
beleuchtet, das „im Verhältnis Rußlands und der Balkanhalb-
insel zum übrigen Europa immer wieder sichtbar" werde[15]. In
einer Hinsicht hatte sich an der traditionellen russischen
Balkanpolitik auch nach dem Kriege nichts geändert: „Was
das Eingreifen Rußlands in die Südostfragen betrifft, so
folgten die Sowjets hierbei [. . .] durchaus der panslawisti-
schen Tradition der Zarenpolitik"[16].

In anderer Hinsicht freilich hatten der Weltkrieg und insbesondere der Ausfall Österreichs als Großmacht in Südosteuropa grundsätzlich neue Konstellationen geschaffen:
Mehr denn je – und hier knüpfte Hassell unmittelbar an die
Gedanken aus seiner Diplomatenzeit in Belgrad und Rom an
– war der Südosten jetzt erstens „ein natürliches Ergän-
zungsgebiet wirtschaftlicher Art" für Deutschland[17] und
zweitens ein Grund für die „von der Natur der Dinge geforderte gemeinsame deutsch-italienische Frontstellung"[18].
Insofern stellte sich für Hassell der Krieg gegen die Sowjetunion einschließlich seiner vorbereitenden militärischen
Phase, des Balkanfeldzuges, auch als endgültige Zurückdrän-
gung Rußlands aus Südosteuropa und zugleich als eine Voraussetzung für die Bildung und Festigung von Deutschlands
„europäischer Führungsrolle" dar.

Was aber verstand Hassell unter der deutschen „Führungsrolle"? Zunächst und vor allem eine Neuordnung der europäischen Machtverhältnisse, durch welche „Europa unter
deutscher Führung politisch autonom" werden sollte[19]. Auto-
nomie bedeutete in diesem Zusammenhang die „Befreiung"
von russischer und englischer Bevormundung. Im Falle Rußlands war dies gleichbedeutend mit der bereits zitierten Aufgabe des „allslawischen Anspruchs", im Falle Großbritanniens mit dem „Verschwinden seiner europäischen ‚Direktion'"[20]. Hassell ging es darum, „nach Jahrhunderten dem
Zustand ein Ende zu machen, daß London sich [. . .] als eine
Art Zentrale oder Aufsichtsinstanz für Europa betrachtete"[21].

Insofern handelte es sich für den Diplomaten in diesem Krieg auch um eine „Fortführung" jenes „Kampfes, den Deutschland 1914 gegen England [hatte] aufnehmen müssen", um „erstens den Anspruch zu erheben, daß der europäische Kontinent kein Anhängsel des britischen Weltreichs bildet, und zweitens sich den Zugang zum Ozean und damit zur Welt nicht versperren zu lassen"[22].

Die Notwendigkeit, das alte, das britische Prinzip der „balance of power" zu beseitigen und durch ein „neues europäisches Gleichgewicht" zu ersetzen, hat Hassell während des Krieges immer wieder dargelegt, so z. B. noch in einem programmatischen Aufsatz am Ende des Jahres 1943. Daß aus seiner Sicht der Dinge das „neue" Gleichgewicht ohne einen „starken und gesunden deutschen Kern [. . .] scheitern" mußte, liegt nach dem Gesagten auf der Hand. Und die Frage drängt sich geradezu auf, ob die neue, ob Hassells Konzeption eines europäischen Gleichgewichts nicht ein Ersetzen der britischen durch die deutsche „Direktion" implizierte – oder gar erheblich mehr. Wenn Hassell in seinem zitierten Aufsatz betont, das neue Prinzip habe „nichts mit deutscher Vorherrschaft zu tun", sondern bedeute nur eine *„Ordnung"*, die der „Natur der Dinge" entspreche, so ist das natürlich zunächst einmal eine nichtssagende Definition[23].

Im Grunde handelt es sich hier um eine neue Antwort auf die alte europäische Frage: „Gleichgewicht oder Hegemonie"[24]? Eine mögliche Lösung dieses Problems hat stets in dem Versuch bestanden, das Gleichgewicht *durch* die Hegemonie einer Macht oder auch einer Mächtegruppe und – selbstredend – im Interesse dieser Macht oder Gruppe herzustellen und zu garantieren. „Hegemonie" konnte dabei sehr unterschiedlich verstanden, die zugrundeliegende Machtposition auf verschiedene Weise errichtet werden: Militärisch, territorial, wirtschaftlich, (bündnis-)politisch oder durch eine Kombination mehrerer dieser Elemente. Die seit dem August 1914 entwickelten Kriegsziele der europäischen Mächte sind klassische Exempel für derartige hegemoniale Bestrebungen – in verschiedenen Abstufungen und mit unterschiedlichen Fundierungen[25]. Auch Hassells Vorstellung einer deutschen „Führungsrolle" ist ein solches Beispiel

für den Versuch, das Gleichgewicht durch Hegemonie herzustellen, und zweifellos war der Diplomat zutiefst überzeugt,
daß die neue, „der Natur der Dinge entsprechende Ordnung"
zur Stabilität der europäischen Verhältnisse beitragen, ja,
diese garantieren werde.

Was nun die Fundierung der hegemonialen Stellung des
Deutschen Reiches angeht, so hat Hassell eine militärische
Kontrolle etwa der seit 1940 von deutschen Truppen erober-
ten Gebiete ausgeschlossen. Jedenfalls finden sich in seinen
Veröffentlichungen keine Hinweise. Vergleichbares gilt für
territoriale Annexionen, mit den Ausnahmen Österreichs,
der sudetendeutschen Gebiete der Tschechoslowakei und der
vormals deutschen Gebiete Polens und Dänemarks. Die entsprechenden, sukzessive reduzierten Forderungen der deutschen Opposition sind an anderer Stelle analysiert worden.
Die eigentliche, von Hassell favorisierte Methode deutscher
Hegemonial- bzw. „Führungs"-Politik war die *wirtschaftliche*
Durchdringung und Kontrolle Europas sowie einiger außer-
europäischer Gebiete. Damit ist zugleich jenes neben der
Neuordnung der europäischen Machtverhältnisse zweite Element der Hassellschen Konzeptionen benannt, welches
geeignet war, die deutsche „Führungsrolle" in Europa zu etablieren und zu sichern. Auch in diesem Zusammenhang
geben vor allem die 1941/42 entstandenen Aufsätze einen
ausgezeichneten Einblick in die Vorstellungen des Diplomaten. Der Gedanke eines Ausbaus von Deutschlands wirtschaftlicher und *damit* politischer Machtposition selbst war ja
keineswegs neu. Er findet sich bei Hassell seit den 20er Jahren, insbesondere dann aber mit der Aufnahme seiner Belgrader Tätigkeit. Allerdings konzentrierten und beschränkten
sich seine Überlegungen im wesentlichen – und das gilt bis
zum Ende seiner Zeit als Botschafter in Rom – auf Südosteuropa. Unter dem Eindruck der deutschen militärischen
Erfolge nehmen diese Pläne nun, in den Jahren 1940–42, freilich andere Dimensionen an.

Zum einen rückt jetzt der Ostseeraum erneut in den Horizont der Betrachtung. In einem „Dominium maris baltici"
betitelten Aufsatz knüpfte Hassell einerseits an Überlegungen und Forderungen seiner Kopenhagener Gesandtenzeit

an. Diese waren ja vor allem auf die Revision der entsprechenden Bestimmungen des Versailler Vertrages sowie auf
die Selbstorganisation der skandinavischen Staaten hinausgelaufen. Wie Hassell 1942 formulierte, sollte die Wiederbesetzung Nordschleswigs jenen Zustand wiederherstellen, mit
dem Preußen–Deutschland durch die Verbindung zwischen
Ost- und Nordsee erstmals in eine „Weltfunktion" hineingewachsen sei. Andererseits mußte für Hassell jetzt, im Jahre
1942, das Ergebnis des „gegenwärtigen Krieges" deutlich
über eine solche Revision „hinausgehen, indem nun die
Organisation des Ostseeraumes zur deutschen Aufgabe
geworden" sei[26]. Für den Diplomaten war die Ostsee eben
kein Binnenmeer, „auf dem die Anwohner friedlich herumplätschern", sondern sie besaß eine „dauernd zunehmende
wirtschaftliche Funktion im europäischen Rahmen". Nicht
zuletzt bildete sie eine Verkehrsbrücke zwischen Nord- und
„Südosteuropa (vom Schwarzen Meer bis zum Adriatikum)"[27].

Wieder stoßen wir auf Südosteuropa, und wir werden uns
noch einmal mit der zentralen Bedeutung dieser Region für
Hassells Konzeption einer deutschen Führungsrolle zu
beschäftigen haben. Diese Bedeutung resultierte u. a. aus
ihrer geographischen Lage als Mittelmeerregion. Und mit
dem Problem des Mittelmeeres hat sich der Diplomat dann
auch während des Krieges mehrfach befaßt, vor allem in seiner 1940 publizierten Monographie „Das Drama des Mittelmeeres" sowie in einem „Großeuropa" betitelten Aufsatz aus
dem Jahre 1942. Die erstgenannte Studie ist im wesentlichen
ein historischer, mit der Landung Pyrrhus' in Tarent beginnender Abriß, der freilich abschließend einige „durchgehende Linien" in der Geschichte der Mittelmeerpolitik aufzeigt. Zwei sind in unserem Zusammenhang von besonderem Interesse.

Zum einen glaubte Hassell eine sich durch die Jahrhunderte vertiefende „Scheide zwischen Ost- und Westbecken"
und für seine Gegenwart keine politische „Raumeinheit" im
alten Sinne mehr erkennen zu können. Zum anderen
betrachtete er den „wiederholt erneuerte[n] Versuch, Imperien zu gründen", als einen typischen „Zug der Mittelmeer-

politik", von denen indessen nur einer, der römische, „vollen Erfolg" gehabt habe. Gegenwärtig sei das Mittelmeer reich an selbständig nebeneinanderstehenden Machtgebilden, und dementsprechend groß sei die „Zahl offener politischer Fragen, die auf Antwort warten". Als diejenige Macht, welche „besonders berufen" sei, „an ihrer Lösung bestimmend mitzuwirken", betrachtete Hassell im Jahre 1940 Italien, das vor allen anderen den Namen einer Mittelmeermacht verdiene[28].

Diese Sicht der Dinge ändert sich in seiner wohl Anfang des Jahres 1942 abgefaßten Studie „Großeuropa": Insbesondere das Problem der „Scheide zwischen Ost- und Westbekken" tritt jetzt, und gewissermaßen dem Vorrücken der deutschen Truppen entsprechend, deutlich in den Hintergrund. In gewisser Weise relativiert sich auch die Bedeutung Italiens, dessen militärische Schwäche ja 1941 sowohl auf dem Balkan als auch in Nordafrika kraß zutage getreten war[29]. Ganz offenkundig war diese Modifizierung des Blickwinkels durch die Erfolge der Wehrmacht mitbedingt. Immerhin hielten deutsche Truppen jetzt große Teile Südosteuropas militärisch besetzt und befanden sich überdies in Nordafrika auf dem Vormarsch nach Ägypten.

Dementsprechend konzentrierten sich Hassells Überlegungen zum Problem „Großeuropa" jetzt auch auf die Frage nach der Bedeutung Nordafrikas und der Türkei als „wirksame" Ergänzungen für den „europäischen Raum"[30]. So sei zum einen in der Türkei „im weiteren Sinne ‚europäisches Land'" zu erblicken, „das bestimmt erscheint, den Erdteil in tätiger Mitarbeit wirksam zu ergänzen". Zum anderen weise Nordafrika alle Voraussetzungen auf, um in einem „wirtschaftlichen Zusammenhang mit Kontinentaleuropa eine für Europa und Afrika gleichwichtige Funktion zu erfüllen"[31].

Und schließlich war es kein Zufall, daß in diesem Zusammenhang „Iberoeuropa", d. h. Portugal und Spanien, (wieder) verstärkt das Interesse Hassells fand. Beide Randstaaten seien als „integrierender, zukunftswichtiger Bestandteil Europas zu betrachten"[32]. Ihre Bedeutung ergebe sich einmal aus der geographischen Lage am Eingang des Mittelmeers und sodann aus der Tatsache, daß die Halbinsel „Amerika am nächsten" liege und ihm „ausgesprochen zugekehrt" sei. Im

„Kampfe der Geister" müsse der Platz Spaniens und Portugals indessen dort sein, wo „man sich gegen amerikanisierten Mischmasch und gegen bolschewistische Unkultur zur Wehr" setze[33].

Hassell war überzeugt, daß Europa in Zukunft nur als „Großeuropa" im beschriebenen Sinne erfolgreich den „Wettkampf mit den anderen großen Welträumen", Amerika und Asien, bestehen[34] und – wie er im September 1941 in den „Berliner Monatsheften" schrieb – in diesem „Wettkampfe der Erdteile [. . .] seinen Platz an der Sonne behaupten" könne[35]. Daß die Organisation „Großeuropas" sowie der ergänzenden Wirtschaftsräume vom „Herzen" Europas aus erfolgen müsse, daran hatte der Diplomat in den Jahren 1941/42 keinen Zweifel, sei doch die Beseitigung des „bisherige[n] europäische[n] Chaos" und die „Ordnung des Erdteils" nur dann erfolgversprechend, wenn sie „in der Hand einer starken Führung" liege[36]. Das galt auch für den Mittelmeerraum, einschließlich Nordafrikas: „Ein neues Europa, das vom Herzen des Erdteils aus geführt und geordnet werden soll, ist berufen oder besser: verpflichtet, sich des Gesamtbestandes der kontinentaleuropäischen Belange anzunehmen, die in Nordafrika von Spanien, Frankreich und Italien aufgebaut worden sind"[37].

Mit anderen Worten: Den deutschen militärischen Erfolgen entsprechend, rückte 1941 das Mittelmeergebiet als wirtschaftlicher Ergänzungsraum eines von Deutschland aus „geführten und geordneten" Europa in den Horizont der Hassellschen Konzeption. Dazu zählten der gesamte nordafrikanische Raum, einschließlich Ägyptens, sowie die Türkei. Hassell schwebte hier freilich keine direkte deutsche Kontrolle bzw. Verwaltung dieser Regionen vor. Vielmehr fungierten die Türkei und Ägypten[38] als „selbständige" Partner Europas. Was die nordafrikanischen Kolonien von Marokko bis Libyen anbelangt, so betrachtete der Diplomat Spanien, Italien sowie ein „neues, seine Stunde erkennendes" Frankreich als „Verwalter" eines europäischen „Gesamtauftrags"[39].

Schließlich kam Südosteuropa jetzt eine geradezu überragende Schlüsselstellung in der Konzeption Ulrich von Has-

sells zu. Hatte der Balkan, wie gezeigt, für Hassell schon seit
den 20er Jahren die Bedeutung eines direkten, „natürlichen"
Ergänzungsraumes für die deutsche Wirtschaft und damit
Politik besessen, so rückte diese Region jetzt einerseits in die
Funktion einer Brückenstellung zwischen dem Ostsee- und
dem Mittelmeerraum. Andererseits kam natürlich Südosteuropa – und vor allem Ungarn – mehr denn je die Funktion
als „Tor und Verkehrsweg nach Osten" zu[40].

Daß die Frage nach der Zukunft des Südostens während
des Krieges einen deutlichen Schwerpunkt der entsprechenden Arbeiten Hassells bildet, ist daher nicht überraschend.
Die „entscheidende Wendung" für Deutschlands Südosteuropapolitik hatte „das Jahr 1938 durch den Anschluß
Österreichs" gebracht, durch welchen das Reich aus der Sicht
des Diplomaten das „Erbe der Mission des alten Österreich"
in diesem Raum angetreten hatte. Niemand – so Hassell im
Jahre 1942 – konnte jetzt mehr an dem „Berufe" Deutschlands zweifeln, die Erbschaft des Prinzen Eugen anzutreten[41].
Immer wieder hat sich Hassell mit diesem von ihm hoch
geschätzten Feldherrn und Staatsmann befaßt, dem schon
sein Interesse als Primaner gegolten hatte. Die „Verbindung
politischer Erkenntnis und Tatkraft mit tiefem Verständnis
für die geistigen und sittlichen Werte" hat er bewundert, das
wichtigste Vermächtnis von „Prinz Eugens europäischer Sendung" (1943) hat er darin gesehen, der „Mitte des Erdteils"
die Grundlagen geschaffen zu haben, „um sich zwischen
Westen und Osten als europäischer Schwerpunkt zu behaupten"[42]. Dieses Vermächtnis war für den Diplomaten ver-
pflichtend, an diese Tradition galt es anzuknüpfen und das
„einheitliche großdeutsche Wirtschaftsgebiet" zur Sicherung
des europäischen Schwerpunktes wie des „gemeinsamen"
europäischen „Lebensraumes" richtig einzusetzen[43].

Zur Art und Weise der deutschen Südosteuropapolitik hat
sich Hassell mehrfach geäußert, beispielsweise am 12. Juni
1941 in einem Vortrag im Deutschen Auslandswissenschaft-
lichen Institut sowie in zwei Artikeln, die im gleichen Jahr in
der „Zeitschrift für Politik" bzw. im „Vierjahresplan" erschienen[44]. Abgesehen von der einmal mehr zitierten Notwendigkeit einer deutsch-italienischen Kooperation und der erneu-

ten Betonung des „natürlichen" deutschen Übergewichts in
Südosteuropa „aus geographischen und in der Wirtschaft
selbst liegenden Gründen", enthalten nun diese Äußerungen
die Forderung nach einem „verständnisvolle[n] Zusammenwirken zwischen Deutschland und Südosteuropa"⁴⁵. Bereits
im Januar 1941 hatte er in ein offizielles Sondergutachten
für den „Mitteleuropäischen Wirtschaftstag" zum Thema
„Südosteuropa" ausdrücklich den „Grundsatz" geschrieben:
„Vertrauen gewinnt und Erfolg verspricht nur eine Wirt-
schaftspolitik, die nicht kurzsichtig den Standpunkt des kapi-
talistischen Ausbeuters einnimmt, sondern im Fördern der
natürlichen Entwicklung von Südosteuropa das eigene Interesse erblickt"⁴⁶.

Diese und ähnliche Hinweise mehr waren nun keineswegs
zufällige Randbemerkungen des Diplomaten. Sie verweisen
vielmehr auf ein Charakteristikum sämtlicher einschlägiger
Arbeiten Hassells aus der Kriegszeit, nämlich auf die uner-
müdlich vorgetragene, auf den Leser geradezu penetrant wir-
kende Aufforderung, in diesem Falle „jedem einzelnen Süd-
ostvolke das Gefühl der Sicherheit seiner unangetasteten
Eigenständigkeit einzuflößen"⁴⁷. Vergleichbare Äußerungen
finden sich mit Blick auf all jene erwähnten Länder und
Regionen, die nach Hassells Vorstellung unter deutscher
Führung in einem wirtschaftlichen Großraum organisiert
werden sollten⁴⁸. Schon im Januar 1937 hatte er, damals noch
deutscher Botschafter in Rom, öffentlich den „Gedanken"
zurückgewiesen, „man könne fremde Völker mit Waffengewalt zu einem Ideal bekehren"⁴⁹.

Dieses Element ist nun freilich für das angemessene Verständnis der recht eigenwilligen Hassellschen Konzeption
einer deutschen „Führungsrolle" unverzichtbar. In einem
programmatischen Handbuchartikel zum Thema „Lebensraum oder Imperialismus" aus dem Jahre 1943 stellte der
Diplomat grundsätzlich fest: „Will Europa überhaupt noch
eine Funktion in der gewaltig ausgeweiteten Welt erfüllen,
so kann sie nur [...] aus der Mannigfaltigkeit der auf
gemeinsamer ethisch-christlicher Grundlage erwachsenen
europäischen Kulturen" abgeleitet werden. Ein solcher
„Lebensraum" müsse allen „Teilhabern *wirtschaftliches* Gedei-

hen verbürgen, aber [. . .] vor allem auch die freie Entfaltung ihrer *geistigen*, völkischen Eigenart gewähren"[50].

Diese „Lebensraum"-Konzeption richtete sich nun einerseits gegen das „Dienstbarmachen der erfaßten Gebiete für das herrschende Volk"[51], welches in Hassells Verständnis für den britischen Imperialismus charakteristisch war. Andererseits war diese Konzeption – unbeschadet der terminologischen Anleihe – kaum mit der nationalsozialistischen „Lebensraum"-Ideologie vereinbar: „Der einzigartige Reichtum, über den das räumlich kleine Europa in Gestalt seiner zahlreichen geistigen Volksindividualitäten, und zwar der kleinen wie der großen, verfügt, ist die wesentlichste Grundlage dafür, daß der Begriff des Lebens*raumes* sich als lebens*fähige* politische Gestaltung der Zukunft erweist"[52]. Was dagegen Hitler und der Nationalsozialismus unter der „Neuordnung" Europas verstanden, ist bekannt: Eroberung, Unterjochung und Vernichtung. Und zweifellos war diese Realität deutscher Politik und Kriegsführung auch mit jener anderen Kardinalmaxime Ulrich von Hassells unvereinbar, wonach die auch von ihm geforderte „starke Führung" in Europa vor allem die „höchste sittliche Qualität der Führenden" erfordere[53].

Sicher waren auch Hassells Vorstellungen zunächst und vor allem von der Frage geleitet, welche Art der Reorganisation Europas für die Zukunft des Reiches die vorteilhafteste sei. Aber die von ihm präsentierte Lösung lebt doch sehr stark von dem Element der europäischen wirtschaftlichen Kooperation und Integration zum Nutzen des gesamten Kontinents und mit dem Ziel, sich in Zukunft gegen den amerikanischen und den asiatischen „Weltraum" behaupten zu können. Insofern muten diese Gedanken durchaus „modern" an. Die Idee eines wirtschaftlichen Zusammenschlusses, wie man sie nach dem Kriege zu realisieren versuchte, hatte ja erste Vorläufer auch in der deutschen Widerstandsbewegung[54]. Daß dieses europäische Element bei Hassell im Verlaufe des Krieges immer deutlicher hervortritt, ist jedenfalls unverkennbar und auch von der Forschung gelegentlich vermerkt worden[55].

Zusammenfassend läßt sich feststellen, daß in Hassells

Konzeption der deutschen „Führungsrolle" alte und neue
Elemente eine Verbindung eingehen. Einerseits sind die Spuren des klassischen Hegemonialgedankens allenthalben
erkennbar. Die führende wirtschaftliche Rolle Deutschlands
in Europa und angrenzenden Regionen implizierte die
„Organisation" dieser Räume und damit auch, jedenfalls
indirekt, deren politische Kontrolle[56]. Dahinter ist der alte
Versuch zu sehen, Deutschland in seiner exponierten „Mittelstellung zwischen Ost und West" zu entlasten, damit dauerhaft zu stabilisieren und solchermaßen als europäische
Vormacht zu etablieren. Andererseits aber – und in Abwei-
chung etwa von manchen deutschen Kriegszielvorstellungen
der Jahre 1917/18, vor allem aber von den nationalsozialistischen „Lebensraum"-Plänen – setzte sich Hassell entschieden für die Eigenständigkeit der europäischen, unter deutscher Führung wirtschaftlich zu organisierenden Völker ein:
„Sie müssen", so schrieb er Anfang des Jahres 1942, „das
Gefühl haben, daß ihre Art durchaus gewahrt, ihre Unabhängigkeit geachtet werden soll und daß ihre politische Zukunft
nicht besser sichergestellt werden kann als durch die neue
europäische Ordnung"[57].

Für diese Einstellung waren nun offenbar zwei Gesichtspunkte maßgeblich. Einmal war der historisch versierte
Diplomat überzeugt, daß nur die skizzierte Politik langfristig
zur Stabilisierung der deutschen „Führungsrolle" und damit
der deutschen Groß- und Weltmachtstellung beitragen
werde. Sodann aber war Hassell eben ein Kenner und überzeugter Anhänger der Bismarckschen „Staatskunst". In diesem Sinne mahnte er 1941, „keinen Augenblick [zu] verges-
sen, wo unser Schwerpunkt liegt". So dürfe beispielsweise
die deutsche Südostpolitik nicht in die „unwirkliche
Schwarmgeisterei im Sinne des alten Schlagworts Berlin–Bagdad" zurückfallen[58]. Insofern war der Balkan auch im
Jahre 1942 nicht die „Knochen des pommerschen Musketiers" wert, von denen bereits Bismarck gesprochen hatte.

Aber nicht nur in dieser Hinsicht blieb Bismarck, der
„Meister der Diplomatie", ein Vorbild für Hassell, mit dem
er sich auch und gerade nach seinem erzwungenen Rückzug
aus dem diplomatischen Dienst immer wieder befaßte. Die

bewunderte Leistung Bismarcks war und blieb die mit der Reichseinigung in die Wege geleitete Grundlegung der deutschen Groß- und Weltmachtstellung. Damit war, wie Hassell 1941 in der „Neuen Rundschau" schrieb, dem neuen, starken Deutschen Reich „im Herzen Europas [...] als führender Macht" freilich zugleich auch die „Pflicht" entstanden, „die Organisation des Erdteils und den europäischen Frieden als eigene Sache anzusehen". Die Gültigkeit der „Grundgesetze Bismarckscher Politik in ihrer Anwendung auf die Funktion des Reichs in der europäischen Gemeinschaft" blieb für Hassell „auch unter den neuen Bedingungen unerschüttert"[59]. Allerdings hatte Bismarck „bei alledem selbstverständlich niemals ein anderes Ziel" verfolgt als das, „die Macht und Größe Deutschlands *sicher* zu begründen"[60].

Unverändert blieb schließlich für den sich auch hier an der „Meisterschaft" Bismarcks orientierenden Hassell die Aufgabe der Diplomatie: „Der Politik den Weg zu weisen und zu bahnen zu einem friedlichen Zusammenleben der Staaten, einem gegenseitigen Raumgeben für eine zukunftsreiche Entwicklung in Europa und der Welt"[61]. Daß dieses konservative Verständnis einer meisterhaft betriebenen Diplomatie mit den zeitgenössischen Methoden deutscher Außenpolitik und Kriegführung nichts gemein hatte, wußte natürlich auch Hassell. Daß letztere nicht nur ein unter deutscher Führung neu geordnetes und friedlich geeintes Europa in immer weitere Ferne rücken ließen, sondern auch das Werk Bismarcks selbst zerstörten, wurde spätestens 1943 offenkundig. Und so notierte der Diplomat denn auch am 10. Juli 1944, wenige Tage nach einem letzten Besuch in Friedrichsruh: „Kaum zu ertragen, ich war dauernd an Tränen beim Gedanken an das zerstörte Werk"[62].

Bis zuletzt also beschäftigte den in der Bismarckzeit aufgewachsenen Ulrich von Hassell jener zentrale Aspekt der „deutschen Lage", der auch den Dreh- und Angelpunkt der Außenpolitik des von ihm so hoch geschätzten ersten Reichskanzlers gebildet hatte. In diesem Sinne stellte der Diplomat dann auch in einem wohl Anfang 1944 entstandenen, von ihm selbst nicht mehr publizierten und im Anhang dieser Studie erstmals im Wortlaut veröffentlichten Manu-

skript über „Deutschland zwischen West und Ost" noch einmal fest[63], daß nichts die deutsche Lage stärker bezeichne,
bestimme und belaste als die Tatsache, „daß wir ein Land der
Mitte sind. Daraus ergibt sich eine solche Vielfalt der Möglichkeiten und der Gefahren, der Belange und der Gesichtspunkte, daß die Schwierigkeit, aus ihnen das Bleibende herauszukristallisieren, unvergleichlich groß ist". Allerdings
hatte Hassell selbst jetzt, in der sich für das Deutsche Reich
ständig verschlechternden Situation der Jahre 1943/44 keinen
Zweifel, daß in der „deutschen Mittellage" neben Gefahren
und Schwierigkeiten grundsätzlich auch *„Aktiva"* zu finden
waren. Ein solches Aktivum sah er vor allem in der Tatsache
gegeben, „daß ein gesundes Europa auf die Dauer niemals
bestanden hat und nicht bestehen wird ohne Deutschland als
gesundes und starkes Herz". Voraussetzung für die Nutzung
dieses potentiellen Vorteils blieb freilich das richtige, eben
das „Bismarcksche ‚Grundgefühl' ", d. h. die Fähigkeit, „in
jedem Augenblick und in jeder Lage die Faktoren im Westen
und im Osten mit eben diesem ‚Grundgefühl' abzuschätzen,
sie in das politische Schachspiel als Figuren richtig einzusetzen und zwischen ihnen die deutschen Lebensnotwendigkeiten sicherzustellen"[64].
    Blieben mithin einige der frühen Beobachtungen und
Erkenntnisse in einem mitunter erstaunlich anmutenden
Maße für Hassells außenpolitische Gedankenwelt in den
30er und 40er Jahren prägend, so gilt dies ähnlich auch für
seine den Staatsaufbau betreffenden Vorstellungen und Konzeptionen. Hier stoßen wir in den Jahren des Widerstandes
auf Überlegungen, die Hassell in dieser oder ähnlicher Form
bereits in der Umbruchphase deutscher Geschichte während
der Jahre 1918/19 angestellt hatte. Der Grund für diese
gerade hier auf den ersten Blick befremdlich anmutende
Kontinuität ist indessen in der Überzeugung des Konservativen zu sehen, wonach die innenpolitische Entwicklung seit
der ausgehenden Weimarer Republik als geradezu logische
Konsequenz des Ende 1918 überstürzt eingeleiteten Demo-
kratisierungsprozesses zu interpretieren sei. Eben deshalb
konnte sich Hassell dann auch noch 1939 zweifelnd die Frage
vorlegen, „ob die *großen Demokratien* es überhaupt noch fer-

tigbringen werden, den *Anschluß an die stürmisch voranschrei-*
tende Zeit zu gewinnen und aus sich heraus menschliche und
staatliche Lebensformen zu schaffen, die der modernen Entwicklung gerecht werden".

Das Zitat entstammt jenem schon mehrfach erwähnten,
1939 abgeschlossenen Manuskript „Das Ringen um den Staat
der Zukunft", das ursprünglich für eine sofortige Publikation
in der Schweiz vorgesehen war, tatsächlich aber erst zwanzig
Jahre nach Kriegsende veröffentlich wurde[65]. Es ist zugleich
eines der wenigen Dokumente aus dieser Zeit, die uns Auf-
schluß über die innenpolitischen Vorstellungen Hassells
geben. Bezeichnenderweise hat sich der Diplomat in seinen
Veröffentlichungen kaum zu dieser Frage geäußert: Zum
einen galt ja sein eigentliches und ganz besonderes Interesse
der historisch-politischen Analyse des Staatensystems, seiner
Entwicklung und seiner Zukunft. Zum anderen aber bezogen
sich viele seiner konkreten, in den Tagebüchern dokumentierten Überlegungen zum Problem des Staatsaufbaus auf die
Gestaltung der Situation nach einem geglückten Staatsstreich
gegen das Hitler-Regime.

Grundsätzlich stellten sich Hassell und andere führende
Vertreter der „Goerdeler-Beck-von Hassell-Gruppe" für diesen Fall, wie jüngst noch einmal zutreffend resümiert worden ist[66], einen eher in der Tradition des Bismarck-Reiches
stehenden „starke[n], ja autoritäre[n]" Staat vor, der jedoch –
in fundamentaler Abgrenzung vom herrschenden Regime –
„als Rechtsstaat Toleranz gewährte, soziale Verpflichtungen
anerkannte, angesichts der Herkunft und Erziehung der Mitglieder dieses Kreises allerdings verständlicherweise nicht
die parlamentarische Demokratie als Ziel ihrer Wünsche
anvisierte". Immerhin stand ja den Konservativen, aber keineswegs nur ihnen, noch deutlich das krasse Versagen der
ersten deutschen Demokratie mit allen jenen Folgen vor
Augen, für deren Beseitigung sie sich jetzt ihrerseits und
unter Einsatz ihres Lebens zusammenfanden.

In einem 1939 veröffentlichten Aufsatz „Der organische
Staatsgedanke des Freiherrn vom Stein" glaubte Hassell vor
allem drei Ursachen identifizieren zu können, welche schon
im 19. Jahrhundert zu einer „Mechanisierung" der westlichen

Demokratien und damit schließlich auch zu ihrem Scheitern, beispielsweise in Deutschland, geführt hatten. Alle diese Momente hatten bereits in seinen diesbezüglichen Überlegungen der Jahre 1918/19 eine Rolle gespielt, und natürlich sah sich der Konservative jetzt in seinen damaligen Prognosen bestätigt. Zum einen lastete Hassell den „Jüngern" der Revolution ein ja für viele Utopien charakteristisches Verkennen der menschlichen Natur an, und das hieß für ihn: „Sie sahen den Menschen nicht wie er ist, sondern wie er sein sollte", also gewissermaßen als ein von Natur aus für die demokratische Staatsform geradezu prädestiniertes Wesen. Zum zweiten erblickte Hassell auch jetzt, im „Eindringen der wirtschaftlichen Gesichtspunkte in die Politik" und in der völligen „Verfilzung" der beiden Dinge miteinander einen entscheidenden Grund für das Versagen des parlamentarischen Systems: „man sagte ‚konservativ' und ‚liberal' und meinte ‚agrarisch' [...] oder ‚industriell'". Und schließlich war Hassell überzeugt, daß die stürmisch voranschreitende Industrialisierung der Demokratie in ganz besonderem Maße „verderblich" geworden sei. Mit ihr nämlich sei die „Klasse" und damit der Klassenkampf geboren worden: „Der soziale Kampf verflocht sich mit dem wirtschaftlichen, und das so entstandene Ungeheuer beanspruchte den Namen Politik"[67]. Daß die deutsche „Revolution" des November 1918 sowie die durch sie eingeleitete Entwicklung als Paradebeispiel dieses Versagens moderner Demokratien gelten konnte, daran hatte Hassell 20 Jahre später weniger Zweifel denn je. Daß er in diesem Zusammenhang ausdrücklich auf seinen Artikel „Wir jungen Konservativen" Bezug nahm, ja, zur Bestätigung seiner Sicht der Dinge aus diesem zitierte, ist sicher bezeichnend[68].

Indem nun der Nationalsozialismus diesem „ganzen demokratisch-parlamentarischen Unwesen" ein Ende bereitet und sich ganz auf den „Aufbau der Wirtschaft und der Arbeit" konzentriert hatte[69], glaubte dann eben auch Hassell, dem „Dritten Reich" öffentlich seine „unzweifelhaften äußeren Erfolge" bescheinigen zu können[70]. Insofern und nur insofern wird man dann auch von einer „relative[n] Nähe der jedoch im einzelnen stark divergierenden Positionen des nationalkonservativen Widerstands zu Teilzielen des NS-Regimes" sprechen dürfen[71].

Allerdings gilt es gerade in diesem Zusammenhang in Rechnung zu stellen, daß Konservative wie Goerdeler oder Hassell glaubten, ihre Vorstellungen von einem künftigen Staatsaufbau könnten – eben *weil* sie sich in einigen Punkten mit „Teilzielen" des Regimes deckten – für einige führende Parteifunktionäre, wie z. B. die „Göringleute", akzeptabel sein. Damit wiederum war der Gedanke verbunden, daß man möglicherweise diese oder eine andere Gruppe einflußreicher Nationalsozialisten für die eigenen Pläne gewinnen und damit natürlich auch günstigere Ausgangsbedingungen für den Umsturz schaffen könne. Wie Hassells Tagebuchbericht über seine bereits in anderem Zusammenhang zitierte Unterredung mit Goerdeler vom 10. Oktober 1939 zeigt, gaben sich die beiden jedenfalls zeitweilig dieser Hoffnung hin. Und Hassell notierte dann beispielsweise auch in seinem Tagebuch, daß sein Aufsatz über den Statsgedanken Steins unter solchen Umständen „genau zur rechten Zeit" komme, mehr noch: Der Diplomat verschickte seinen Artikel „an viele Leute, besonders auch an besonnene Parteichefs", um auch ihnen gegenüber „einmal den Gedanken auszusprechen, daß die jetzige Staatsform nicht ewig sein kann, sondern in einem organischen Rechtsstaat mit Kontrolle übergeleitet werden muß"[72]! Auch diese in der Rückschau illusorisch anmutende, in ihrer Zeit fraglos mutige Intention und Initiative Hassells muß man kennen, wenn man seine während des Krieges formulierten innenpolitischen Ziele und die sich dort gelegentlich offenbarende Nähe zu entsprechenden Vorstellungen des Nationalsozialismus angemessen verstehen will.

Wie sich diese „relative" Nähe des Konservativen Ulrich von Hassell zu einigen außen- und innenpolitischen Teilzielen des Nationalsozialismus historisch-biographisch erklärt, wurde bereits gezeigt[73]. Zwei weitere, sich in diesem Zusammenhang aufdrängende Fragen bedürfen indessen noch der Aufklärung und der Antwort. Denn zum einen gilt es, jene Positionen zu benennen, in welchen sich Hassell grundsätzlich von der nationalsozialistischen Ideologie distanzierte, und zum anderen ist natürlich nach der sich u. a. daraus herleitenden Konzeption für den Aufbau des neuen, des „anderen" Deutschland zu fragen.

In seinem ursprünglich für die anonyme Publikation bestimmten Aufsatz „Das Ringen um den Staat der Zukunft" hat der Diplomat vor allem drei Gesichtspunkte benannt, die Anlaß zu „sehr ernste[m] Zweifel" an der Fähigkeit des Nationalsozialismus gaben, „den Staat und den politischen Menschen der Zukunft zu entwickeln [. . .]: 1. Die entsittlichende und den Geist tötende *Überspannung der Totalität*. 2. Das Fehlen *jeglicher Kontrolle* im Staatsleben. 3. Der Mangel an einem *organischen Staatsaufbau*"[74].

Die Überspannung der Totalität, also des „Vorschreibens einer parteigefälligen Weltanschauung"[75], betraf praktisch alle Bereiche des gesellschaftlichen Lebens, die Gesinnung als politisch-ethische Grundhaltung ebenso wie das geistige Leben, die Religion oder „die Rasse". Mit anschaulichen und drastischen Formulierungen suchte Hassell seinen Lesern die Auswüchse des Regimes vor Augen zu führen. Dazu zählte etwa die oft „grotesk anmutende" Weise, in welcher der Freiheit der Forschung und der Lehre „Ketten angelegt" wurden, und die beispielsweise zur Verwerfung einiger Lehren der exakten Wissenschaften nur deshalb führte, weil sie von Juden aufgestellt worden waren[76]. Und natürlich gehörte hierher auch, wie Hassell unter Verweis auf die sogenannte „Reichskristallnacht" formulierte, jene „geradezu tierische Barbarei, die, wenn sie als symptomatisch betrachtet werden muß, das Schlimmste befürchten läßt". Jeder anständige Deutsche, so der Konservative weiter, müsse zugeben, daß die Verfolgung der Juden „in fürchterlicher Weise entsittlichend wirken" und „niedrige Leidenschaften erwecken" müsse[77]. Nach den Ursachen für diese Entwicklung brauchte auch Hassell nicht lange zu forschen. Sie lagen eben u. a. in dem „Fehlen *jeglicher Kontrolle* im Staatsleben" begründet: Das Parlament war zu „reiner Statistenrolle" verurteilt und die Justiz – der in Hassells Augen „vielleicht [. . .] bedenklichste Punkt der nationalsozialistischen Staatspraxis überhaupt" – vermochte weder gesetzlichen Schutz gegen Willkür noch eine gesetzliche Garantie für die Ahndung von Straftaten mehr zu gewähren[78].

Daß die neue, nach einem Staatsstreich zu bildende Regierung gerade hier einschneidende Änderungen vorzunehmen hatte, stand außer Frage. Wie diese Maßnahmen aussehen und in welcher Form sich das „neue Deutschland" konstituieren sollte, darüber geben zum einen die beiden bereits zitierten Aufsätze Hassells aus dem Jahre 1939 sowie zwei im Verlaufe des Krieges entstandene Gemeinschaftsdokumente konservativer Oppositioneller nähere Auskunft. Bei letzteren handelt es sich um ein sogenanntes „Programm", das in den ersten Wochen des Jahres 1940 nach Beratungen mit Beck, Goerdeler und Popitz von Hassell zu Papier gebracht worden sein dürfte, sowie um das „Gesetz über die Wiederherstellung geordneter Verhältnisse im Staats- und Rechtsleben". Dieses vorläufige Staatsgrundgesetz geht auf Beratungen zurück, die seit 1938 von Hassell, Beck, Popitz, Jens Jessen und Erwin Planck geführt wurden. Es ist offenbar in der letzten, überlieferten Form von Popitz niedergeschrieben und dann im Herbst 1943 auch von ihm vor der Gestapo versteckt worden[79]. Goerdeler war wohl nicht an diesen Gesprächen beteiligt, stand doch ihr Ergebnis, wie schon Gerhard Ritter gezeigt hat[80], „in schroffem Widerspruch zu seinen eigenen Zielen": Während der von Goerdeler geplante Staat der Zukunft „ganz entschieden ein Volks-, ja man kann sagen ein Arbeiterstaat" war, wirkt der Verfassungsplan der Konservativen um Popitz „in seiner kalten, klaren Rationalität" beinahe wie ein Dokument des „aufgeklärten Absolutismus"[81].

Die gelegentlich aufgeworfene Frage nach der Autorenschaft bzw. Mitwirkung Hassells am Zustandekommen der beiden Dokumente[82] ist wohl von untergeordneter Bedeutung. Denn daß Hassell einen direkten, und zwar starken Einfluß auf deren Formulierungen genommen hat, ist unverkennbar: Beide Dokumente enthalten z. T. noch zu zitierende Passagen, die sich sinngemäß, gelegentlich sogar auch wörtlich in zahlreichen seiner Veröffentlichungen finden lassen, von den frühen Arbeiten der Jahre 1918/19 bis hin zu den Aufsätzen, Tagebucheintragungen etc. der hier zur Debatte stehenden Zeit. Das gilt im übrigen auch für die große, 1941 entstandene Denkschrift „Das Ziel", die nach den Recher-

chen von Wilhelm Ritter von Schramm aller „Wahrscheinlichkeit nach [...] eine Gemeinschaftsarbeit Becks, Hassells
und Goerdelers gewesen und wohl von Goerdeler entworfen
worden" ist[83].

In der Sache überschneiden bzw. ergänzen sich die beiden
hier vor allem interessierenden Texte, also das „Programm"
und das vorläufige Staatsgrundgesetz. Ihr primäres Anliegen
bestand, wie bereits angedeutet, in der Verständigung der
Oppositionellen auf gemeinsame Grundsätze für eine innenpolitische Neuordnung und Konsolidierung nach dem ange-
strebten Regimewechsel. Außenpolitik und Kriegführung
spielen daher in diesen Dokumenten eine deutlich untergeordnete Rolle[84].

In den Forderungskatalog der Konservativen aufgenommen wurden nun sowohl allgemein gehaltene politische
Maximen als auch und vor allem konkrete Anordnungen für
den in Planung befindlichen Fall. So wurden etwa die Regeln
„des Anstandes und der guten Sitten" zu obersten Gesetzen
des Handelns erklärt, die „Unverbrüchlichkeit des Rechts"
und die Sicherung der „persönlichen Freiheit" gefordert oder
Christentum und christliche Gesittung zur „unersetzbare[n]
Grundlage deutschen Lebens" erklärt[85]. Konkret wurden insbesondere die Auflösung der NSDAP und ihrer Gliederun-
gen, der Gestapo, der Konzentrationslager sowie die
Aufhebung einer Reihe von Gesetzen, Verordnungen etc.
bestimmt[86], namentlich die Abschaffung der „Judengesetzge-
bung"[87].

Diese und andere Forderungen, wie etwa diejenigen nach
sofortiger Vereidigung der Wehrmacht auf die neue „Regent-
schaft" oder nach Wiederherstellung der Freiheit von Forschung und Lehre[88], drängten sich geradezu auf, wenn es um
die Abschaffung der gröbsten, durch die nationalsozialistische Diktatur bewirkten Mißstände und um die Etablierung
einer neuen Ordnung ging. Sie bildeten, jedenfalls in dieser
allgemeinen Wendung, so etwas wie den kleinsten gemeinsamen Nenner, auf den sich die meisten Angehörigen der
deutschen Opposition gegen Hitler verständigen konnten.
Darüber hinaus enthalten die beiden Texte freilich einige
Punkte, welche einerseits deutlich die Handschrift Ulrich von

Hassells tragen und andererseits eine Konzeption des künftigen Staatsaufbaus präsentieren, die vermutlich schon für
die Kreisauer, aber beispielsweise auch für Carl Goerdeler
kaum mehr in allen Aspekten akzeptabel war. Es handelt sich
dabei um die wohl noch am wenigsten umstrittene Frage
nach der Bedeutung des Beamtentums für den Neuanfang,
die Rolle der Selbstverwaltung bei dem als notwendig
betrachteten „organischen" Staatsaufbau sowie eine deutlich
erkennbare Skepsis gegenüber der parlamentarischen Staatsform.

Hatte Hassell schon, wie an anderer Stelle gezeigt worden
ist[89], in der Umbruchsituation der Jahre 1918/19 auf die
besondere Bedeutung des Beamtentums für die kommende
Aufbauarbeit hingewiesen, so ließen jetzt „Programm" und
„Grundgesetz" der konservativen Oppositionellen keinen
Zweifel daran, daß der Staat „gemäß der geschichtlichen Entwicklung [. . .] in Ausübung seiner obrigkeitlichen Befug-
nisse" des Beamtentums bedürfe[90]. Und wie schon in seinem
Anfang 1919 publizierten Artikel zum Thema „Revolution
und Verwaltungsreform", so betonte Hassell auch jetzt,
Anfang 1940 und mit Blick auf die ja erneut, eben nach
einem Staatsstreich, anstehende Aufbauarbeit, daß der
Berufsbeamte erstens wieder für seine Aufgabe „ordnungsgemäß ausgebildet" sein müsse und zweitens „grundsätzlich
an die Stelle von aus Parteigesichtspunkten ernannten Personen zu treten" habe[91].

Eine besondere Bedeutung kam dem Berufsbeamtentum
natürlich bei dem von Hassell auch nach 1938 stets anvisier-
ten „organischen Staatsaufbau" zu. Dieser Gedanke findet
sich nicht nur in den beiden Gemeinschaftsdokumenten der
Oppositionellen, zu ihnen hat sich Hassell auch öffentlich
bekannt. Daß der Konservative gerade hier an seine Konzeptionen der Jahre 1918/19 anknüpfte und anknüpfen wollte,
zeigt sowohl der Titel seines Aufsatzes über den „organischen Staatsgedanken des Freiherrn vom Stein" als eben auch
und vor allem die direkte, mitunter wörtlich zitierende
Bezugnahme auf seinen Zeitungsartikel „Wir jungen Konservativen" vom November 1918[92]. Der Grundgedanke war also
derselbe geblieben, nämlich „den einzelnen mit der Mitbe-

stimmung der örtlichen und sachlichen Angelegenheiten zu betrauen und ihm damit Verantwortung aufzuerlegen sowie, vom kleinen Verbande zum großen aufsteigend, den Staatsaufbau organisch zu entwickeln"[93]. Ein organischer Staatsaufbau war mithin „ein solcher, in dem eine geordnete Mitarbeit des Volkes an der Regierung und Verwaltung sichergestellt ist"[94]. Eben diese Idee wurde dann auch als Grundsatz in das konservative „Programm" des Jahres 1940 aufgenommen[95].

Sicher ist zu fragen, warum Hassell seine Vorstellungen aus der Revolutionszeit etwa 20 Jahre später wieder aufgegriffen hat, so daß sich gerade in dieser Hinsicht von einer geradezu erstaunlichen Kontinuität seines politischen Denkens sprechen läßt. Hier wird man wohl erneut feststellen müssen, daß sich für den Konservativen die Umbruchsituation der Revolutionszeit durchaus mit derjenigen der späten 30er Jahre vergleichen ließ. Für Hassell nämlich hatte der Zusammenbruch des parlamentarischen Systems sowie der Aufstieg des Nationalsozialismus mit seinen „geradezu tierischen" Auswüchsen die Vermutung des November 1918 bestätigt, wonach die Deutschen noch keineswegs reif für eine vollständige Parlamentarisierung waren. Mehr denn je war Hassell daher in den Jahren 1938/39 überzeugt, daß der „politische Mensch" durch die Mitarbeit an den „eigenen Angelegenheiten örtlich begrenzter Art" allererst einmal die „Reife" und die „Vollmacht" erhalten solle, um auch „in den Dingen des Staats mitzubestimmen"[96]. Daß sich die Mitbestimmung „nicht in den Formen der parlamentarischen Demokratie" vollziehen werde, das verstand sich für den Konservativen, wie er 1939 in den „Weißen Blättern" schrieb, „von selbst"[97].

Diese bleibende, ja, im Verlaufe der 20er und 30er Jahre gerade bestätigte tiefe Skepsis Hassells und anderer Konservativer fand schließlich auch ihren Niederschlag im Gesetz über die „Wiederherstellung geordneter Verhältnisse". Daß dieses, jedenfalls zunächst, keine Volksvertretung vorsah, erklärt sich einerseits sicher aus der erwarteten schwierigen Lage nach einem Staatsstreich: Angesichts der voraussehbaren Probleme im Inneren hielten die Verschwörer die Ausstattung der Exekutive mit fast unumschränkten Vollmachten für unumgänglich. Andererseits hat freilich ganz unverkennbar auch das tiefe Mißtrauen in die parlamentarische Demokratie bei jenen Überlegungen Pate gestanden, die schließlich ihren Niederschlag insbesondere im Artikel 10 des vorläufigen Staatsgrundgesetzes fanden. Im ganzen erinnert dieses in vielem an die Bismarcksche Reichsverfassung, auch wenn die Wiedereinführung der Monarchie jedenfalls in diesen Dokumenten nicht mehr in Betracht gezogen wurde. So sollten einige Neuerungen der Weimarer Verfassung rückgängig gemacht werden und beispielsweise die Vollmacht der Ernennung und Entlassung der Regierung wieder ausschließlich beim Staatsoberhaupt liegen[98].

In anderer Hinsicht ging das Grundgesetz sogar noch deutlich hinter die Bismarcksche Verfassung zurück, indem z. B. keine allgemeinen Wahlen und damit natürlich auch keine Volksvertretung vorgesehen waren. Der an ihrer Stelle zu bildende „Staatsrat" sollte aus „Männern" bestehen, die nach „ihrer Leistung, ihrem Können und ihrer Persönlichkeit des Vertrauens des Volkes würdig" waren. Über die Kriterien für die Beurteilung der Fähigkeiten und Qualitäten dieser Männer – Frauen waren offenbar nicht als Staatsratsmitglieder vorgesehen – ließen sich die Verfasser des Grundgesetzes nicht aus. Von Amts wegen Mitglieder des Staatsrates sollten die Reichsminister und die Statthalter sein[99], die übrigen waren vom Staatsoberhaupt auf Vorschlag der Reichsregierung auf die Dauer von fünf Jahren zu ernennen. Der Staatsrat hatte mithin das „Volk in seiner Gesamtheit" zu vertreten, und zwar so lange, „bis die Festigung der allgemeinen Lebensverhältnisse des deutschen Volkes die Bildung einer Volksvertretung auf breiter Grundlage" gestatteten[100].

Wann die Lebensverhältnisse als gefestigt gelten konnten und wie die dann zu bildende Volksvertretung in ihrer endgültigen Form aussehen sollte, diese Fragen ließ das vorläufige Staatsgrundgesetz offen. Hassell jedenfalls hatte, wie gezeigt werden konnte, keine Wiedereinführung des Reichstages im Sinn, nicht einmal den nur mit eingeschränkten Kompetenzen ausgestatteten des Bismarckreiches. Ihm

schwebte vielmehr – als „Krönung" des organischen Staatsaufbaus der Zukunft – eine sogenannte „Nationalrepräsenta-
tion" vor, in welche die „Elite derjenigen entsandt" werden
sollte, „die die Schule der Selbstverwaltung durchgemacht
und die Fähigkeit zu größeren Gesichtspunkten bewiesen"
hatten[101].

Sicher, vieles von dem, was die Verschwörer in ihr vorläu-
figes Staatsgrundgesetz schrieben, wirkt unvollständig, manches improvisiert. Zahlreiche wichtige Fragen – beispielsweise die Wahl des Staatsoberhauptes betreffend – blieben
offen. Aber zum einen bestand ihr wichtigstes Anliegen
darin, jener Entwicklung ein Ende zu bereiten, welche in den
Worten Hassells „zu Gunsten einer immer inhaltsloser werdenden Attrappe alle vorhandenen ethischen Werte zerstört[e]"[102], und zum anderen befanden sie sich eben deshalb
unter Zugzwang und Zeitdruck.

Gleichwohl lassen sich namentlich bei Hassell die Umrisse
eines politischen Entwurfes für den Staat der Zukunft in klaren Konturen erkennen. Wie seine außenpolitischen Vorstellungen und Planungen waren auch seine den Staatsaufbau
betreffenden Ideen unverkennbar durch das Vorbild des Kaiserreiches geprägt. Und auch hier darf festgestellt werden,
daß der Konservative die aus seiner Sicht vergleichsweise
hohe, in diesem Falle innere Stabilität jener Zeit um so mehr
zu würdigen wußte, je deutlicher sich der Zerfall der politischen Kultur in Deutschland abzeichnete. Dieser stellte sich
ja für Hassell, wie gesehen, nicht zuletzt als geradezu logische Konsequenz jener Entwicklung dar, die mit den Novem-
berereignissen des Jahres 1918 begonnen hatten. Insofern
sah sich Hassell zwanzig Jahre später in seinen Prognosen
durchaus *bestätigt*. Dieser Befund widerspricht im übrigen der
Vermutung, daß die Verschwörer mit ihren staats- und
gesellschaftspolitischen Forderungen letzten Endes schlicht
„Fiktione[n] der nationalsozialistischen Propaganda" als
„nicht eingelöst denunziert" und *damit „übernommen"* hätten[103]. Gerade der Fall Hassell zeigt sehr deutlich, daß die
konservativen Oppositionellen zumeist auf ältere *eigene*
Ideen oder Konzeptionen zurückgriffen. Daß es in der Sache
natürlich eine partielle Übereinstimmung von konservativen

und nationalsozialistischen Ideen gegeben hat, ändert nichts an diesem für die Beurteilung des Widerstandes durchaus wichtigen Sachverhalt[104].

Aber anders als im November 1918, als Hassell als einer der wenigen „jungen Konservativen" bereit gewesen war, sich auf den Boden des neuen Regimes zu stellen und durch Mitarbeit am inneren Wiederaufbau u. a. das „zu retten und hinüberzunehmen", was ihm erhaltenswert erschien, gab es für ihn jetzt, seit 1938, keinen Weg mehr zurück zu einer parlamentarischen Demokratie Weimarer Zuschnitts. Für den Konservativen stand außer Frage, daß die jüngste Entwicklung gerade die Unfähigkeit der deutschen Demokratie bewiesen hatte, den *„Anschluß an die stürmisch voranschreitende Zeit zu gewinnen* und aus sich heraus menschliche und staatliche Lebensformen zu schaffen, die der modernen Entwicklung gerecht" geworden wären[105].

Damit gab es für Hassell nur jene im einzelnen erläuterte Möglichkeit, die sich *für ihn* als Schritt nach vorn, für den heutigen Betrachter hingegen und jedenfalls insofern als Schritt zurück darstellt, als der Konservative zumindest einen in der Bismarcktradition stehenden „starken, ja autoritären Staat" anvisierte. Manches, wie etwa die bewußte Ausklammerung einer gewählten Volksvertretung, deutet darauf hin, daß dieses Konzept eines eindeutig von oben nach unten aufgebauten Staates selbst jene Elemente der Bismarckschen Reichsverfassung aufgeben wollte, die sich in der offenen, aus der Sicht der Verschwörer eine starke Hand erfordernden Situation nach einem Staatsstreich als hinderlich hätten erweisen können: Das vorläufige Staatsgrundgesetz war, wie bereits Gerhard Ritter gezeigt hat, zunächst und vor allem eine „erste Notlösung für den Übergang: vom Sturz Hitlers bis zur Bändigung des Chaos"[106].

Und eben dieses primäre Ziel der entsprechenden Entwürfe Ulrich von Hassells und anderer konservativer Oppositioneller gilt es im Auge zu behalten, wenn man sie angemessen verstehen und würdigen will. Für die Verschwörer ging es zunächst und vor allem um die Beseitigung eines Regimes, dessen Politik „alle vorhandenen ethischen Werte" zerstört und sich immer mehr zu einem „unsittlichen und

bankrotten Unternehmen, unter Führung eines verantwortungslosen Spielers" entwickelt hatte[107]. Ganz gleich wie man
daher die Konzeptionen der Verschwörer etwa in verfas-
sungshistorischer Perspektive beurteilen mag, bedeutender
als diese war zweifellos der mutige Entschluß zum Handeln
selbst sowie das ihm zugrundeliegende Motiv.

Ohnehin war ja die Entwicklung unmittelbar nach einem
Staatsstreich nicht vorherzusehen. Alle Planungen waren
daher in hohem Maße zunächst einmal abhängig vom Gelingen des Coups selbst, sodann von der Haltung wichtiger
Gruppen der deutschen Gesellschaft, namentlich des Offi-
zierscorps, und schließlich nicht zuletzt von der Reaktion der
Kriegsgegner. Im ganzen erheblich wichtiger als solche
Gedanken um einen künftigen Staatsaufbau waren daher
zunächst einmal die konkreten Vorbereitungen für die Aktion
selbst, und d. h. vor allem der Versuch, führende Militärs für
das Unternehmen zu gewinnen.

4. Das Scheitern

Daß die Durchführung und der Erfolg eines Staatsstreiches
in entscheidendem Maße von der Haltung der Militärs
abhing, war allen an der Planung für diese Aktion und damit
an den Vorbereitungen für ein „anderes" Deutschland Beteiligten bewußt. Das gilt in besonderem Maße auch für Ulrich
von Hassell, dessen Tagebücher sich, wie bereits in anderem
Zusammenhang angedeutet wurde, nicht zuletzt auch als
Ausdruck dieses Ringens um die Generäle oder – in der
gelegentlich verschlüsselten Sprache der Aufzeichnungen –
um die „Josephs" lesen.

Grundsätzlich wird man feststellen müssen, daß die Haltung der meisten Offiziere zunächst einmal – und unbeschadet anderer sicher nicht unwichtiger Vorgaben wie insbesondere des Eides – in hohem Maße von den Erfolgen der
Hitlerschen Politik und Kriegführung bestimmt wurde. Mit
anderen Worten: Solange der Diktator erfolgreich war, sahen
die Oppositionellen kaum eine Chance, eine namhafte Zahl
von Militärs zu einer wie immer gearteten Kooperation zu

bewegen. Hassells Aufzeichnungen dokumentieren dies in aller Deutlichkeit. Wie wohl die meisten Oppositionellen hatte auch der Diplomat keinerlei Illusion, daß die unerwartet schnellen militärischen Erfolge des „Dritten Reiches" bis hin zur ersten Phase des Rußlandfeldzuges Hitlers Position in den Reihen der Militärs eher noch festigten und damit eben *pari passu* auch die Überzeugungskraft der oppositionellen Argumente schwächten.

Die Tagebücher Hassells legen beredtes Zeugnis davon ab, „daß beim augenblicklichen Barometerstande schwer etwas zu machen ist, um den Leuten die Augen zu öffnen" (Mai 1941)[1], „daß auch diesmal wieder nichts zu erwarten sei" (Juni 1941)[2], „daß in breiten Kreisen gerade der Wehrmacht das Prestige von Hitler (nicht der Partei) immer noch groß ist und durch den Rußlandfeldzug bei Offizieren zunächst noch wieder gewonnen hat" (September 1941)[3].

Eine Änderung dieser Haltung schien erst um die Jahreswende 1941/42 in den Horizont des Möglichen zu rücken, nachdem die deutsche Offensive zum Stehen gekommen war und sich dies bereits als die „Wende vor Moskau" abzeichnete. Mitte Januar 1942 beobachtete Hassell erstmals einen „erstaunliche[n] Optimismus" bei einigen Mitverschwörern, ja, Goerdeler hatte sogar „für diesen Fall ein Dokument" vorbereitet, das er u. a. mit dem Diplomaten durchsprach[4]. Diese Besprechung fand im unmittelbaren Vorfeld jener Reise statt, die Hassell im Januar 1942 u. a. nach Brüssel und Paris führte, wo er seinen bereits zitierten Vortrag über „Lebensraum und Imperialismus" hielt.

Das war freilich nicht der eigentliche Zweck der Reise. Diese diente vielmehr sondierenden Gesprächen des oppositionellen Diplomaten mit führenden deutschen Militärs in den beiden Hauptstädten und war mit Popitz, Goerdeler, Beck und anderen abgesprochen worden. In entsprechenden Unterredungen mit General Alexander Freiherr von Falkenhausen, dem Militärbefehlshaber von Belgien und Nordfrankreich, und mit Generalfeldmarschall Erwin von Witzleben, dem Oberbefehlshaber West, sowie dessen Ordonnanzoffizier, Ulrich-Wilhelm Graf Schwerin von Schwanenfeld, wurde „völlige" Einigkeit erzielt.

Dazu gehörte auch die ernüchternde Erkenntnis, daß zum einen die in Belgien und Frankreich zur Verfügung stehenden militärischen Kräfte „äußerst reduziert" waren und zum anderen – und eben deshalb – der Gedanke, *„isoliert"* zu handeln, eine „Utopie" war. Damit mußte der von Beck und Goerdeler verfolgte Plan, den Staatsstreich von Westen her einzuleiten und so den Umsturz ohne vorherige Beseitigung Hitlers zu erzwingen, nach der übereinstimmenden Überzeugung Witzlebens, Falkenhausens und Hassells als undurchführbar gelten[5]. Dieser Sachverhalt führte dann einerseits, wie Peter Hoffmann gezeigt hat, zu der Einsicht, daß „ohne gleichzeitiges Vorgehen gegen Hitler selbst und gegen seine unmittelbare Umgebung [...] kein Putsch Aussicht auf Erfolg" haben konnte[6], und andererseits, wie bereits gesehen, im März 1942 zur Konstituierung einer „Zentrale" im Zentrum der Verschwörung, nämlich bei Beck. Durch die Erkrankung und spätere Entlassung Witzlebens (15. März 1942) hatten die Planungen ohnehin einen schweren Rückschlag erlitten. Überdies mußte Hassell wenig später feststellen, daß er „auf Schritt und Tritt" beobachtet wurde, so daß seine eigene Aktionsfreiheit seit Mitte des Jahres 1942 deutlich eingeschränkt war. Auf diese Entwicklung wurde bereits an anderer Stelle eingegangen.

Aber sicher ist der Staatsstreich nicht wegen derartiger Ereignisse und Entwicklungen immer wieder verschoben worden. Vielmehr mußte der Widerstand feststellen, daß die überwiegende Mehrzahl der Generäle auch dann nicht bereit war, ihre Haltung zu ändern, als das Kriegsglück den Diktator und seine Armeen längst verlassen und sich die allgemeine militärische und politische Lage für Deutschland dramatisch verschärft hatte. Immer häufiger kam Hassell jetzt zu der resignierten Erkenntnis, daß alle Pläne „Makulatur" seien und „alles zum Teufel" gehe (Februar 1944)[7]. Im Grunde zeichnete sich die Lage seit Anfang des Jahres 1943 durch allgemeine Stagnation aus. Es war in dieser Situation, daß Hassell seinem Tagebuch das Bekenntnis anvertraute, er sei manchmal „Berlin sehr satt"[8], und daß ein anderer Oppositioneller, Hermann Kaiser, mit Blick auf die Haltung der

Offiziere in seinem Tagebuch vermerkte: „Der Eine will handeln, wenn er Befehle erhält, der Andere befehlen, wenn gehandelt ist"[9].

Eine Erkenntnis hat Hassell in diesem Zusammenhang ganz offensichtlich besonders zu schaffen gemacht: Ihm blieb stets unverständlich, warum die Generäle, wenn sie denn schon nicht durch politische oder militärische Argumente und Tatsachen von der Notwendigkeit eines Umsturzes zu überzeugen waren, nicht wenigstens aus der von Hitler angeordneten Brutalität des deutschen Vorgehens im Osten und insbesondere aus dem Genozid entsprechende Konsequenzen zogen[10]. Denn für den Diplomaten selbst hatten ja Abscheu und Empörung über die sich insbesondere seit 1938 mehrenden Unrechts- und Greueltaten des Regimes wichtige, wenn nicht die eigentlichen Gründe gebildet, um am Aufbau einer deutschen Opposition gegen eben dieses Regime mitzuarbeiten und sich an den Vorbereitungen für einen Staatsstreich zu beteiligen.

Seine Tagebücher legen auch hier beredtes Zeugnis von dieser inneren Entwicklung ab, die seit seinen schon einmal zitierten Kommentaren zu den „schamlosen Judenverfolgungen" und der „teuflischen Barbarei" des November 1938 deutlich dokumentiert ist[11]. Am 8. April 1941 hat er dann erstmals auch von jenen den „Truppen erteilte[n] [. . .] Befehle[n] betreffend das Vorgehen in Rußland"[12] erfahren, in welchen Hitler vor führenden Militärs den rassenideologischen Vernichtungskrieg angekündigt hatte, Mitte Juni schließlich von den, allerdings durch die Armeeführung „noch nicht weitergegebenen Befehle[n] bezüglich brutalen, nicht mehr kontrollierten Vorgehens der Truppe gegen die Bolschewiken"[13], also vom sogenannten „Kommissarbefehl". „Angewidertheit aller anständigen Menschen", so heißt es wenige Monate später unter dem Datum des 1. November 1941 in seinem Tagebuch, „über die schamlosen [Maßnahmen], im Osten gegen Juden und Gefangene, in Berlin und anderen Großstädten gegen harmlose, angesehene Juden"[14]. Und wiederum ein Jahr darauf, am 20. Dezember 1942, brachte er zu Papier, was er in Berlin über die ungeheuerlichen Vorgänge im Warschauer Ghetto erfahren hatte: „Dauernd unaussprechliche Judenmorde in großen Gebinden. SS-Leute fahren mit Maschinenpistolen nach der Stunde, die als Aufhören der Ausgehfreiheit festgesetzt ist, durchs Ghetto und schießen auf alles was sich zeigt, zum Beispiel spielende Kinder, die sich unglücklicherweise etwas länger auf der Straße befinden"[15]. Wenn er freilich deshalb bereits gegen Ende des Jahres 1941 eine „langsam zunehmende ‚Disposition' bei der militärischen Führung" erkennen zu können glaubte, auf die Forderungen der Oppositionellen einzugehen[16], so mußte er sich eben schon bald eines Besseren belehren lassen.

Die Hoffnung auf eine Aktion der Militärs hat Hassell trotz aller immer wieder durchbrechenden Skepsis nie aufgegeben. Wie andere Verschwörer auch hielt er es für besonders wichtig, daß nach einem „Systemwechsel" von *deutscher* Seite sofort ein „ordentliches Gericht über die uns regierenden Verbrecher" abgehalten werde, und zwar nicht zuletzt als „moralische Entlastung und für Bereinigung des deutschen Ehrenschildes"[17]. „Unsere Schweinereien", so heißt es in der drastischen Sprache seiner Tagebucheintragung vom 31. Dezember 1942[18], „gehören nur vor *unser* Tribunal."

Hassell war an den dann doch noch eingeleiteten Vorbereitungen für den Staatsstreich selbst nicht beteiligt, der ja nicht zuletzt an der mangelnden bzw. zögernden Haltung der meisten Militärs gescheitert ist. Daß der Diplomat lange Zeit als der Außenminister des nach dem Coup d'état zu bildenden neuen Kabinetts betrachtet wurde, ist bekannt und angesichts seiner Erfahrungen auf diesem Gebiet auch nicht überraschend. Seit dem Herbst des Jahres 1943 wurde dann alternativ auch der Name des letzten deutschen Botschafters in Moskau, Friedrich Werner Graf von der Schulenburg, genannt, der als Vertreter der sogenannten „östlichen Schule", also der Kontakte und Friedensfühler zu Stalin galt[19].

Planung, Verlauf und schließliches Scheitern des Umsturzversuches vom 20. Juli 1944 sind im einzelnen untersucht und dokumentiert worden[20] und bedürfen hier nicht noch einmal der Darstellung und Analyse en détail. Unmittelbar nach dem gescheiterten Attentatsversuch begann eine großangelegte Welle der Verfolgung. Während sich einige Ver-

dächtigte, wie Goerdeler, der drohenden Verhaftung durch
Flucht zu entziehen suchten, andere, wie Beck, ihrem Leben
selbst ein Ende setzten, entschloß sich Hassell, „sein Schicksal da zu erwarten, wo er hingehört[e]"²¹. Die Gestapobeam-
ten drangen zunächst in sein Haus in Ebenhausen ein, wo
ihnen von Ilse von Hassell erklärt wurde: „Morgens bis halb
acht ist er in Potsdam, Seestr. 35, dann reitet er [. . .] und um
halb zehn sitzt er an seinem Schreibtisch im Büro, Fasa-
nenstr. 6, zwei Treppen"²². Dort, in den Räumen des „Instituts für Wirtschaftsforschung", wurde Ulrich von Hassell am
28. Juli verhaftet. Auch die Mitglieder seiner Familie wurden
zeitweise in „Sippenhaft" genommen, einige entgingen vor
Kriegsende nur knapp dem Erschießungsbefehl Himmlers.
Hassell wurde zunächst in das Konzentrationslager Ravens-
brück in Mecklenburg und schließlich am 18. August wieder
nach Berlin gebracht und hier zuletzt in der berüchtigten
Prinz Albrecht-Str. Nr. 8, dem Kellergefängnis der Gestapo,
verhört. Indem er mit der Niederschrift seiner Lebenserinnerungen begann, suchte Hassell auf seine Weise die Gefan-
genschaft durchzustehen. Der Prozeß fand am 7. und 8. September vor dem „Volksgerichtshof" in Berlin statt.

Die Ermittlungen des Reichssicherheitshauptamtes gegen
die Verschwörer sowie der Verlauf des Prozesses gegen Carl
Goerdeler, Wilhelm Leuschner, Joseph Wirmer, Paul Lejeune-
Jung und Ulrich von Hassell sind gut dokumentiert²³. Einer
der zugelassenen Pressevertreter erinnerte sich später, daß
der „Haß" des Gerichtsvorsitzenden vor allem dem „reprä-
sentativen Hassell" galt: „Ihn nannte Freisler schreiend den
‚Vater der Lüge', bevor er überhaupt nur den Mund aufgetan
hatte"²⁴. Helmut Schmidt, der durch „Kommandierung"
Zeuge des natürlich nicht öffentlichen Prozesses war, sprach
in einem an Ilse von Hassell gerichteten Schreiben vom
2. Juni 1946 u. a. von der „schlechthin vorbildlichen Haltung"
des Diplomaten während jener Prozedur, die „ausschließlich
auf menschliche Entwürdigung und seelische Vernichtung
abgestellt" war²⁵.

Abgesehen von dem Befund, daß Hassell sich „1919 der
roten Regierung zur Verfügung gestellt habe, obgleich er seiner politischen Haltung nach konservativ gewesen sei", hielt

*Ulrich von Hassell und Carl Goerdeler auf der Anklagebank des „Volks-
gerichtshofes" am 7. September 1944.*

Freisler dem Diplomaten im Verlaufe der „Verhandlung" vor
allem fünf Punkte vor, welche die „unterschiedliche Auffassung" zwischen ihm und der „gegenwärtigen Regierung"
dokumentierten. „1. die Besetzung Prags im Frühjahr 1938
[sic]; 2. die Rechtsstaatsfrage; 3. die Beseitigung der persönlichen Freiheit; 4. die von H. empfundene Scham über die
Lösung der Judenfrage; 5. die Kirchenfrage"²⁶. Die Urteilsbegründung schließlich bezeichnete Hassell ergänzend als den
„Mann, den der Führer mit solchem Vertrauen belohnt und
beehrt hatte, und der doch, wie er selbst sagt, schon vor
Kriegsausbruch den Glauben verloren hatte, das Reich werde
seine geschichtliche Belastungsprobe bestehen"²⁷. So wurden
vor dem Volksgerichtshof noch einmal jene Motive dokumentiert, die Hassell in die Opposition geführt hatten.

Neben den seiner christlich-konservativen Grundhaltung
entstammenden ethischen Beweggründen waren es nicht
zuletzt genuin politische Motive: „Eine Regierung", so
schrieb er am 7. September in den Entwurf für sein Schluß-
wort vor dem „Volksgerichtshof"²⁸, „die erkennen muß, daß
ihre Politik das Land in den Abgrund einer furchtbaren Katastrophe reißen wird, hat die Pflicht, rechtzeitig die Zügel
einer anderen zu überlassen, damit diese versuchen kann, die
Dinge zu wenden. *Es ist keine Identität zwischen Regierung und
Volk. Das Volk ist ewig, jede Regierung vorübergehend, aber verantwortlich!*" Und so wirkte Hassell tatsächlich „vor dem Volksgerichtshof eher als Ankläger, denn als Angeklagter"²⁹.

Zu verteidigen suchte sich Hassell u. a. mit dem Hinweis,
er habe „stets mit offenem Visier gekämpft und seine abwei-
chende Auffassung dem Führer offen gesagt". An den konkreten Vorbereitungen auf den Staatsstreich sei er „unbetei-
ligt" gewesen, habe es aber für seine Pflicht gehalten, „sich
im Falle des Zusammenbruchs Deutschlands zur Verfügung
zu stellen". Seine weiteren Ausführungen, so hielt der Pro-
zeßbeobachter des Auswärtigen Amtes fest, „wurden
dadurch verhindert, daß der Vorsitzende ihm das Wort
abschnitt und mit eigenen Ausführungen die Vernehmung
beendete"³⁰.

Daß die Angeklagten in dem inszenierten und für sie ent-
würdigenden „Prozeß" niemals die Chance zu einer wirkli-

*Ulrich von Hassell bei dem Versuch, gegenüber dem brüllenden Präsi-
denten des „Volksgerichtshofes", Roland Freisler (im Vordergrund links),
zu Wort zu kommen.*

chen Verteidigung hatten, ist bekannt. Auch an Hitler persönlich gerichtete Ersuchen zu einer Begnadigung Hassells –
etwa von seiner Schwiegermutter, der Witwe des Großadmirals von Tirpitz, oder von Mussolini – wurden zurückgewiesen. Keinerlei Unterstützung oder auch nur Entlastung
hatte der Diplomat aus dem Auswärtigen Amt zu erwarten,
dem er immerhin für fast 30 Jahre wichtige Dienste geleistet hatte. Dort hielt man es lediglich für „wünschenswert,
wenn die Verhandlung gegen v. H. nicht im Rahmen des
großen Prozesses stattfinden würde", liege es doch nicht
im „allgemeinen Interesse, daß H. [. . .] als Vertreter der
Diplomatie bei dem Putschplan in Erscheinung tritt"[31].
Am 30. September 1944 sollte es dann lapidar in einer
Aktennotiz der Amtskasse heißen, daß nach „Presseberichten [. . .] Botschafter a. D. von Hassell [. . .] an den Vorgängen des 20. Juli beteiligt gewesen" sei: „Die Leg.-Kasse
ist zunächst mündlich angewiesen, die Zahlung des Ruhe-
gehalts bis zur vorbehaltenen förmlichen Kassenanordnung
einzustellen"[32].

Am 8. September erging das Urteil gegen die „ehrgeizzer-
fressenen, ehrlosen, feigen Verräter": „Statt mannhaft [. . .]
unseren Sieg zu erkämpfen, verrieten sie – wie niemand je
in unserer Geschichte – [. . .] alles, wofür wir leben und
kämpfen. Sie werden mit dem Tode bestraft. Ihr Vermögen
verfällt dem Reich"[33]. Das Todesurteil gegen Ulrich von
Hassell wurde noch am gleichen Tag in Berlin-Plötzensee
vollstreckt. An diesem 8. September jährte sich zum drei-
ßigsten Mal jener Tag, an dem er in der Marne-Schlacht
durch einen Herzschuß verwundet worden war. Die Kugel
konnte nie entfernt werden.

Bis zuletzt war Hassell seiner nationalen Gesinnung treu
geblieben. Daß er des Verrats an Deutschland angeklagt und
im „Namen des deutschen Volkes" verurteilt wurde, muß ihn
tief getroffen haben. Gewiß ist eine solche Haltung für den
heutigen Betrachter kaum mehr nachvollziehbar: Aber für
dieses Deutschland war Hassell 1914 als Freiwilliger in den
Krieg gezogen und für dieses Land hatte er sich engagiert
eingesetzt, als junger Konservativer, als Diplomat und nicht
zuletzt als Oppositioneller.

Schlußbetrachtung: Versuch einer Würdigung

Ulrich von Hassell zählt zu den „großen Gescheiterten der Geschichte". Die Formulierung stammt von ihm selbst. Sie findet sich in einem zu Ostern 1944 fertiggestellten, *posthum* publizierten Essay über das Schicksal des Königs von Epirus, Pyrrhus, dessen Gestalt ihn insbesondere während des Krieges in wachsendem Maße interessierte, ja faszinierte[1]. Als gescheitert hat auch Hassell zu gelten, wenn man die Ergebnisse seines politischen Wirkens an seinen Vorstellungen und Zielen mißt: Der „Staat der Zukunft", an dessen Aufbau er als junger Konservativer, als Diplomat und als Oppositioneller mitwirken zu können hoffte, blieb Vision.

Kaum etwas von dem, was er sich zum Ziel gesetzt hatte, konnte verwirklicht werden, weder der am Prinzip der Selbstverwaltung orientierte organische Staatsaufbau, der ihm 1918/19 und dann wieder 1938–44 vorschwebte, noch die Revision des Versailler Vertrages mit friedlichen Mitteln, für die sich der Diplomat fast 20 Jahre lang einsetzte, noch das unter Führung eines starken Deutschland wirtschaftlich und politisch geeinte Europa, dessen Idee er während des Zweiten Weltkriegs als Alternative zu Hitlers „Lebensraum"-Plänen entwickelte, noch schließlich die Beseitigung des Unrechtsregimes und der Aufbau jenes neuen Staates, der den Deutschen wie den Europäern eine gleichermaßen friedliche wie „sittliche" Zukunft verbürgen sollte.

Aber Mißerfolg, so hat schon Hans Rothfels mit Blick auf die deutsche Opposition gegen Hitler festgestellt, kann „an und für sich niemals, oder sollte jedenfalls niemals, ein endgültiger Maßstab der Beurteilung sein"[2]. Nicht zufällig konzentrierten sich daher auch die ersten, von Miterlebenden bzw. von Weggefährten Hassells unternommenen Versuche einer Würdigung noch ganz auf die Persönlichkeit des Diplomaten. So sprach Rothfels von der „Vornehmheit seiner Erscheinung", die sich in „allen schriftlichen und bildlichen

Zeugnissen" offenbare, von der „Empfindlichkeit des kultivierten Aristokraten" und dessen „Bemühung, die in den Staub gesunkene Devise, daß Adel verpflichte, aufs neue in Kraft zu setzen"[3]. Gottfried von Nostiz, der lange Jahre in enger Verbindung zu Hassell gestanden hat und noch wenige Tage vor dem 20. Juli 1944 mit ihm zusammengetroffen ist, charakterisierte seine Erscheinung als die eines „deutsche[n] Edelmann[es] vom Scheitel bis zur Sohle": „Seine hochgewachsene, bis zuletzt jugendlich gespannte äußere Erscheinung, seine natürliche, oft bezaubernde Liebenswürdigkeit, seine tiefe Bildung, seine ausgezeichnete Feder, von einer festen unvergeßlichen Hand geschrieben [. . .] und über diesen Eigenschaften ein kühler, scharfer Verstand, der die Dinge groß und wesentlich sah, machten aus ihm einen Botschafter großen Stils"[4]. Die Zitate zeitgenössischer Würdigungen des „die Gefahr nicht achtenden Edelmanns"[5], des „Mensch[en] von europäischer Kultur, weltoffenem Sinn und tiefem Rechtsgefühl"[6] ließen sich fortsetzen.

Sucht man dahinter nach dem leitenden Motiv des Ulrich von Hassell, so wird man wohl vor allem auf jenes „Ringen um den Staat der Zukunft" stoßen, das stets zweierlei meinte: Zum einen war Hassell – geprägt durch seine christliche Herkunft und dieser Tradition zeit seines Lebens bewußt verbunden – davon überzeugt, daß sich der Staat nicht zu einem „unsittlichen Unternehmen" entwickeln dürfe, daß also das Kriterium der Moral durchaus auch auf das politische Leben anzuwenden sei. Dieser Gedanke trat um so deutlicher in den Vordergrund, je mehr für ihn der eigentliche Charakter des Hitlerschen Unrechtsregimes erkennbar wurde: Er war, so hieß es in der „New York Times" vom 12. Oktober 1947[7], „angewidert von Hitlers Kriegs-Sucht, Sadismus und Unmoral. Als tief religiöser Mann konnte er die Massenvernichtung der Juden ebensowenig ertragen wie den Kalten Krieg gegen die Kirche, die Erschießung von Geiseln, die Ermordung von Gefangenen und die gesamte Unterdrückungs-Maschinerie."

Zum anderen aber war Hassells politisches Wirken ein dauerndes Ringen um die Wiederherstellung der Großmacht Deutsches Reich. Als Kind des Kaiserreiches und als über-

zeugter Anhänger der „Bismarckschen Staatskunst" blieb der
1871 gegründete deutsche Nationalstaat der eigentliche
Bezugs- und Orientierungsrahmen seines politischen Pla-
nens und Wirkens. Was immer er tat, als junger Konservativer, als Diplomat der Weimarer Republik wie des „Dritten
Reiches" oder als Oppositioneller, diente diesem Ziel, ganz
gleich, ob er sich – wie 1918/19 und in gewisser Weise auch
wieder 1938–44 – auf die Neugestaltung der inneren Verhältnisse konzentrierte oder ob er aktiv am Prozeß außenpoliti-
scher Aufwertung bzw. Rekonstruktion mitwirkte. Und er tat
es mit den ihm gerade zur Verfügung stehenden Mitteln und
Möglichkeiten, als Beamter der inneren Verwaltung, im
diplomatischen Dienst, als Schriftsteller oder durch seine
Mitarbeit in verschiedenen Wirtschaftsverbänden.

Spätestens seit der Umbruchszeit der Jahre 1918/19 stand
für ihn fest, daß alle Pläne für die innere Neugestaltung
Deutschlands an der übergeordneten Idee des „starken nationalen Staates" zu orientieren seien. So jedenfalls formulierte
es im März 1919 der damals noch als Direktor der preußischen Landkreise tätige Beamte. Zehn Jahre später, als deutscher Gesandter in Kopenhagen, bezeichnete er es dann in
einem anläßlich des Todes von Gustav Stresemann gegebenen Zeitungsinterview als das besondere Verdienst des Mini-
sters, „daß die Außenpolitik bei ihm immer im Vordergrund
stand und die Innenpolitik stets in den Dienst der Außenpolitik gestellt wurde"[8], und dokumentierte damit natürlich
auch seine eigenen politischen Prioritäten. An dieser Grund-
überzeugung sollte sich auch während der Jahre 1938–44
nichts ändern, im Gegenteil: Daß Hassell jetzt mitunter
wörtlich an seine frühen Überlegungen und Vorstellungen
aus dem Jahre 1918/19 anknüpfte, läßt erkennen, in welchem
Maße seine Ideen auf jenes übergeordnete Ziel ausgerichtet
waren und erst in zweiter Linie, nämlich in ihren spezifi-
schen Modifikationen, Reaktionen auf die jeweiligen Ereignisse und Wandlungen der Tagespolitik darstellten. Letzteres
gilt insbesondere für seine während des Zweiten Weltkrieges
angestellten Überlegungen.

Denn indem Hassells Vorschläge für die Zeit nach einem
Staatsstreich insofern noch hinter die Verfassung des Bis-

marckreiches zurückgingen, als beispielsweise nicht einmal mehr allgemeine Wahlen vorgesehen waren, kam in ihnen einerseits und einmal mehr auch sein altes Mißtrauen in den Parlamentarismus bzw. in demokratische Institutionen deutlich zum Ausdruck, das ja für den Konservativen durch die Ereignisse der 20er und 30er Jahre nur bestätigt worden war. Hatten nicht, so fragte sich Hassell jetzt, seit 1938/39, der Zusammenbruch des parlamentarischen Systems der Weimarer Republik sowie der Aufstieg des Nationalsozialismus mit seinen „geradezu tierischen" Auswüchsen seine Vermutungen des November 1918 bestätigt, wonach die Deutschen noch keineswegs reif für eine vollständige Parlamentarisierung waren? „Auch der überzeugteste Demokrat mußte ja am Prinzip der ‚Demokratie' irre werden, wenn er im Auge behielt, daß die NSDAP nicht durch einen Putsch, sondern auf demokratischem Weg stärkste Partei geworden war"[9].

Andererseits stellten die konspirativen Planungen der frühen 40er Jahre natürlich auch eine „Notlösung" (Gerhard Ritter) für die Zeit des Übergangs, also die erwartete chaotische Situation nach einem Staatsstreich dar. Angesichts der voraussehbaren Probleme, mit denen sich eine neue Regierung im Innern des ja mit hoher Wahrscheinlichkeit noch im Krieg befindlichen Reiches konfrontiert sehen würde, erschien den oppositionellen Planern die Ausstattung der Exekutive mit fast unbeschränkten Vollmachten unabdingbar zu sein. Warum der Konservative Hassell vor dem Hintergrund seiner Entwicklung sowie seiner politischen Grundüberzeugungen solche Pläne mit Nachdruck vertreten konnte, liegt auf der Hand.

Aber, wie gesagt, dieser gesamte Bereich seiner auf die innere Neugestaltung bezogenen Vorstellungen und Planungen muß unverständlich bleiben, wenn nicht ihr eigentlicher Bezugspunkt in Rechnung gestellt wird, nämlich die Wiederherstellung bzw. Sicherung der Großmacht Deutsches Reich. Und nachdrücklich galt der Einsatz des Berufsdiplomaten vor allem diesem Ziel, beginnend mit seiner Tätigkeit als Vizekonsul des kaiserlichen Deutschland in Genua bis hin zu seiner Zeit als Botschafter des „Dritten Reiches" in Rom und schließlich auch seinen Tätigkeiten und Aktivitäten als Verschwörer gegen die nationalsozialistische Diktatur.

Während dieser Zeit hat sich Hassell vor allem auf zwei Ebenen für die Erhaltung bzw. den Ausbau der Stellung Deutschlands „in der Welt" eingesetzt. Zum einen bemühte er sich um Kontakte zur amerikanischen und insbesondere zur britischen Regierung. Daß er dabei, am Beginn des Jahres 1940, von den Grenzen des Deutschen Reiches im Jahre 1914 – ohne Elsaß-Lothringen, aber einschließlich der sudetendeutschen Gebiete der Tschechoslowakei sowie Österreichs – ausging, muß auf den rückblickenden Betrachter zunächst einmal befremdend wirken. Aber für Hassell war entscheidend, daß eben die britische Regierung, der er jetzt die Vorschläge der Opposition unterbreitete, im Jahre 1938 der „Eingliederung" der genannten Gebiete stillschweigend bzw., im Falle des Sudetenlandes, *expressis verbis* zugestimmt hatte. Zudem war Hassell – ähnlich wie viele andere führende Köpfe der Opposition – fest davon überzeugt, daß die Furcht vor der „bolschewistischen Gefahr" eine gemeinsame Basis für die Verständigung zwischen der Widerstandsbewegung und den Westmächten bilden könne. Das war keineswegs unrealistisch, wenn man in Rechnung stellt, daß die englisch-sowjetischen Bündnisverhandlungen des Sommers 1939 nicht zuletzt am tiefen Mißtrauen führender britischer Staatsmänner gegenüber ihren sowjetischen Gesprächspartnern gescheitert waren.

Zum anderen aber entwickelte Hassell während des Krieges jenes Konzept von „Großeuropa", das u. a. als Alternative zu Hitlers rassenideologisch fundierten „Lebensraum"-Planungen gedacht war. Der Diplomat ging dabei von einer unter deutscher Führung zu erfolgenden politischen und insbesondere wirtschaftlichen Reorganisation des Kontinents aus. An seine während der 20er und 30er Jahre in Dänemark, Jugoslawien und Italien gesammelten Erfahrungen anknüpfend, gingen in dieser „Großeuropa"-Konzeption Hassells alte und neue Elemente eine Verbindung ein. So setzte sich der Diplomat entschieden und in deutlicher Abgrenzung etwa von manchen deutschen Kriegszielplanungen der Jahre 1917/18, vor allem aber von den nationalsozialistischen „Lebensraum"-Plänen für die Eigenständigkeit der unter deutscher Führung wirtschaftlich, aber damit in der

Konsequenz natürlich auch politisch zu organisierenden Völker ein. Zugleich und vor allem war eben auch diese Vorstellung einer deutschen „Führungsrolle" in Europa von der alles überragenden Zielsetzung geprägt, Deutschland in seiner exponierten „Mittelstellung zwischen Ost und West" zu entlasten und auf diese Weise dauerhaft zu stabilisieren. Daß es sich bei diesen Ideen zugleich um eine Wiederbelebung des alten Hegemonialgedankens in modifizierter Form handelte, ist indessen nicht zu übersehen.

Ulrich von Hassell war und blieb in diesem Sinne ein „Nationalist"[10], davon überzeugt, daß Deutschland nur als Großmacht, und zwar mit „Weltgeltung", die Chance hatte, sich zwischen den anderen Mächten zu behaupten und zu überleben: Indem das Deutsche Reich selbst nach den Regelungen des Versailler Friedensvertrages vom 28. Juni 1919 als europäische Großmacht im wesentlichen erhalten blieb oder doch jedenfalls nicht als solche ausgeschaltet wurde, mußte es auch jenen Status wiedererlangen, der den in ihm Lebenden allein seine Existenz zu verbürgen schien. Mehr noch, für Hassell stand darüber hinaus fest, daß ein „gesundes, starkes Herz" eine wichtige Voraussetzung für eine stabile, friedliche Entwicklung Europas sei, ja daß der Kontinent im Grunde nicht ohne ein solches Machtzentrum existieren könne.

Eine solche Sicht der Dinge muß den mit der Entwicklung seit 1939/45 vertrauten Betrachter überraschen. Immerhin hat ja *nach* dem Krieg mehr und mehr die Erkenntnis Fuß gefaßt, daß sich das Gleichgewicht der Kräfte und die Existenz einer deutschen Großmacht selbst möglicherweise in einem Maße ausschlossen, welches geradezu zwangsläufig auf die Gefährdung, ja Zerstörung eben dieser Großmacht hinauslaufen mußte[11]. Indessen lag ein solcher Gedanke den Zeitgenossen, und – wie etwa die britische Appeasementpolitik der 30er Jahre zeigt – nicht nur den deutschen unter ihnen, noch durchaus fern. Hassell jedenfalls hat die Idee der deutschen Großmacht nie aufgegeben, auch nicht in den Jahren der Opposition und unter dem Eindruck des Krieges. Der deutsche Widerstand insgesamt war ja keineswegs „ein Widerstand gegen eine deutsche Politik, die seit 1918 [. . .] nationale Ziele verfolgte und die Sicherung einer deutschen

Großmachtposition in Mitteleuropa anstrebte"[12]. Vielmehr galt die „kontinentale Hegemonie Deutschlands [. . .] dieser Generation als das historisch-politisch Normale"[13].

So selbstverständlich nun eine solche Zielsetzung in den 20er und 30er Jahren für die wohl meisten Zeitgenossen auch gewesen sein mag, so fatal sollte sich auswirken, daß Hitler eben deshalb an dieselbe anknüpfen und sie für die folgende Realisierung seiner eigentlichen, rassenideologisch motivierten Ziele nutzen konnte. Indem namentlich die Angehörigen der alten Führungsschichten Preußen-Deutschlands, unter ihnen auch Ulrich von Hassell, die traditionell anmutende Außenpolitik des anfänglich in hohem Maße auf sie angewiesenen und insofern von ihnen abhängigen Diktators unterstützten, leisteten sie in der Konsequenz auch seinen wesentlich weitergehenden „Lebensraum"-Plänen im Osten Vorschub.

Daß sie dies taten, daß in unserem Falle Ulrich von Hassell das „Dritte Reich" als Botschafter nach außen vertrat und damit zweifellos zu dessen Stabilisierung im internationalen Bereich sowie zur wachsenden Reputation seines „Führers" mit beitrug, hatte wohl vor allem drei Gründe: Zum einen schien sich Hitler eben zunächst ganz in den vertrauten Bahnen der Weimarer Revisionspolitik zu bewegen, die Hassell ja 15 Jahre lang mit Überzeugung in Rom, Barcelona, Kopenhagen und Belgrad vertreten hatte. Zwar waren ihm die Methoden der „neuen" Außenpolitik zunehmend suspekt, doch schien der unbestreitbare, kurzfristige Erfolg die zunächst eingesetzten Mittel zu rechtfertigen. Entziehen konnte sich dieser Wirkung jedenfalls kaum ein zeitgenössischer Beobachter. Zum zweiten, und damit aufs engste verknüpft, war Hassells skizzierte Einstellung auch Ausdruck jener allgemeinen Unterschätzung Hitlers im In- und Ausland, ohne die dessen Aufstieg und anfänglicher Erfolg ganz und gar unverständlich bleiben müssen.

Schließlich aber war Hassell ein Karrierediplomat, mit dem „Ehrgeiz und dem Geltungsdrang eines Mannes, der seine eigenen hohen Fähigkeiten genau kannte"[14]. Schon deshalb wäre für ihn ein früher Rückzug von seinem Posten kaum denkbar gewesen, obgleich er sich beispielsweise sehr rasch von der Mediokrität der ihn in Rom umgebenden Parteielemente überzeugt hatte. Insofern war Ulrich von Hassell, wie Thomas Mann nach der Hinrichtung des Diplomaten schrieb, „einer der Menschen, die den Nazis nie hätten dienen dürfen und die es aus Ehrgeiz, Zynismus, Unverstand doch taten. Zu spät sind sie sehend geworden, – als es nur noch ihr Tod, ein möglichst ehrlos gestalteter Tod, sein konnte"[15].

Gewiß, aus der Exilperspektive des Jahres 1944 war der Befund eindeutig: Zu wenige hatten sich zu spät entschlossen. Ganz anders mußte sich der Sachverhalt für jemanden darstellen, der geblieben war: Die Aufgabe einer Karriere und eines mit Leidenschaft ausgeübten Berufs, der Kampf gegen einen Staat, der zwar durch das politische System der Gegenwart zusehends diskreditiert wurde, aber als solcher scheinbar immer noch der gleiche war, an dessen Aufbau man 30 Jahre in verschiedenen Funktionen mitgewirkt hatte, die ernüchternde Erkenntnis von der Haltung der Militärs, auf die man angewiesen war, die korrumpierende Wirkung der Erfolge Hitlers auf alle Schichten der Bevölkerung oder schließlich das Wissen um das enorme Risiko, nicht nur für die eigene Person, sondern auch für die Familie und die Freunde, dies alles und anderes mehr bedeutete eine Belastung, deren ganzes Ausmaß sich wohl der Vorstellungskraft des transatlantischen Analytikers entzog und die sich auch heute noch kaum angemessen erfassen läßt.

Gleichwohl war Hassell dann einer der wenigen, die sich für einen solchen riskanten Schritt entschieden, indem er sich zu der für einen Konservativen seiner Herkunft und Überzeugung ganz ungewöhnlichen Haltung konspirativer Opposition entschloß. Und es sind dieser Entschluß selbst sowie die ihm zugrundeliegenden Motive, die zählen. Es waren eben nicht zuletzt, wie er 1939 in seinem Aufsatz „Das Ringen um den Staat der Zukunft" schrieb[16], die „entsittlichende und den Geist tötende Überspannung der Totalität", die „Entthronung" aller christlichen Werte und die immer offenkundiger werdende „Barbarei" des Regimes, die ihn in den Kampf gegen diesen und damit eben zugleich für einen neuen Staat führten: den „Staat der Zukunft", das „andere Deutschland".

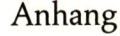

Anhang

Dokumente

Vorbemerkung

Die Dokumentation verfolgt ein doppeltes Ziel. Sie soll zum einen die Konturen der Persönlichkeit Ulrich von Hassells, seiner politischen Vorstellungswelt und seines Wirkens deutlicher hervortreten lassen. Zum anderen aber wurden solche Dokumente ausgewählt, in denen Hassell zugleich als typischer Repräsentant einer politischen Richtung oder Gruppe erscheint, sei es als Konservativer der frühen Weimarer Republik, als Vertreter einer Revisionspolitik mit friedlichen Mitteln oder als Angehöriger der deutschen Opposition gegen Hitler.

Bei dem zunächst wiederveröffentlichten Zeitungsartikel (Dokument I) handelt es sich um jenen berühmten programmatischen „Aufruf" des „jungen Konservativen" vom 24. November 1918, der Hassells Sicht dieser wichtigen Umbruchphase deutscher Geschichte dokumentiert und überdies in der Formierungsphase der DNVP nicht ohne Wirkung geblieben ist. Zudem enthält gerade diese frühe Arbeit einige jener grundlegenden Einsichten und Prinzipien, denen Hassell über Jahrzehnte hinweg treu geblieben ist: Der Konservative der Jahre 1938–45 knüpfte in mancher Hinsicht bewußt an die Forderungen der Jahre 1918–19 an.

Als Dokument II wird sodann eine Erklärung zum Abdruck gebracht, die Hassell 1932 als Gesandter in Belgrad der jugoslawischen Zeitung „Pravda" gab. Sie darf aus zwei Gründen ein besonderes Interesse beanspruchen. Einerseits erscheint Hassell hier als typischer und überzeugter Repräsentant der neuen, nach Stresemanns Tod eingeschlagenen Linie deutscher Außenpolitik in der Ära Brüning. Daß er sich vor allem auf die Forderungen nach Gleichberechtigung auf dem Rüstungssektor sowie nach einer Beendigung der Reparationen konzentrierte, ist schon deshalb nicht überraschend. Andererseits enthält das Interview eine der wenigen grundsätzlichen Äußerungen Hassells zum Nationalsozialismus. Indem der Diplomat im Februar 1932 die wachsende Anhängerschaft Hitlers vor allem als „Ausdruck für das leidenschaftliche Verlangen" interpretierte, „Deutschland endlich vollständige Gleichberechtigung zu geben", wird sehr deutlich, wie sehr der Konservative die

eigentliche Zielsetzung Hitlers verkannte bzw. unterschätzte und
ihn vor allem und in erster Linie als Revisionspolitiker Weimarer
Zuschnitts betrachtete. Insofern stellte der 30. Januar 1933 für Hassell auch noch keine tiefe Zäsur dar.

Von ganz anderer Art ist Hassells nur einmal veröffentlichter
Essay „Deutschlands und Italiens europäische Sendung", der auf
einen im Januar 1937 an der Universität zu Köln gehaltenen Vortrag
zurückgeht (Dokument III). Zu diesem Zeitpunkt hatte der Botschafter bereits seine ersten kritischen Analysen der deutschen
Außenpolitik vorgelegt. Der Vortrag nun ist weit über seine tagespolitischen Aspekte hinaus von prinzipieller Bedeutung, da er
bereits im Kern das für die entsprechenden Vorstellungen des
Diplomaten während des Krieges charakteristische Europakonzept
enthält. Auch die abschließenden Bemerkungen sind durchaus
typisch, in diesem Falle für den Botschafter des „Dritten Reiches".
Sie enthalten einerseits, in freilich sehr rudimentärer Form, die für
einen Spitzenbeamten der Zeit charakteristische Verbindlichkeitserklärung an die Adresse des Nationalsozialismus und andererseits
den keineswegs selbstverständlichen Appell zu friedlicher Zusammenarbeit in Europa. Schließlich aber zeigt der Essay doch auch jene
umfassende Bildung und Kultur Ulrich von Hassells, die den Diplomaten in den Augen vieler zeitgenössischer Beobachter vor allem
charakterisierte.

Das letzte Dokument (IV) präsentiert dann noch einmal in prä-
gnanter Zusammenfassung die außenpolitischen Konzeptionen
Ulrich von Hassells. Es handelt sich um ein wohl Anfang des Jahres
1944 entstandenes, von ihm selbst nicht mehr publiziertes und im
folgenden erstmals veröffentlichtes Manuskript „Deutschland zwischen West und Ost". Es zeigt auf eindrucksvolle Art und Weise,
wie sehr der Diplomat über alle politischen Wandlungen und Brü-
che hinweg einigen seiner Anschauungen verbunden blieb. Das gilt
insbesondere für zwei seiner Grundüberzeugungen, einmal für die
Erkenntnis, daß sich das politische Schicksal der Großmacht Deutsches Reich in erheblichem Maße über ihre exponierte geographische Lage definierte und daß, anders gewendet, Europa eben deshalb nicht ohne ein „gesundes und starkes Herz" bestehen könne.
Sodann blieb Ulrich von Hassell eben bis in das Jahr 1944 hinein ein
überzeugter Anhänger der „Bismarckschen Staatskunst" bzw. – in
der Formulierung des Manuskripts – des „Bismarckschen Grund-
gefühls", d. h. der Fähigkeit, „in jedem Augenblick und in jeder
Lage" die „Faktoren im Westen und im Osten" richtig einzuschätzen.

Die Reihenfolge der abgedruckten Dokumente ist chronologisch.

Schreibweise, Interpunktion etc. der Originale wurden beibehalten, auch dann, wenn sie innerhalb eines Dokuments nicht einheitlich sind. Lediglich offenkundige Schreibfehler, wie etwa das Vertauschen zweier Buchstaben, wurden in eckigen Klammern korrigiert. Im Original unterstrichene oder gesperrt geschriebene Passagen sind kursiv gesetzt. Anmerkungen ohne Klammer stammen von Hassell. Der Übersichtlichkeit halber wurden die Anmerkungen innerhalb des Dokuments III durchgezählt. Hassell hatte sie ursprünglich mit Sternchen versehen. Mit eckigen Klammern versehene Anmerkungen stammen vom Herausgeber.

I.

Ulrich von Hassell, Wir jungen Konservativen. Ein Aufruf. *Quelle:* Der Tag, 24. November 1918.

Wir jungen Konservativen.
Ein Aufruf
von
Ulrich von Hassell

Das Geschlecht, das etwa von 1895–1905 auf den Bänken der Sekunda und Prima, in den Hörsälen und auf den Fechtböden der deutschen Hochschulen, dann als junge Beamte und Offiziere, Ärzte, Lehrer, Theologen, Landwirte und Industrielle zum politischen Leben erwachte, ist von den Schlägen des Herbstes 1918 besonders schwer getroffen worden. Unsere Väter sind die Männer von 1870, die Schmiede des neuen Reichs, durch deren Taten uns die Zeiten deutscher Ohnmacht zur verklungenen Sage wurden. Sie ließen uns aufwachsen als stolze Söhne eines großen, einigen, zukunftsfrohen Deutschlands, sie pflanzten in uns aus der Saat des unvergeßlichen Kaisers das monarchische Gefühl als einen mächtigen Stamm, um den sich das staatliche Bewußtsein rankte. Das Bismarcksche Werk ward unser Vermächtnis. Mancher von uns hat noch mit schlagenden Pulsen vor dem Alten in Friedrichsruh den Hut gezogen, andere haben an Moltkes 90jährigem Geburtstage mit den Zehntausenden im düsteren Scheine der Fackeln vor dem Roten Hause am Königsplatze dem schlichten Helden durch die „Wacht am Rhein" gehuldigt. Wir sahen auf zu unseren Vätern, weil sie das deutsche Ideal der Jahrhunderte verwirklicht und eine große, stolze Lebensarbeit erfolgreich geleistet hatten.

Dann kam die neue Zeit, unsere Zeit, deren ersten Flügelschlag wir mit hoffnungsreicher Begeisterung grüßten. Wir ahnten, daß ein neuer Tag angebrochen war, und wir lernten verstehen, daß es nicht damit getan war, die Wege weiterzugehen, die uns Bismarck gewiesen hatte. Am Horizonte stiegen uns neue Aufgaben und neue Ideale auf, und wir begannen mit Feuereifer, Mut und Kraft für sie zu stählen. Erfüllte uns auch der Enkel Wilhelms I. nicht mit der ehrfürchtigen Liebe, die dem greisen ersten Kaiser entgegengebracht worden war, so schlugen doch unsere Herzen höher bei manchem kaiserlichen Wort, das die Deutschen auf das Meer hinauswies. Was der alte Bismarck im Hamburger Hafen staunend empfand, das wurde unser Lebenselement. Nicht daß wir „Imperialisten" im Sinne von Weltherrschaftsplänen geworden wären. Phantasten gibt es immer, wenn solche Bewegungen ein Volk erfaßt; sie waren vielleicht auch die Lautesten, und unsere Feinde sowohl wie die Philister im Inlande taten (und tun) das Ihrige, um jede Dummheit, jede Übertreibung, die aus übervollem Herzen der Einzelnen begangen wurde, dem Ganzen als typisch zur Last zu legen. Was uns bewußt oder unbewußt erfüllte, war das sichere Gefühl, daß Deutschland sich Weltgeltung erringen mußte, wollte es nicht geistig und materiell zwischen den großen Weltmächten verkümmern, daß der Versuch gemacht werden mußte, unsere Wirtschaft und Kultur in der Welt als selbständig neben dem polypengleich alles erraffenden Angelsachsentum aufzurichten und zu behaupten. Der jämmerliche Typus des negativ gerichteten Philisters, der jedem hohem Fluge widerstrebt und keinen größeren Triumph kennt als den des „Ich habe es ja gleich gesagt", wenn ein Ringen um hohe Ziele vergeblich bleibt, dieser Typus wird uns nicht weismachen, daß unser Gefühl unrichtig war. Wer die Welt damals mit offenen Augen betrachtet hat, vor allem aber, wer sich draußen hat umsehen und über den Meeren Zeuge der Entwicklung hat sein können, weiß, daß die stürmische Aufwärtsbewegung von Deutschlands Handel und Industrie aus der vollen Lebenskraft unseres Volkes natürlich geboren wurde und ebenso natürlich der Grund der englischen Feindschaft wurde: „Germaniam esse delendam".

Es sind nicht wenige unter uns, die dem Gang der Dinge vor dem Kriege, der Ziellosigkeit und Gespaltenheit unserer Politik, den lärmenden Fanfaren und den Verständigungsirrwegen, vor allem der Verkennung der englischen Geistesart mit Grauen zusahen. Und doch ist gerade für diese wie für uns alle der Ausgang des Krieges ein furchtbarer Zusammenbruch von Hoffnungen! Wir hatten an unser Volk, an seine Kraft geglaubt und hatten seine politische Unbegabtheit unterschätzt.

Wir waren nicht alle Konservative im Parteisinne. Im Gegenteil, mancher geriet kürzer oder länger in den Bannkreis sozialistischer Ideen; andere entstammten den Kreisen, in denen die Gedankenwelt der alten nationalliberalen Partei lebendig war, die dritten – Katholiken – erfüllten die Reihen der jüngeren Zentrumsanhänger mit nationalem Schwunge und Freude am Reich. Aber Konservative waren wir doch alle in dem Sinne, daß wir auf den gegebenen Grundlagen unseres Reichs und unserer Bundesstaaten, auf dem Werke Bismarcks und auf der starken Monarchie aufbauen wollten, der eine stürmischer vorwärtsdrängend, der andere bedächtiger. Es sind auch wohl wenige unter uns, die nicht Hoffnungen geknüpft haben an die christliche, nationale Arbeiterbewegung, wenige, die nicht danach gestrebt haben, die deutsche Arbeiterschaft wieder einmünden zu lassen in den großen Strom des deutschen staatsbewußten Lebens.

Unter denen, die im engeren Sinne konservativ waren, hat mancher mit Sorge die innerpolitische Führung dieser Partei betrachtet, die Führung, die oft starr an verlorenen Posten festhielt und im richtigen Augenblick versäumte, Bewegungen selbst in die Hand zu nehmen, die nachher als reißende Ströme Deiche zerbrachen und Uferbauten zerstörten. Die Zeit vor dem Kriege und der Krieg selbst ist reich an solchen Beispielen. Die historische Tatsache, daß die konservative Partei als einzige in diesem Kriege auf außenpolitischem Gebiete eine Haltung gezeigt und bewahrt hat, wie sie allein ein Volk durch Not und Gefahr zum glücklichen Ende führen kann, bleibt bestehen. Aber ebenso sicher ist, daß manche Versäumnisse ihrerseits auf innerpolitischem Gebiete mit schuld sind an dem furchtbaren Polterabend, den die Demokratie mit dem gesamten Inventar des friderizianischen und bismarckischen Hauses jetzt abgehalten hat.

Die Deutschen stehen auf einem Trümmerfelde. Sollen wir die Trümmer wahllos zusammensuchen und versuchen, die alten Bauten wieder aufzurichten? Ganz gewiß nicht. Nach solcher Sturmnacht fängt man nicht einfach da wieder an zu arbeiten, wo man am Vortage aufgehört hat. Das politische Erdbeben hat den Boden zu sehr umgeformt, als daß nach den alten Bauplänen wieder aufgebaut werden könnte. Aber wir wollen auch nicht, daß die Notbauten, die jetzt auf dem Trümmerfelde roh und übereilt zurechtgezimmert worden sind, in dieser Form Beginn und Typus des neuen Staatsgebäudes werden. Wir wollen keine Klassenherrschaft, sei diese Klasse auch die Masse, und wir wollen kein Haus, das nur den stolzen Namen Volksstaat trägt, aber keiner ist. Der Staat, der errichtet wird, soll fest und planvoll als der Staat erbaut werden, dem die Zukunft gehört. Wir wollen kein Scheinwerk modern umhüllter vergangener Doktrinen, wir wollen den Volksstaat, in dem wirklich das schaffende Volk, Landwirtschaft, Industrie und geistige Arbeit, Arbeiter und Arbeitgeber, die politischen Geschicke mitbestimmen, statt daß mehr oder weniger berufsmäßige Volkstribunen, die Ritter von der rollenden Phrase, auf agitatorische Ausnutzung der Masseninstinkte gestützt, den maßgebenden Einfluß besitzen. Der Grundsatz des Volkstaats, das ist die Tatsache, die nicht mehr rückgängig gemacht werden kann, und auf deren Boden wir uns stellen müssen. Wir sind entschlossen, Opfer zu bringen, auch Opfer der Überzeugung! Wir wollen aber auch dafür sorgen, daß aus der Zerstörung, die den alten Staatsbau betroffen hat, gerettet und hinübergenommen wird, was von Wert ist und bleiben muß.

Hier ist die große Aufgabe für alle Konservativen im weitesten Sinne, deren es gerade heute mehr gibt als vielleicht jemals, und deren Zusammenfassung das Gebot der Stunde ist! An sie alle ergeht der Ruf. Wir wollen uns nicht ausschalten lassen, wir wollen gleichberechtigt mitarbeiten, wenn die gesetzgebende Versammlung zur Begründung der neuen Staatsformen einberufen wird. Dazu bedarf es der unverzüglichen Sammlung der Kräfte. Manche alte Fraktionsgrenze hat keine Bedeutung mehr, manche Fraktionsklammer muß vom einzelnen entschlossen zerbrochen werden. Es geht um alles! Wollen wir tatenlos um unsere Zukunft kommen? Wollen wir ohnmächtig, mit gebundenen Händen, zusehen, wenn das Schicksal Deutschlands für ein Jahrhundert in neue Bahnen gelenkt wird? Wir sind zu jung, um hoffnungslos zu sein, zu alt, um zu dulden, daß keine Macht aufsteht wider die Macht, daß den Kräften der Unordnung und Phrase nichts Wirksames entgegengestellt wird. Wir wollen auch nicht, daß mit Flickwerk und Konzessiönchen gearbeitet wird, wir wollen, daß der neue Wein – Wein vom alten Weinstock, aber neuer Wein – in neue Schläuche gegossen wird. Es gilt, sich neu zu organisieren zur Mitarbeit auf dem neuen Boden des Volkstaats, zur Erhaltung des Wertvollen, das der Strudel zu verschlingen droht, zum Ausbau von Reich und Staat für die Entwicklung der deutschen Zukunft.

Der Friedenstag, der in Deutschland anbrechen soll nach der langen Kriegsnacht, wird kein Sonnentag und kein Festtag sein. Zur Stunde scheinen uns alle Wege, die wieder in die Höhe führen, versperrt: Deutsche Weltgeltung ein Traum, der endgültig ausgeträumt ist! Lohnsklaverei zu Hause und in der Fremde, Zurücksinken auf die Machtstufe Hollands stehen uns vor Augen. Sollen wir diese

Aussichten als unabänderliches Schicksal annehmen? Es bedarf eines gewaltigen Schatzes innerer Zuversicht und Glaubens an die Sendung unseres Volkes, um heute mit nein zu antworten. Und doch kann es keine andere Antwort geben. Raffen wir uns auf in dem Geist, der uns damals Junge um die Jahrhundertwende beseelte. Eine schwere Arbeit liegt vor uns, ein langsames Emporringen gegen äußeren Widerstand und inneren Unverstand.

Vereinigen wir uns alle, die wir an unsere deutsche Zukunft auf solchen Grundlagen glauben! Auf, ans Werk!

II.

Presseerklärung des Gesandten Ulrich von Hassell gegenüber der jugoslawischen Zeitung „Pravda". Deutsche Übersetzung. *Quelle:* „Deutsches Volksblatt. Tageszeitung der Deutschen Jugoslawiens", 23. Februar 1932.

Bedeutsame Erklärung des deutschen Gesandten von Hassell

Die Ursachen der Spannungen in Deutschland – Zur Reparationsund Abrüstungsfrage

Das wahre Gesicht Deutschlands

Die Belgrader *„Pravda"* vom 22. Feber veröffentlicht an leitender Stelle eine längere Erklärung des deutschen Gesandten Herrn von *Hassell,* die der Gesandte dem Blatt auf dessen Bitte nach seiner vor einigen Tagen erfolgten Rückkehr aus Berlin über die Lage und die Stimmung in Deutschland zur Verfügung stellte. Diese sehr bedeutsamen Ausführungen des deutschen Gesandten lauten:

Die Spannung in Deutschland

„Sie fragen mich nach den Eindrücken, die ich von meiner kurzen Reise nach Deutschland mitgebracht habe. Diese Eindrücke sind natürlich sehr verschiedenartig, aber sie entspringen alle derselben

Quelle, nämlich dem *Zustand scharfer Spannung,* in dem sich das deutsche Volk befindet. Diese Spannung wiederum erklärt sich erstens natürlich durch die schwere *Wirtschaftskrise,* die die ganze Welt und im besonderen Deutschland bedrückt, dann aber durch das Gefühl der schweren *Enttäuschung darüber, daß nach dreizehn Jahren immer noch kein Zustand wahren Friedens erreicht ist,* d. h. ein Zustand voller Gleichberechtigung für das deutsche Volk. Zu bedenken ist dabei, daß das *Ausmaß der Wirtschaftskrise* nach der festen und wohl einstimmigen Überzeugung des deutschen Volkes in *unmittelbarem Zusammenhang mit der Reparationsfrage steht,* indem einerseits die schweren Lasten Deutschland hindern, frei zu atmen und sich frei zu entfalten, und andererseits die internationalen politischen Zahlungen überhaupt das ganze Getriebe der Weltwirtschaft in Unordnung gebracht haben. So ist es natürlich, daß *für den Deutschen heute im Grunde alles Übel auf ein und dieselbe Ursache zurückzuführen ist, nämlich auf den Mangel an Weisheit und Voraussicht bei der Beendigung des Weltkrieges.*

Man muß sich im Auslande darüber klar sein, daß dieses von mir angedeutete Gefühl in den letzten Jahren geradezu *lawinenartig angeschwollen* ist, also einem Naturereignis vergleichbar. Diese Lawine ist dadurch ins Rollen gekommen, daß man in Deutschland durch die Macht der Tatsachen zu der Ansicht geführt wurde, alle Anstrengung, den deutschen guten Willen zu beweisen und alle Hindernisse für eine gleichberechtigte Stellung im Rate der Völker zu beseitigen, *kurz die gesamte Politik, die durch den Namen Locarno gekennzeichnet wird, sei vergeblich gewesen.*

Die Forderung nach Gleichberechtigung

So erklärt sich das *gewaltige Anwachsen der nationalsozialistischen Bewegung,* und so erklärt sich auch die Tatsache, die jeden vernünftigen Ausländer zum Nachdenken reizen müßte, wenn er etwa an die Präsidentenwahl des Jahres 1925 zurückdenkt, daß heute eigentlich nur fraglich ist, ob *Hindenburg oder Hitler* zum Präsidenten des Deutschen Reichs gewählt wird. Seinerzeit hat man die Kandidatur Hindenburgs im Auslande vielfach als eine Kriegsdrohung, als eine Katastrophenwahl gedeutet; heute hat man sich wohl endlich überall überzeugt, daß diese Auffassung vollständig unsinnig war: *heute weiß man, was der Name Hindenburg für Deutschland und die Welt während der letzten sieben Jahre bedeutet hat und folglich auch für die Zukunft bedeuten würde. Vielleicht wird man in einiger Zeit dann auch erkennen, daß der Name Hitler für die Welt und für die Millionen Deutschen, die ihm folgen, nicht etwa Revanche und dergleichen bedeutet, sondern lediglich den Ausdruck für das leidenschaftliche Verlangen und gleichzeitig die unbedingte Notwendigkeit, Deutschland endlich volle Gleichberechtigung zu geben. Ich kenne keinen einzigen Deutschen und glaube nicht, daß es einen einzigen Deutschen von Vernunft gibt, der an Revanche oder dergleichen dächte, aber ich kenne auch keinen einzigen Deutschen, der die gegenwärtige Lage Deutschlands in der Welt für länger erträglich hielte.*

Dies bezieht sich heute in erster Linie auf die *Frage der Reparationen und die Frage der Abrüstung.* Das sind die beiden Gegenstände, die die Gedanken aller Deutschen heute vorwiegend beschäftigen, und das Schicksal der Welt, d. h. die Frage, ob sich Deutschland, Europa und die ganze Welt beruhigen werden, also zu gesunden und gedeihlichen Verhältnissen gelangen werden, hängt davon ab, ob der Albdruck der Reparationen und der Rüstungsungleichheit Deutschland abgenommen werden wird.

Die Reparationslasten

Was die Reparationen angeht, so ist das deutsche Volk überzeugt, *Leistungen von einem in der Geschichte der Menschheit unerhörten Umfang* unter den schwersten Verhältnissen bewirkt zu haben. Leistungen, die auch nach neutraler Schätzung das bereits überschreiten, was Deutschland durch den Vertrag von Versailles auferlegt war. Niemand, der in Deutschland in letzter Zeit gewesen ist, wird sich als ehrlicher Mensch zwei Eindrücken entziehen können: erstens dem Eindruck, daß das *deutsche Volk gerade auch in letzter Zeit alles getan hat, was in seiner Kraft stand, um den Verpflichtungen zu genügen;* zweitens dem Eindruck, daß *eine weitere Fortdauer der Reparationslasten psychologisch unmöglich ist.* Jeder, der in das Innere des deutschen Lebens hineinsieht und sich nicht durch Äußerlichkeiten blenden läßt, wie sie jede Großstadt bietet, kennt die *Not,* in der sich die ungeheure Mehrheit des deutschen Volkes heute befindet. Nichts macht den Deutschen heute so bitter, wie die *Oberflächlichkeit,* mit der man den Deutschen vorhält, daß einige wenige Großstädte oder die eine oder andere sonstige Körperschaft in Deutschland vorhandene flüssige Mittel in der Zeit, als das Auslandsgeld durch hohen Zinsfuß verlockt, nach Deutschland hineinströmte, ausgenutzt hat, um irgendwelche glänzende öffentliche Einrichtung zu schaffen, die am Zustande des deutschen Volkes nichts ändern können, oder wenn uns gar immer vorgerechnet wird, daß unsere ganze innere Verschuldung durch die *Inflation* beseitigt worden wäre. Als ob nicht der einfachste Verstand jedem Menschen sagen müßte, daß um den gleichen Betrag das ganze Volk in seinen einzelnen Mitgliedern ärmer geworden ist und daß die *Vernichtung von Nationalvermögen,* wie sie die Inflation herbeigeführt hat, in gar keinem Verhältnis steht zu der Entlastung des Reichs und der Länder durch Fortfall der inneren Schulden, ganz zu schweigen davon, daß jede Schuld und jede Steuer ein Volk um ein Vielfaches stärker belastet, das auf die geschilderte Weise sein Nationalvermögen größtenteils eingebüßt hat.

Es kommt dazu, daß man sich *nicht an die Prinzipien des Dawes-Gutachtens gehalten hat,* welches als einstimmige Überzeugung der Sachverständigen ausgesprochen hat, daß Deutschland Reparationen nur aus Ausfuhrüberschüssen zahlen könnte[1]. Diese Ausfuhrüberschüsse sind bis vor ganz kurzer Zeit bekanntlich völlig ausgeblieben. Trotzdem haben wir Jahr für Jahr Milliarden gezahlt, was nur möglich wurde durch Hereinnehmen von großen Auslandsanleihen. Auf diese Weise *zahlt das deutsche Volk heute dauernd doppelte Summen,* nämlich einmal die eigentlichen Reparationen und sodann die zur Bezahlung der Reparationen kontrahierten Schulden samt ihren Zinsen.

Rüstungsungleichheit und Sicherheit

Psychologisch fast noch drückender und aufreizender als die Reparationen wirkt – davon konnte ich mich jetzt wieder überzeugen – für ein großes Volk mit stolzer Geschichte wie das deutsche, die *Rüstungsungleichheit,* die dem Geist der Verträge genau so widerspricht wie der Natur der Dinge selbst. Wenn von Sicherheit als der Voraussetzung der Abrüstung gesprochen wird, *so glaubt das deutsche Volk, diese Sicherheit auch für sich, und zwar in höchstem Maße, in Anspruch nehmen zu können.* Kürzliche *Ereignisse an der deutschen Ostgrenze* haben dafür handgreifliche Beweise geliefert. Die *Märchen von der angeblichen heimlichen Bewaffnung und den Rüstungsmöglichkeiten* in Deutschland können für den Deutschen, der die eigene Ohnmacht

[1 Der nach dem amerikanischen Bankier Charles G. Dawes benannte Plan für die Zahlung der deutschen Reparationen war zunächst auf der Londoner Konferenz der betroffenen Staaten (16. Juli–16. August 1924) und dann auch vom deutschen Reichstag (29. August 1924) angenommen worden.]

kennt, nur Bitterkeit auslösen. Die Deutschen wissen sich so gut wie
waffenlos von bis an die Zähne gerüsteten Nationen umgeben. Sie
glauben nicht, daß Vertragsbestimmungen, mögen sie noch so raffi-
niert sein, das berühmte Erfordernis der Sicherheit erfüllen können
– die neueste Geschichte hat bewiesen, daß diese Skepsis berechtigt
ist. Vielmehr glaubt man in Deutschland, daß soweit menschliche
Kräfte überhaupt Sicherheit schaffen können, es kein geeigneteres
Mittel gibt, als *wirkliche Abrüstung,* als die Beseitigung des bedrohli-
chen Übergewichts einzelner hochgerüsteter Staaten, d. h. also die
Herstellung eines wirklichen Gleichgewichtes auf der denkbar nied-
rigsten Basis der Rüstungen überhaupt.

Das sind ungefähr die Gedanken, die heute die Deutschen erfüllen, ihr Traum ist nicht Revanche, Aufrüstung oder auch wirtschaftlicher Imperialismus, sondern wirkliche Freiheit und Gleichberechtigung für Deutschland, damit auf dieser Basis Europa und die Welt
zu Harmonie und Gleichgewicht zurückfinden können."

III.

Ulrich von Hassell, Deutschlands und Italiens europäische Sendung.
Die Publikation geht auf einen Vortrag zurück, den Hassell am
19. Januar 1937 an der Universität Köln gehalten hatte. *Quelle:* Veröffentlichungen des Petrarca-Hauses (Deutsch-italienisches Kultur-
institut). Zweite Reihe, Vorträge 8, Petrarca-Haus Köln/Kommis-
sionsverlag Deutsche Verlags-Anstalt Stuttgart 1937.

Deutschlands und Italiens europäische Sendung
von
Ulrich von Hassell

„Europäische Sendung", schon diese beiden Worte werfen Probleme
auf: Ist denn Europa überhaupt ein politischer, ein realer Begriff?
Vor allem aber: kann man von der *„Sendung",* von der Mission eines
bestimmten Volkes sprechen? Besteht nicht das Neben- und Gegen-
einander der Völker innerhalb und außerhalb Europas heute in
einem harten gewalttätigen Wettstreit materieller Interessen, im *Ringen um die Futterplätze,* kurz, in jenem Kampfe ums Dasein, der keinen Raum läßt für Aufgaben höherer, idealistischer Art, die einem
Volke zwischen den anderen und vor anderen zufallen? Freilich, die
Verfechter dieser rein wirtschaftlichen „händlerischen" Auffassung,

die um die Wende des XIX. zum XX. Jahrhundert vorherrschend
war, beginnen stutzig zu werden. Ja, man findet im Gegensatz zu
ihnen gar die Ansicht vertreten, es handle sich heute überhaupt
nicht mehr um diese Art Kämpfe, sondern um das *Ringen von Welt-*
anschauungen, die die Welt in zwei oder drei Lager spalten, und von
denen eine sich schließlich mit Feuer und Schwert als neue Lebens-
form überall durchzusetzen bestimmt sei. Könnte man also insofern
wirklich von einer Sendung sprechen?

Nein, *solche Art Sendung ist nicht gemeint!* Die Beispiele der heiligen
Kriege, in denen der Islam die ganze Welt sich einzugliedern trach-
tete, oder der Kreuzzüge, die im Zeichen des christlichen Symbols
geführt wurden, müßten genügen, um den Gedanken abzulehnen,
man könne fremde Völker mit Waffengewalt zu einem Ideal bekehren.

So schöpfen wir aus dem Versinken der händlerischen Auffassung einerseits, aus der Erkenntnis der Unmöglichkeit politischer
Kreuzzüge andererseits die Überzeugung, die gerade ein hervorra-
gender Führer der Wirtschaft, Dr. Hjalmar Schacht, dichterisch so
ausdrückte:

> Gewalt nicht noch Geld
> Formen die Welt,
> Geistige Kraft und sittliches Handeln
> Vermögen Welten zu wandeln.

Und in dem Sinne bejahen wir die Möglichkeit, ja die Notwendigkeit der Sendung eines Volks, durch *geistige Kraft* und *sittliches Han-*
deln aus seiner Eigenart heraus eine besondere Aufgabe zu erfüllen.

Mein Thema spricht von europäischer Sendung. Aber gibt es
denn in der Wirklichkeit das Wesen *Europa?* Oft genug ist man versucht, die Frage zu verneinen, und zwar von zwei Gesichtspunkten
aus: einmal von dem des betonten *Nationalismus,* der nur im eigenen
Staat oder im eigenen Volkstum eine Realität erblickt, der keine
Gemeinsamkeit europäischer Völker, sondern nur Gegensätze unter
ihnen wahrhaben will. Zweitens vom Standpunkte einer *welt*politischen *Betrachtungsweise,* die in der Zeit des Verschwindens aller Ent-
fernung, des Erschlossenwerdens auch der unbekanntesten und
abgelegensten Gebiete den Wert, ja die Möglichkeit kontinentaler
Abgrenzung leugnen möchte. Unter diesem doppelten Stoß: von
innen, nämlich von der Seite eines leidenschaftlichen Nationalismus, und von außen, nämlich von der Weiträumigkeit der Welt
unserer Tage her, scheint der alte Begriff Europa zu zerstäuben. Es
ist nur natürlich, daß eines der interessantesten Bücher über den
Geisteszustand unserer Zeit den Titel führt „L'Europe Tragique".
Aber sein Verfasser, Gonzague de Reynold, kommt – trotz aller tra-

gischen Erschütterung des Erdteils – dazu, die Möglichkeit der Erlö-
sung, der Wiederauferstehung Europas zu bejahen, den „Untergang
des Abendlandes" zu verneinen.

So möchte auch ich als meine Ansicht bekennen: es *scheint* nur so,
daß Europa verloren ist, es lebt noch, und es wird weiter in wichtig-
ster Funktion weiterleben, *wenn*, aber auch nur wenn es sich auf sich
selbst besinnt und der neuen Zeit offenen Auges begegnet. Um welches Problem von allergrößter Tragweite[1] für die europäischen Völker es sich dabei handelt, das hat uns erst der Weltkrieg klar erkennen lassen. Er hat auch dem Blindesten gezeigt, wohin die
Selbstzerfleischung Europas schließlich führen muß. Zugleich aber
hat er hell den revolutionären Prozeß beleuchtet, in den wir auf
staatlichem und sozialem Gebiet eingetreten sind. Der Stolz des
selbstsicheren, weltbeherrschenden Europas des XIX. Jahrhunderts
ist ins Wanken geraten und die gesellschaftlichen und wirtschaftlichen Grundfesten der Blütezeit des Kapitalismus erzittern unter den
Erdstößen gewaltiger innerer Verschiebungen. Sollen uns die ein-
stürzenden Bauten nicht unter ihren Trümmern begraben, so müssen die *Völker Europas erkennen lernen, daß neue Ufer den Pfad ihres
Schiffes säumen*, und daß ihre Steuerleute entschlossen und rechtzeitig das Ruder herumlegen müssen, um aus der wirtschaftlichen,
politischen und geistigen Krise heraus ein neues Fahrwasser zu
gewinnen!

In diesem Rahmen möchte ich heute Italien und Deutschland
betrachten, diese Aufgabe ist es, bei der ich der Sendung des deutschen und des italienischen Volkes eine besondere Bedeutung bei-
lege. Davon nachher. Zunächst ist noch eine andere Frage zu beant-
worten.

Was ist Europa?

Ein englischer Historiker, Dawson, hat vor kurzem ein Buch über
„The making of Europe" geschrieben, in dem er sagt: „Europa ist
keine natürliche Einheit wie Australien oder Afrika; es ist das
Ergebnis eines langen Prozesses geschichtlicher Evolution und gei-
stiger Entwicklung. Geographisch gesehen, ist Europa einfach die
nordwestliche Verlängerung von Asien und besitzt weniger *physische*
Einheit als Indien oder China oder Sibirien; anthropologisch ist es
ein Rassengemisch, und der europäische Menschentypus stellt eher

1 Vgl. hierzu: H. Ullmann, Das neunzehnte Jahrhundert. Jena 1936.

eine soziale als eine rassische Einheit dar. Und sogar kulturell ist die Einheit Europas nicht die *Grundlage* und der Ausgangspunkt europäischer Geschichte, sondern das letzte und unerreichte *Ziel,* nach dem es durch mehr als 1000 Jahre gestrebt hat". Soweit Daswon!

Und doch: wie stark diese Einheit[2] ist, das empfinden wir täglich auf Schritt und Tritt; und es ist bezeichnend, daß ein Buch, das um die Jahrhundertwende in umfassender Weise den Geist seiner Zeit widerspiegelt, die „Grundlagen des XIX. Jahrhunderts" H. St. Chamberlains, des vor zehn Jahren verstorbenen Sehers des Dritten Reichs, als selbstverständlichen, überall vorausgesetzten Gegenstand seiner Betrachtung die geistige Einheit „Europa" voraussetzt; *nicht* ein einzelnes Land, auch nicht die ganze Welt, sondern *eben Europa,* das heißt jenes Abendland, das in germanischer Gestaltungskraft, in der griechischen Kultur, im römischen Staatsgedanken und in der christlichen Religion seine Grundlagen gefunden hat[3]. – Wo aber sind die *Grenzen* dieses Europas? Das ist eine Frage, die für uns heute mehr als je brennend ist. Napoleon soll gesagt haben, Europa höre an den Pyrenäen auf, und heute gibt es zahllose Europäer, die Rußland längst abgeschrieben und nach Asien verbannt haben. Für mich besteht ohne Zweifel eine der wichtigsten europäischen Notwendigkeiten darin, daß Spanien für Europa erhalten und das heute bolschewistisch verseuchte Rußland geheilt und europäischer Art und Gemeinschaft zurückgewonnen wird. Ohne das weite, große russische Land, ohne dieses stärkste Glied der größten der europäischen Völkerfamilien, der Slawen, bleibt Europa ein Torso!

Die *Sendung Deutschlands* und die *Sendung Italiens* in Europa können nicht identisch sein: das deutsche Volk, im Schwerpunkt Europas gelegen, über die Nordsee dem Atlantik anliegend und den Weltmeeren zugewandt, durch die Ostsee mit den Nord- und Nordoststaaten in enger Verbindung, Nachbar Rußlands und Polens, in uralter Gemeinschaft und Auseinandersetzung mit Frankreich entstanden und fortlebend, germanisch der Rasse nach, zu zwei Dritteln protestantisch, ein solches Land hat andere Lebensbedingungen wie das lateinische, katholische, meerumspülte Italien, das mit Frankreich, Spanien und England, mit den Staaten des Balkans und Vorderasiens im Wettbewerb stehende Mittelmeerreich, das mit kühnem Sprunge nach Afrika hinübersetzt.

2 Vgl. zum folgenden: L. v. Ranke in fast allen seinen Werken in der Form des Gedankens der Einheit der germanischen und romanischen Völker.

3 Vgl. hierzu den Orientalisten H. H. Schaeder in der Zeitschrift „Die Welt als Geschichte" II 5.

Und doch hat die Geschichte von der Völkerwanderung bis zum heutigen Tage die beiden Völker wie kaum zwei andere Europas immer wieder in engster *Zusammenarbeit*, in Liebe und Zorn, in Austausch und Ergänzung, politisch, wirtschaftlich und kulturell zusammengeführt, zusammengeführt im Kampf und im Ausgleich der Interessen, aber auch im Zeichen europäischer Sendung.

Diese *Sendung* möchte ich in drei Richtungen erkennen:

1. in der Aufgabe, eigenstes, eigentliches *europäisches Wesen* besonders rein zu entwickeln und fest zu begründen;

2. in der *Gestaltung neuer politischer Lebensformen*, die den übersteigerten Kapitalismus und den unfruchtbaren, unwirklichen Marxismus in neuer Synthese überwinden;

3. in der *Entfaltung des Banners europäischer Einheit*, unter dem neue Formen europäischen Zusammenlebens und Zusammenarbeitens gefunden werden müssen.

Die erste Aufgabe: *reines europäisches Wesen zu entwickeln* und zu verteidigen, ruft sofort den Einwand hervor: sind vielleicht Frankreich und England und manche andere Völker weniger europäisch und folglich in diesem Sinne weniger berufen? Nichts wäre selbstverständlich törichter, als etwa den Beitrag dieser Länder und Völker zum Aufbau der europäischen Gesittung und Geistesart geringer einschätzen zu wollen als denjenigen Deutschlands und Italiens. Indessen, vielleicht kann man sagen: zwar *keineswegs geringer, aber etwas anders*. Italien und Deutschland haben in der Tat durch ihre geographische Mittellage, durch die Tatsache, daß sie, wie der Duce es neulich in einem anderen Zusammenhang ausdrückte, eine Art europäischer Achse darstellen, von der Natur eine besondere Aufgabe und dazu eine besondere Ausstattung erhalten. Scheint zum Beispiel das herrschbegabte, seegewaltige England bestimmt, als Vermittler zwischen europäisch-kontinentaler und seebestimmter Geistesart eine Sendung zu erfüllen; ist Frankreich durch die besonderen Eigenschaften seines Volkes zu einzigartigen Leistungen sprühenden Geistes und scharfen Verstandes befähigt; erzeugt Rußland durch die Breite und Weite seiner Räume und durch die rassische Zusammensetzung des russischen Volkes ihm eigentümliche Geisteswerte, so können *Italien und Deutschland* für sich in Anspruch nehmen, *am stärksten von einer europäischen Synthese* durchtränkt zu sein, die sie befähigt, in ihren Hochleistungen eine allen Europäern vertraute Sprache zu sprechen und so zum Hüter eines gesamteuropäischen Kulturguts zu werden. Als Beleg für diese Eigenschaft möchte ich auf zwei Persönlichkeiten verweisen, die in einem höheren Sinne europäisch sind als irgendwelche anderen Großen der Welt, nämlich Dante und Goethe.

Ich habe Gelegenheit gehabt, vor drei Jahren in Rom in einem inzwischen im deutschen Dante-Jahrbuch veröffentlichten Vortrag diese Seite der Persönlichkeit Dantes und ihre Bedeutung für die Gegenwart zu beleuchten, und möchte mich deshalb über dieses Thema kurz fassen. *Dante* war europäisch in einem doppelten Sinne: einmal in seiner *politischen* Gedankenwelt, die ihn das damalige Europa als eine Einheit auffassen und predigen ließ, als ein Universum, das auf der Grundlage des Christentums in Schutz und Schirm des von Gott gesandten Kaisers unità und pace finden sollte. Sodann aber war europäisch sein *Menschenbild;* die Dantesche Seele, die durch Hölle und Fegefeuer irdisches und himmlisches Paradies erklimmt, ist in solchem Grade die Verklärung des europäischen Menschen, daß sich noch heute Angehörige aller europäischen Völker ohne Unterschied in diesem Bilde wiedererkennen und im tiefsten erfaßt fühlen.

Anderer und doch auch verwandter Art ist das Europäertum *Goethes.* Ihn beschäftigte *nicht* der Gedanke an ein universales europäisches Reich, und die Helden seiner Werke sind nicht im Danteschen Sinn Verkörperung des christlichen Europäers überhaupt. Aber niemand vor ihm oder bisher nach ihm hat es so wie er verstanden, von der Höhe der Gesamtbildung seiner Zeit aus die geistigen Probleme in einer Weise und in einer Sprache zu behandeln, die für *alle Europäer* gleich verständlich ist. Und wenn wir im Sinne des Florentiners Manacorda die frei zum Himmel rauschende Pracht des Waldes als Kennzeichen germanischer Art, die helle Harmonie des klassischen Tempels als Symbol italienischen Wesens bezeichnen können, so darf man sagen, daß Goethe diese beiden unentbehrlichen Bestandteile des wahren Europäertums in idealer Weise vereinigte[4].

Die unvergleichlichen Erscheinungen Dantes und Goethes würden nun in unserem Zusammenhang vielleicht nichts Entscheidendes besagen, wenn es sich um vereinzelte Gipfelleistungen handelte. In Wahrheit können wir aber dieses europäische Wesen im geistigen Schaffen der beiden Völker auch sonst weit stärker als bei anderen beobachten. Der Schutzherr des Deutsch-Italienischen Instituts in Köln, Petrarca, ebenso wie der „Doctor Universalis" auf

4 Daß Goethe, der Abendländer, orientalisches Wesen zu erkennen und zu verwerten vermochte, ist bekannt. Auch Dante war östlicher Geistesart gegenüber nicht verschlossen (vgl. das vielleicht anfechtbare, aber doch bedeutungsvolle Werk von Asin Palacios, Don Miguel: La escatologia musulmana en la „Divina Comedia", Madrid 1934. Vgl. auch Il Giornale Dantesco 1923 und Deutsches Dante-Jahrbuch Bd. VII (1923).

dem Kölner Lehrstuhl Albertus Magnus sind in diesem Sinne echte Europäer; Beethoven, Bonns großer Sohn, ist auf dem Gebiet der Musik eine den nationalen Rahmen sprengende Erscheinung, ähnlich wie der Italiener Lionardo da Vinci in seinem genialen Schaffen gesamteuropäische Züge trägt. Der Beispiele lassen sich noch viele anführen.

Aber gehen wir von den einzelnen auf die *beiden* Völker über, so finden wir, daß sie geradezu ihre historische Aufgabe in der Verteidigung reinen *Europäertums* gefunden haben. Die Geschichte der christlichen *Kirche* der ersten Jahrhunderte lehrt uns, daß die Gefahr einer *Orientalisierung* dieser lebenswichtigen Grundlage des modernen Europa sowohl von Afrika wie von Asien her nicht nur drohte, sondern unmittelbar war, eine Gefahr, die zunächst durch den Widerstand Roms und, um einen Mann als Beispiel zu nennen, des heiligen Ambrosius aus Trier abgewehrt wurde. In den gleichen Zusammenhang gehört aber auch der *Einbruch der Germanen*. Man darf ihn keineswegs lediglich als einen Sieg des Nordens über das römische Imperium betrachten: die Zeit dieses römischen Imperiums im eigentlichen Sinn war erfüllt, und die Frage war, ähnlich wie bei der Kirche, ob es dem übermächtigen Einstrom orientalischen Wesens erliegen, ein uneuropäisches Reich unter der Herrschaft von Byzanz werden sollte. Vor diesem Schicksal haben die Germanen das römische Reich, damit auch die christliche Kirche und Europa gerettet, und es ist eine voll überzeugende Logik der Geschichte, wenn das Heilige Römische Reich Deutscher Nation der Nachfolger des großen römischen Imperiums wurde. – Es liegt nahe, sich dieser anderthalb Jahrtausende zurückliegenden Vorgänge erinnernd, die Parallele zu unseren Tagen aufzusuchen: scheint es doch, als sei es Italien und Deutschland heute beschieden, eine ähnliche Aufgabe zum Schutze Europas zu erfüllen.

Damit komme ich auf den *zweiten* Gesichtspunkt, den ich anfangs für die europäische Sendung der beiden Länder herausgestellt hatte. Nicht die Abwehr eines kriegerischen Angriffs habe ich hier im Auge, obwohl wir auch für diese Möglichkeit gerüstet sein müssen, sondern den geistigen Kampf für das beste Wesen Europas, und solchen Kampf kann man nur mit Erfolg führen, wenn man der gefährlichen, die Massen leicht blendenden Irrlehre des Ostens eine eigene lebendige, im europäischen Wesen wurzelnde Kraft entgegenstellen kann. Diese Aufgabe, nämlich die *Gestaltung neuer politischer Lebensformen*, die den übersteigerten Kapitalismus des Westens und den unfruchtbaren Marxismus des Ostens in neuer Synthese überwinden, scheint Deutschland und Italien vorzugsweise zuzufallen. Italiener und Deutsche betrachten sich gewiß nicht als Missio-

nare für die übrige Welt, aber sie sind erfüllt von dem Glauben, die
Zeichen der Zeit erkannt zu haben und Wege zu beschreiten, die
nach vorwärts führen, die wahrhaft europäischem Wesen eine neue
Zukunft sichern sollen.

Wenn die große Französische Revolution das brennende Problem
des dritten Standes zunächst gelöst, uns aber gleichzeitig mit auf die
Dauer als fragwürdig erkannten Idealen beschenkt hat, so hat dann
der Liberalismus des XIX. Jahrhunderts manche Aufgabe erfüllt, ist
aber an dem neu auftauchenden Problem des vierten Standes zerbrochen. Die Demokratie im alten Sinn ist an diesem und anderen
Problemen der neuen Zeit nicht zuletzt deshalb gescheitert, weil sie
der modernen technischen Entwicklung nicht gewachsen war: in
einer Zeit, in der das politische Handeln durch keine Ort- oder Zeit-
differenz gehemmt scheint, und in der vor allem der handelnde *Verantwortliche* in der Lage ist, in jedem Augenblick selbst an die Millionen und aber Millionen das Wort zu richten, in solcher Zeit müssen
die alten parlamentarischen Methoden elend versagen, zu solcher
Zeit hat niemand mehr Interesse für das, was der Abgeordnete X
oder Y in ermüdendem Redefluß und im Wechsel mit seinen Kollegen zu erzählen hat. Den Todesstoß aber hat dem politischen System
des XIX. Jahrhunderts der *Weltkrieg* gegeben, denn dieser erste
„totale" Krieg der Neuzeit zeigte die Notwendigkeit, den Staat in die
Lage zu versetzen, über alle geistigen und materiellen Kräfte des
Volkes in ganz anderer Weise als bisher wirksam und schnell zu ver-
fügen. Mir will oft scheinen, als wenn man in manchen Ländern
noch die Augen davor verschließen will, daß den Problemen unserer
Tage nicht mehr mit den Mitteln des XIX. Jahrhunderts beizukom-
men ist. An uns ist es nun, nach der Katastrophe des Weltkrieges
über Trümmern und durch Dickicht den Weg für ein Neues freizu-
machen. Der Duce und der Führer haben dieses Ziel erkannt! *Sie*
haben auf ihre Fahne einen neuen *Aufbau des Staates* geschrieben,
der die weitere Zersetzung Europas verhindern und zwei große
Ziele verwirklichen soll: die Staatsgewalt unter den neuen Bedingungen in Frieden und Krieg wirksam und schlagkräftig zu machen
und den lebendigen Körper der Nation in allen seinen Gliedern als
einen harmonischen Organismus zu gestalten.

Wenn ich betont habe, daß Italien und Deutschland sich nicht als
Missionare eines politischen Systems fühlen, so dürfen sie sich
doch – und damit komme ich auf den *dritten* und letzten Gesichtspunkt ihrer europäischen Sendung – als *geborene Bannerträger des
gesamteuropäischen Gedankens* empfinden, um neuen Formen der
Zusammenarbeit des zerrissenen Europas zuzustreben. Bedeuten
uns Dante und Goethe den vollendeten Ausdruck *geistigen* Europäer-

tums, so möchte ich aus der Geschichte zwei *politische* Persönlichkeiten nennen, die beweisen, daß Deutsche und Italiener nicht nur
europäisch zu denken, sondern auch zu handeln verstehen: Kaiser
Friedrich II. und Prinz Eugen von Savoyen.

Friedrich, der Sohn des großen deutschen Königs und Kaisers
Heinrich VI. und der normannischen Konstanze, war, wenn auch
kein reinblütiger Deutscher, durchaus ein Germane. Aber er gehört
Deutschland *und* Italien und er war der erste große moderne europäische Fürst. Es wird heute oft die Frage aufgeworfen, ob die Stau-
ferpolitik vom deutschen Standpunkt aus „richtig" gewesen sei.
Aber wie man auch die Politik der Staufer im einzelnen beurteilen
mag, soviel ist sicher, daß Friedrich eine gewaltige Persönlichkeit
war, ein Fürst, der, auf der Höhe der Bildung seiner Zeit stehend,
stark genug war – und das ist wichtig – auch östliches Kulturgut in
sich aufzunehmen[5]. Man hat ihn oft als eine Art westlichen Groß-
moguls geschildert, als einen Herrscher, der orientalische Formen
und Methoden auf seinen italienischen Hof übertragen und der
zuletzt in einer Art Cäsarenwahnsinn, sich Herr der Welt dünkend
und göttliche Verehrung beanspruchend, mit eigener Hand die Axt
an den Stamm des Reiches gelegt habe. Das heißt das Wesen und
Wirken Friedrichs II. verkennen. Seine Persönlichkeit kann man nur
verstehen, wenn man diesen deutschen Kaiser und italienischen
König als Repräsentanten eines *europäischen Universalismus* betrachtet, eines Universalismus freilich, der in dieser Form zum Untergang
bestimmt war, der aber von Friedrich II. noch einmal in vollem
Bewußtsein empfunden und zu höchstem Glanze emporgeführt
wurde. Das konnte der Kaiser tun, weil er, wie Wolfram von den
Steinen sagt, „besaß, was seither vollständig verloren ging: den geistigen Raum, in welchem so gut wie die tiefe Weisheit und das
tönende Wort, die *Tat* lebendig, leibhaftig blüht. Dieser Raum war
bereitet durch das germanische Blut und deutschen Willen, durch
die christliche Gottheit und kirchliche Zucht, dazu durch antikisch-
südliche Helle. – So wird er die Fülle und gleichzeitig das Ende des
Kaisertums".

Der Universalismus des Mannes, der im Dom von Palermo die
letzte Ruhe fand, ist vergangen, auf immer. Aber so, wie die Sehnsucht des deutschen Volkes an der Wiederkehr des Kaisers festgehalten hat, eine Sehnsucht, die den großen Friedenbringer für das
ganze heilige Reich, das heißt für das damalige Europa erträumte, so
ist mit dem deutsch-italienischen Fürsten nicht auch die große Aufgabe untergegangen, für Europa in neuen Formen aus aller Zersplit-

5 Vgl. die Anmerkung 4.

terung ein Universales zu gewinnen. Diese Aufgabe besteht fort, und sie ist keineswegs aussichtslos. Daß man bewußte nationale, in diesem Falle deutsche Reichspolitik und zugleich europäische Politik treiben kann, das hat *Prinz Eugen, der „edle Ritter"*, in seiner politischen Arbeit bewiesen. – Eugenio von Savoy, der Sohn des Savoyerfürsten und der Italienerin, in Paris erzogen, dann der erfolgreichste Feldmarschall und politische Organisator des damaligen Deutschen Reiches, der seinen Vornamen italienisch, die Adelspartikel deutsch und den Familiennamen französisch schrieb, ist ein *Europäer von Gottes Gnaden* gewesen. Er hat nicht nur das Deutsche Reich verteidigt und erhoben, sondern er hat in Wahrheit militärisch sowohl wie durch systematische Friedensarbeit Europa vor zwei großen Gefahren errettet, vor dem Einbruch der Türken und vor einem damals drohenden ungesunden Übergewicht Frankreichs.

Solange man Eugen nur als Sieger in zahllosen Schlachten, als Zertrümmerer der Türkenherrschaft in Mitteleuropa und vielleicht noch als großzügigen Besiedler der ungarischen Grenzgebiete betrachtet, solange wird man dem Savoyerprinzen nicht voll gerecht. Ihn, den Freund eines anderen wahrhaft europäischen Geisteshelden, Leibniz, kann man erst wirklich verstehen, wenn man seine Funktion für die Entwicklung Europas ins Auge faßt. Gewiß, dieser italienische Fürst und Enkel eines Bourbon wurde ein leidenschaftlicher Deutscher und hat dem Reich als solchem unvergleichliche Dienste geleistet. Aber er ist zugleich einer der *Schöpfer des heutigen Europas.* In genialer Schau hat er, wie einer seiner Biographen[6] betont, erkannt, daß Deutschland nicht nur geographisch, sondern auch politisch die Mitte der europäischen Welt darstellt, deren Gesicht sich danach bildet, ob die Mitte *für sich* lebt oder für den Westen oder Osten. Dieser Gedanke an die Verteidigung einer West und Ost gegenüber unabhängigen, das heißt nicht nur politisch, sondern auch geistig selbständigen Existenz Deutschlands ist ein Hauptthema der Politik des Prinzen Eugen, nicht in dem Sinne, die Mitte durch Mauern abzuschließen, sondern umgekehrt, ihr die verbindende und einigende europäische Funktion zu ermöglichen, die sie nur erfüllen kann, wenn sie sich weder dem Osten noch dem Westen verschreibt. In diesem Sinne hat Prinz Eugen gegen Ludwig XIV. erfolgreich gekämpft, Italien vor seinem Zugriff gerettet, mit Rußland als erster europäischer Staatsmann einen das Reich sichernden Vertrag geschlossen und die Türken nicht nur militärisch bis auf den Balkan zurückgedrängt, sondern auch Europa völkisch

6 Hellmuth Rößler: Der Soldat des Reichs, Prinz Eugen, Berlin 1934.

im Südosten vorgeschoben. Was über die Mittellage Deutschlands gesagt wurde, gilt in ähnlicher Weise für Italien, das freilich zur Zeit seines großen Sohnes zu eigener politischer Aktion noch nicht wieder reif war. *Der Gedanke Mussolinis von der „deutsch-italienischen Achse" in Europa ist die logische Fortsetzung der Lebensarbeit des Prinzen Eugen.*

Mit der Erkenntnis des Prinzen Eugen und dem anschaulichen Wort Mussolinis berühren wir nun die *entscheidende Voraussetzung* für alle drei von uns betrachteten Arten europäischer *Sendung* Deutschlands und Italiens, nämlich das klare Bewußtsein, das die besten Söhne beider Länder immer erfüllt hat, weder Osten noch Westen, sondern eben *Mitte* zu sein. Nur von dieser sicheren Grundlage aus: offen zwar für jede wertvolle Anregung aus aller Welt, aber fest beharrend auf ihrem eigenen Wesen, können beide Völker ihre historische Mission in Europa erfüllen. Die Gefahr, sich aus dieser Gleichgewichtslage heraus ganz auf die westliche oder östliche Seite drängen zu lassen, hat immer bestanden. Ich habe bereits in anderem Zusammenhange angedeutet, wie das römische Reich in frühchristlicher Zeit gegenüber übermächtigem orientalischem Einfluß sich auf sich selbst besinnen und zur Wehr setzen mußte. Später hat sich die *italienische* Geistesart gelegentlich in der Gefahr befunden, sich französischem Wesen allzuweit zu öffnen, französische Vorbilder, der eigenen Art vergessend, nachzuahmen. Gewiß, niemand wird verständigerweise die engen Beziehungen leugnen, die zwischen allen Völkern lateinischer Kulturgrundlage bestehen und bestehen müssen. Aber es hat doch nicht selten eines geistigen Rucks bedurft, um ein allzu starkes Eindringen *französischer* Art und Denkweise in die verschiedensten Gebiete italienischer Geistesbetätigung zu verhindern. Für Deutschland gilt Ähnliches: ein Blick in die deutsche Geschichte genügt, um sich zu erinnern, daß der Westen – sei es in französischer, sei es in englischer Form – auch für die Deutschen immer wieder eine oft gefährliche Anziehungskraft bewiesen hat, eine Fähigkeit, deutsche Art zu durchdringen, die über das gesunde Maß der Aufnahme fremden Kulturguts weit hinausging. Wir brauchen nur an die Kraftanstrengung zu denken, die es den Deutschen kostete, gegen Ende des XVIII. Jahrhunderts, gestützt übrigens auf die geistige Blutzufuhr aus der römischen und griechischen Klassik, sich von der geistigen Vormundschaft der französischen Kultur und Sprache zu befreien. Auch Zeiten einer die eigene Art verfälschenden Engländerei und später eines mißverstandenen Amerikanertums hat Deutschland durchgemacht. Was aber den Osten angeht, so erinnern wir uns jener Periode, in der uns gewisse Stimmen der russischen Literatur als der Weisheit letzter

Schluß gepriesen wurden. Ja, nicht selten hat ein urteilsloses Schwärmen für artfremde Weltanschauungen eines noch ferneren Ostens, Indiens oder Chinas, weite Kreise ergriffen. Aber auch der *Bolschewismus* ist ja keineswegs nur als ein politisches und soziales System zu betrachten, das wir für falsch und gefährlich halten, sondern wir erblicken in ihm zugleich einen Ausdruck *uneuropäischer Denkungsart,* der unser innerstes Wesen vergiften und verderben müßte. Und doch wissen wir, als wie groß sich die Ansteckungskraft dieser Lehre erwiesen hat, wie tief in die Adern des Volkes die gefährlichen Keime gedrungen waren.

Der *Nationalsozialismus,* der sich hiergegen siegreich zur Wehr gesetzt hat, und der *Fascismus,* der in Italien dem naturgemäß geringeren, aber doch auch vorhandenen Einstrom uneuropäischen, bolschewistischen Geistes ein Ende gemacht hat, sie beide kämpfen nicht nur für eine politisch-soziale Lehre gegen eine andere, sondern sie führen ihre Völker aus dem Ansteckungskreise östlicher uneuropäischer Denkweise *in jene fest im europäischen Wesen verankerte Mittellage* zurück, die für Italien und Deutschland die naturgegebene und heilsame ist. Von ihr aus werden beide Länder aufgerufen, ihre europäische Sendung zu erfüllen, im Sinne Dantes und Goethes, das heißt eines hohen Ideals: dieses Ideal fordert von uns die Anspannung aller geistigen Kräfte zur Höchstleistung und das sittliche Handeln fest in sich gegründeter Persönlichkeiten; zugleich aber im Sinne des Prinzen Eugen und jenes Mussolini-Wortes von der deutsch-italienischen Achse.

In dieser Sendung und in diesem Worte liegt keineswegs der Anspruch auf eine Vorherrschaft, sondern lediglich das Bekenntnis zu einem großen *Ziel,* nämlich ein im Gleichgewicht befindliches Europa zu wirksamer Zusammenarbeit zu führen, einer Zusammenarbeit, die sowohl auf wirtschaftlichem wie auf kulturellem Gebiet wie endlich politisch, durch Beseitigung der Kriegsursachen innerhalb der europäischen Völkerfamilie, ihren Ausdruck finden muß. Ich habe versucht zu zeigen, inwiefern Italien und Deutschland für solche europäische Sendung vorbestimmt erscheinen. Mögen sie unter Leitung des *Duce* und des *Führers* weiter stark und wachsam Rücken an Rücken stehen, damit das *alte* Europa wieder *jung, das zerrissene einig werde und sich, vor fremdem Gift bewahrt, fest gegründet in eigener Art, eine neue Zukunft baut und seine Sendung in der Welt erfüllt!*

IV.

Ulrich von Hassell, Deutschland zwischen West und Ost. Unveröffentlichtes maschinenschriftliches Manuskript mit handschriftlichen Einfügungen und Korrekturen. Der Aufsatz war, wie sich aus Anmerkung 2 schließen läßt, für eine Publikation in der Zeitschrift „Auswärtige Politik" vorgesehen und ist mit hoher Wahrscheinlichkeit zu Anfang des Jahres 1944 entstanden. Am Kopf des Manuskriptes befindet sich der handschriftliche Vermerk Ilse von Hassells: „nicht mehr veröffentlicht". *Quelle:* Besitz der Familie von Hassell (Ebenhausen).

Deutschland zwischen West und Ost
von
Ulrich von Hassell

Es scheint leichter zu sein, die – cum grano salis – unveränderlichen Grundlinien, also die „Konstanten", einer fremden Außenpolitik zu erkennen als die des eigenen Landes. In der englischen oder französischen, in der russischen oder japanischen Politik meinen wir solche Linien klar zu sehen und weit zurückverfolgen zu können. Wir setzen diese Konstanten in unsere Berechnung ein, verfolgen ihr immer wieder feststellbares Wirksamwerden und schütteln den Kopf, wenn im fremden Lande eine Politik getrieben wird, die unseres Erachtens solchen Grundsätzen zuwiderläuft. Viel schwerer ist es, auf die Frage zu antworten, welches die entsprechenden Elemente der deutschen Politik seien.

Für diese Unsicherheit im Urteil haben wir einen mildernden Umstand: nichts bezeichnet, bestimmt und belastet die deutsche Lage stärker als die Tatsache, daß wir ein Land der *Mitte* sind. Daraus ergibt sich eine solche Vielfalt der Möglichkeiten und der Gefahren, der Belange und der Gesichtspunkte, daß die Schwierigkeit, aus ihnen das Bleibende herauszukristallisieren unvergleichlich groß ist. Diese Mittellage ist nicht nur entscheidend für unsere Politik, sondern sie erklärt zugleich manches Unglück und manchen Irrweg unserer Geschichte, ganz besonders auch das starke Vorwiegen der partikularen Interessen, die das deutsche Gemeinwohl so oft überwucherten. Für den Ostpreußen oder Schlesier mußten oft ganz andere Ziele oder Gebote maßgebend erscheinen wie für den Bayern oder Rheinländer, für Berlin andere als für Wien, indem der eine mit gefährlicher oder lockender Nachbarschaft von Faktoren zu rechnen hatte, die dem andern fern zu liegen schienen. Es wäre gewiß lehrreich, diesen Gedanken durch die deutsche Geschichte zu verfolgen. Aber wir wollen uns der – durch die nahe Vergangenheit ergänzten oder erklärten – Gegenwart zuwenden.

In der Neuzeit, sagen wir ungefähr seit dem dreißigjährigen Kriege, sind unter den vielen Fronten, die Deutschland Europa zuwendet, einige mehr und mehr zurück-, andere hervorgetreten. Zurückgetreten sind als Gegenstände deutscher Außenpolitik die Nordfront und die Südfront. Das soll nicht heißen, daß diese für das Deutschland des 19. und 20. Jahrhunderts keine Bedeutung mehr hatten. Was gemeint ist, wird am besten durch einen Blick in die Vergangenheit klar. Es gab eine Zeit, und sie ist nicht allzu lange her, da besaß Schweden noch deutsches Gebiet, das Herzogtum Bremen, d. h. das Land um diese Hansestadt herum und Teile von Pommern. Im 17. Jahrhundert vollends stand der große schwedische König Gustav Adolf auf dem Punkte, dem deutschen Geschick eine völlig andere Wendung zu geben. Sei es, daß er die deutschen Protestanten unter seiner Führung zu einem Staatenbunde sammeln, ja sogar die deutsche Kaiserkrone auf sein Haupt setzen wollte, sei es daß er als „Kaiser von Skandinavien" die Ostsee zu beherrschen und sich mit Brandenburg zu verbünden plante, dessen großer Kurfürst dann seine Tochter Christine heiraten und beide Reiche vereinigen sollte – tatsächlich wurde von diesen großen Plänen nichts verwirklicht. Aber sie hallten noch lange nach, so auch in den Kämpfen, die der Große Kurfürst zu führen hatte, um schwedische Truppen aus seinen Ländern herauszuschlagen und die volle Souveränität über Preußen zu erringen; ebenso später in den kriegerischen Ereignissen, die Friedrich Wilhelm I. gegen Karl XII. ins Feld führten und den noch bei Schweden verbliebenen Teil Pommerns wenigstens teilweise an Preußen brachten. Alles das sind heute abgetane Dinge. Es gibt keine außenpolitischen Fragen, die vernünftiger Weise irgend einen schwerwiegenden Gegensatz zwischen Deutschland und den nordischen Ländern erzeugen könnten. Wenn schon die Teilnahme Schwedens am siebenjährigen Kriege gegen Preußen eine Art Anachronismus war, so lief der deutsch-dänische Krieg von 1864 in Wahrheit nur auf das Bereinigen einer deutschen Frage hinaus, mochte man sich auch anderwärts bemühen, dieser künstlich einen internationalen Charakter zu verleihen. Wie Deutschland keine politischen Ziele im Bereich der nordischen Länder verfolgt, so hätte auch eine nordische Solidarität keinen Sinn, die gegen Deutschland gerichtet wäre. Der deutschen Nordfront fehlen bei realpolitischer Betrachtung Elemente der Unruhe.

Im Süden grenzt Großdeutschland an die Schweiz und Italien. Seit Jahrhunderten gibt es keine schweizerisch-deutsche Außenpolitik in dem Sinn, daß der eine oder andere politisch vom andern etwas wollte. Die letzte Miniatur-Streitfrage, die über die Zugehörigkeit des Kantons Neuenburg zur preußischen Krone, wurde vor bald hundert Jahren gütlich aus der Welt geschafft. Was Italien angeht, so wandern unsere historischen Erinnerungen in die Zeiten zurück, da die deutschen Kaiser über die Alpen zogen, um das römische Kaisertum als deutsches Erbe zu behaupten – eine verklungene Sage, die seit mehr als einem halben Jahrtausend keine Realität mehr besitzt. Gewiß, ganz ohne Auswirkung ist das Römische Reich deutscher Nation für die Neuzeit nicht geblieben. Die Träger der Kaiserkrone, in den letzten Jahrhunderten das Haus Habsburg, hielten in ihrer Eigenschaft als Herrscher von Oesterreich noch Gebiete in Italien fest, als von römisch-imperialer Politik längst nicht mehr die Rede sein konnte. Der spanische Erbfolgekrieg machte in diesem Zusammenhang auch Italien zum Streitgegenstand und zum Kampffeld. Noch im 19. Jahrhundert blieben Teile Italiens in österreichischer Hand, und man kann sagen, daß der Zusammenstoß zwischen der Habsburger Monarchie und dem Königreich Italien im vorigen Weltkrieg den letzten Ausklang dieses Widerstreits zwischen national-italienischen und österreichischen Interessen bildete. Auch dieses Kapitel ist geschlossen – ganz abgesehen davon, daß es das *deutsch*-italienische Verhältnis nur „am Rande", nämlich als Folge der Bundesverflechtung berührte. Was schließlich die südtiroler Frage angeht, so ist ihr im Rahmen großpolitischer Ziel- und Auseinandersetzungen nur der Charakter einer Einzelfrage beizulegen, die das Verhältnis der beiden beteiligten Mächte nicht *entscheidend* beeinflussen kann, so wenig wir ihre Bedeutung verkennen wollen.

Es ist natürlich kein Zufall, daß die geographischen Gegebenheiten mit diesem politischen Charakter der Nord- und Südfront durchaus übereinstimmen. Im Norden grenzt Deutschland bis auf eine kleine Landstrecke nördlich von Flensburg überall an das Meer. Im Süden sind die Alpen als ein natürlicher Wall vorgelagert. Ganz anders sieht es im Westen, im Osten und Südosten aus. Hier weist das deutsche Land jene offenen Flanken auf, über die das politische Geschehen seit Jahrtausenden hinüber und herüber flutet. Die Kämpfe sowohl wie die Gemeinsamkeiten, die sich hier ergeben, zu schildern hieße die deutsche Geschichte erzählen. Für die Gegenwart ist *ein* Umstand herauszustellen, der in einem überragenden Grade maßgebend ist, wenn man ein Urteil über die Grundelemente der deutschen Außenpolitik in unserer Zeit gewinnen will. Das ist die *zweifache Erbschaft*, die das heutige Deutschland aus der Vergan-

genheit übernommen hat: Lag der Schwerpunkt des alten Reiches in
Wien, so der des Bismarckreiches in Berlin. Empfing Preußen-
Deutschland seine außenpolitische Bestimmung aus der gegen frü-
here Zeiten noch erheblich verschärften Mittellage zwischen Ost
und West, so erhielt sie das von Wien geführte Reich vor allem
durch seine Lage zum Donauraum. Gewiß hat es Zeiten gegeben,
da, übrigens in unmittelbarem Zusammenhang mit der Donau-
abwärts weisenden Politik, für das „alte" Reich, ähnlich wie später
für das „neue", ein Ost-Westproblem in scharfer Form bestand, als
nämlich die Habsburger Monarchie sich zwischen dem Frankreich
Franz I. und später Ludwigs XIV. und der damals noch großmächti-
gen Türkei einer Zweifrontengefahr gegenübersah. Indessen, je
mehr Wien aus dem Träger eigentlicher Reichspolitik zum Verfechter einer ausgesprochenen Oesterreich-Politik wurde, desto weniger
trat die Ost-Westlage in Erscheinung. Anders für das Bismarckreich;
auch als es aus dem im unmittelbar-preussischem Sinn verstandenen
Aufgabe zwischen Osten und Westen herauswuchs, als insbesondere die ursprünglich nur „französisch" betonte Westfront sich auf
das England jenseits der Nordsee und jenseits der Niederlande zu
erweitern begann, änderte sich nichts an der Grundkonstellation,
nur daß sich ihre Möglichkeiten sowohl wie ihre Gefahren sehr
stark vergrösserten. Umgekehrt vermochte die Tatsache des Verfalls
und schließlich Untergangs des alten Reichs der Südostrichtung der
in Wien zentrierten Politik nur scheinbar oder nur vorübergehend
ihre *deutsche* Bedeutung zu nehmen. Denn in Wahrheit erfüllte das
vom Reich abgetrennte kaiserliche Oesterreich als Glied der Donau-
Monarchie, wenn auch mehr unbewußt als bewußt, ja oft fast
widerwillig weiter seine in der Wirkung deutsche Aufgabe. Mit dem
Augenblick, in dem die Doppelmonarchie zerfiel, wurde das Deutsche Reich, und nicht das Rumpf-Oesterreich, der geborene Erbe
der Südostaufgaben und der Südostgefahren, eine Erbschaft, die
nach der Rückkehr der Ostmark in den deutschen Verband vollends
offenbar wurde.

In einer Hinsicht, wenn auch mit sehr verschiedenen Vorzeichen
trafen Preußen-Deutschland und Oesterreich von vornherein in
ihrer außenpolitischen Lage zusammen, nämlich in Bezug auf die
Nachbarschaft im Osten. Diese wurde freilich für Wien – anders wie
für Berlin – durch den großen Anteil der slawischen Bevölkerung
am Donaureich und eben durch die notwendiger Weise scharf
betonte Südostausrichtung seiner Politik belastet. Auf der anderen
Seite lag der für das Deutsche Reich nach 1870, wie schon vorher
für Preußen bestimmende *westliche* Gedankenkreis Oesterreich fern.
Ein nicht im gleichen Maße gewichtiges, aber doch auch an Inter-

esse wie an Gefahren reiches Gegenstück bildete für dieses das Verhältnis zu Italien. Der Fortfall der Donaumonarchie hat, wie wir schon in anderem Zusammenhange feststellten, den letztgenannten Gegensatz der Außenpolitik, jedenfalls in seiner alten Bedeutung, völlig ausgeschaltet.

Als Erbe einerseits des Bismarckreichs, andererseits des österreichischen Kaiserstaats hat das heutige Deutschland zwischen Westen, Osten und Südosten das große politische Geschehen zu meistern, d. h. es hat die Aufgabe, über den offenen West- und Ostflanken für die Sicherheit Deutschlands zu sorgen und dessen Lebensnotwendigkeiten durchzusetzen. Dabei sieht sich die deutsche Außenpolitik sehr verschiedenen Faktoren gegenüber: im Westen zwei Großmächten, Frankreich und, über Holland und Belgien sowie die Nordsee hinweg, Großbritannien, im Hintergrund des Ozeans den Vereinigten Staaten von Amerika; im Osten gleichfalls einer Weltmacht, nämlich Rußland, von dem Deutschland seit 1918 durch eine Mittelmacht, Polen, abgetrennt ist, im Südosten dagegen keiner Großmacht, sondern einer Reihe von mittleren Staaten; hier steht also Deutschland kein Faktor entgegen, der seinerseits eine offensive Politik, überhaupt eine Politik in umfassendem Stile zu treiben in der Lage wäre.

Sehen wir zunächst einmal vom Südosten ab, so ist uns allen bewußt, wie oft das große West-Ostproblem Deutschland die Frage hat aufwerfen lassen, ob es für die deutsche Außenpolitik geboten sei, eine Art Option zwischen Ost und West vorzunehmen und ob, wenn das erforderlich ist, die Anlehnung an den Osten oder an den Westen den deutschen Interessen besser entspricht. Der größte deutsche Staatsmann des 19. Jahrhunderts, Bismarck, hat sich Tag und Nacht mit diesem Problem herumgeschlagen. Allerdings stellte es sich ihm noch in etwas anderem Gewande, man kann sagen verhüllt dar. Scheinbar handelte es sich für ihn weniger um die Option „Ost" oder „West", als vielmehr um die Frage, ob er mit Oesterreich oder Rußland gehen solle, oder ob es etwa, und zwar auf die Dauer, möglich wäre, mit beiden zugleich in enger Freundschaft zu leben. In Wirklichkeit verbarg sich hinter diesem politischen Dilemma die Ost-Westfrage grade in der bedrohlichsten Form, die das Problem für uns annehmen kann (und häufig genug angenommen hat), nämlich in Gestalt eines Zusammen-Wirkens des Ostens *und* des Westens gegen uns. Solches Verhängnis abzuwenden empfand Bismarck, den es als „cauchemar des coalitions" bedrückte, mit Recht als wichtigste Aufgabe. Und insofern steckte eben auch für ihn hinter dem Zweifel, ob mit Oesterreich, ob mit Rußland, das Ost-Westproblem. Nach dem Kriege von 1870 hat er das gute Verhältnis zu

Frankreich mit allen Mitteln angestrebt, aber erkennen müssen, daß
es vorläufig nicht möglich schien, den Revanche-Gedanken im politischen Sinne, d. h. die Koalitionsbereitschaft Frankreichs mit jedem
denkbaren Gegner Deutschlands auszuschalten. Was die andere
Großmacht im Westen anging, so war ein Gegensatz zu England
damals noch nicht vorhanden, mindestens noch nicht erwacht.
Andererseits war eine Sicherheit *durch* England angesichts dessen
notorischer Nichtbereitschaft zur Uebernahme einer Verpflichtung
dieser Art nicht zu erlangen. Unter diesen Umständen stellte sich
für Bismarck die Aufgabe, die Sicherheit auf der *russischen* Seite zu
schaffen ohne Oesterreich-Ungarn aufzuopfern. Es ist hier nicht zu
schildern, in wie hohem Grade er sie gelöst hatte. Krausnick nennt in
seinem aufschlußreichen Buche über Holsteins Geheimpolitik[1] mit
Recht das Bewußtsein für Deutschlands Situation in der „Mitte" das
Grundgefühl der Außenpolitik Bismarcks, und zwar nicht nur im
Sinne der berühmten „cauchemar", sondern auch insofern, als er
diese Lage zu einem Aktivum zu gestalten wußte. Das politische
„Désinteressement" in Deutschland nicht unmittelbar berührenden
Fragen „war ihm das Mittel, gute Beziehungen zu möglichst vielen
Mächten herzustellen, aber zugleich und eben dadurch sich die Freiheit zu wahren, eventuell auch antienglische, antirussische und
selbst antiösterreichische Politik treiben zu *können.*" Eine Politik der
„gepanzerten Faust" von einem Fall zum andern hat Bismarck hierbei peinlich vermieden. Man darf nun nicht dem Mißverständnis
verfallen, als habe Bismarck es im Rahmen dieser Politik auch nur
einen Augenblick für angängig gehalten, zwischen den Großmächten sozusagen „freibleibend", *ohne* Sicherung nach einer Seite, zu
operieren. Tatsächlich beherrschte ihn grade das Bestreben sich
einen festen Rückhalt auf einer Seite, und zwar der sich nach der
damaligen Lage als möglich und wirksam ergebenden, zu schaffen,
zugleich ein Höchstmaß von Sicherheit, nicht in unserem Interesse
fremde Streitigkeiten hineingezogen zu werden. Ein Grundfehler
der nachbismarckschen Politik bestand demgegenüber darin, in
Ueberschätzung der eigenen Stärke und der aus ihr folgenden Ba-
lanciermöglichkeiten auf gleichmäßig gute Beziehungen nach
Westen *und* Osten auszugehen, *ohne* sich eben jenes Rückhalts auf
einer Seite zu versichern, der die Bedingung einer „effektiven" Politik
gewesen wäre. Es ist wohl unnötig zu betonen, daß die strategischen
und taktischen Methoden Bismarcks ebensowenig wie irgendwelche

[1 *Helmut Krausnick,* Holsteins Geheimpolitik in der Ära Bismarck,
1886–1890. Dargestellt vornehmlich auf Grund unveröffentlichter
Akten des Wiener Haus-, Hof- und Staatsarchivs, Hamburg 1942.]

anderen eine Art immer giltigen Rezepts darstellen. In der Zeit nach 1890 vollzogen sich neue Entwicklungen und traten bisher unbekannte oder unwichtige Gesichtspunkte für die Ost-West-Frage hervor. Das änderte aber nichts an der eben betonten unabänderlichen Notwendigkeit. Auf der anderen Seite muß zugegeben werden, daß sich die Schwierigkeiten für die deutsche Politik außerordentlich vermehrt hatten. Zu ihnen gehören zunächst die immer klarer erkennbaren Zerfallserscheinungen in der Donaumonarchie und parallel dazu das immer stärker hervortretende russische Streben, nicht nur die „Schlüssel zum eigenen Hause" in Gestalt des Bosporus in die Hand zu nehmen und sich als Protektor aller christlichen Balkanstaaten aufzuwerfen, sondern auch die „Befreiung" der Slaven der Donaumonarchie unter russischer Ägide zu erzwingen. Damit war die Existenzfrage für Oesterreich-Ungarn aufgeworfen, und die Unausweichlichkeit der von Bismarck so perhoreszierten deutschen Option zwischen Wien und Petersburg rückte näher und näher. Noch einschneidender fast war die Tatsache, daß eine ganz neue Front hinzutrat, und zwar die der deutschen Ueberseeinteressen, eine Front, die in hohem Grade, aber nicht vollständig mit der „Westfront" England gegenüber identisch wurde und dieser einen westlich veränderten Charakter verlieh. Man hat gelegentlich versucht, es so darzustellen, als habe es sich hierbei nicht um ein neues Grundelement gehandelt, sondern um eine freigewollte Politik, d. h. etwas, das man ebenso gut hätte unterlassen können, ja besser unterlassen hätte. Das mag allenfalls – obschon auch das zweifelhaft ist – auf den Erwerb von Kolonien zutreffen, der aber garnicht den politisch entscheidenden Teil dieser Interessen darstellt, niemals aber [auf] die Ueberseeinteressen, also die deutsche Handels- und Wirtschaftstätigkeit jenseits der Meere, die vielmehr naturhaft gewachsen und daher eben als eine elementare Grundlage der Politik zu betrachten sind. Grade deshalb trat die Aufgabe, Deutschland zwischen West und Ost sicherzustellen, noch mit ganz anderer Eindringlichkeit als bisher hervor, vor allem während der sogenannten Risikoperiode des deutschen Flottenbaus, also der Zeit, in der die junge deutsche Ueberseestellung in hohem Maße Gefahren ausgesetzt war. Die Notwendigkeit, entweder im Osten mit Rußland oder im Westen mit England zum Verständnis zu kommen, wurde gebieterisch. Es ist uns teuer genug zu stehen gekommen, daß es nicht gelang, dieser Lage in der einen oder der anderen Weise gerecht zu werden.

Wie sahen nun die Grundelemente der deutschen Außenpolitik nach dem Jahre 1918 aus?

An der Nordfront hatte das Versailler Diktat Nordschleswig mit zum Teil deutscher Bevölkerung an Dänemark gebracht. Man kann aber nicht sagen, daß sich dadurch im Verhältnis Deutschlands zum Norden grundsätzlich etwas geändert hätte. Zwar bemühte man sich gelegentlich in nationalistischen dänischen Kreisen, der nordschleswigischen Frage einen gesamtnordischen Charakter in dem Sinne zu verleihen, daß die Grenze *Skandinaviens* sozusagen an der Flensburger Föhrde liege, die Gemeinschaft der nordischen Länder also die Wache an ihr – wenigstens moralisch – bezöge. Indessen über höfliche Tischreden oder Festartikel ist man bei dieser utopischen Angelegenheit niemals hinausgekommen. Die Ruhelage zwischen südlichen und nördlichen Anliegern der Ostsee und Nordsee blieb bestehen. In einer Hinsicht hatte sich allerdings die Lage am Baltikum gründlich verschoben. Wir haben noch nicht die Tatsache berührt, daß vor dem ersten Weltkrieg die Nordfront im Grunde auch an der Ostfront teil hatte, insofern als Rußland die gesamte Küste zwischen Haparanda und Memel in der Hand hatte. Das war nun anders geworden: nur noch östlich der Narwa bis Leningrad grenzte Sowjetrußland an die Ostsee. Damit war ein Zustand geschaffen, der den Charakter dieses Meeres als einer Zone politischer Ruhe zunächst außerordentlich verstärkte, aber Elemente der Auflösung in sich trug, weil der russische Drang an die Ostsee keineswegs erloschen war. Für *Deutschland* lag aber auch hierin kein unmittelbarer Anlaß, die Nordfront als aktiviert zu betrachten.

Im Süden hatten sich, wie wir schon angedeutet haben, die Momente weiter verstärkt, die im großpolitischen Sinne für die Befriedung an diesen Grenzen ins Gewicht fielen. Die Interessengemeinschaft zwischen Deutschland und Italien trat immer stärker hervor. Die Entfremdung, die um das Jahr 1934 zwischen beiden Ländern in der österreichischen Frage entstand, hatte den Charakter einer Episode, deren Voraussetzungen im Jahr 1938 endgiltig fortfielen. Wir haben uns mit diesen Dingen eingehend in dem Aufsatz „Vom Fuss der Berge zum Mittelmeer"[2] auseinander gesetzt. Hier ist nur das Ergebnis festzuhalten: An der deutschen Südgrenze fehlten auch nach 1918 Faktoren von Dauer und Bedeutung, die ihr den Charakter einer „Front in Bewegung" verliehen hätten.

An der Westfront waren durch den Fortfall der von England behaupteten deutschen Bedrohung seiner Weltwirtschaftsstellung

2 Heft [. . .] dieser Zeitschrift, Jahrgang [. . .], jetzt in „Europäische Lebensfragen" (Limbach-Verlag 1943). [Die hier in eckige Klammern gesetzten Stellen sind im Original freigelassen worden. Der zitierte Aufsatz erschien erstmals in Bd. 9 (1942) der Zeitschrift „Auswärtige Politik"]

und durch das Gegenstandsloswerden des französischen Revanche-
gedankens Elemente entstanden, die eine Politik gründlicher Verständigung zu ermöglichen schienen. Die elsaß-lothringische Frage
wurde von deutscher Seite in einer Weise behandelt, die keinen
Zweifel darüber ließ, daß Deutschland keinen Revanchekrieg zu
entfesseln gewillt war. Auch der Rückerwerb von Kolonien wurde
keinen Augenblick als ein Ziel aufgestellt, das man falls nötig mit
Gewalt durchzusetzen entschlossen war. Vor allem aber bedeutete
das politische Ausscheiden Deutschlands aus dem großen Wettkampf der Weltmächte [in] Uebersee ein Wiedererstehen jener für
die Bismarcksche Politik festgestellten Lage der Uninteressiertheit
an den Gegensätzen, die naturnotwendiger Weise Rußland und das
Britische Reich, die Vereinigten Staaten und Japan einander immer
schärfer gegenüberstellten. Die Möglichkeit ergab sich also, das
Gewicht eines langsam wieder erstarkten Deutschland in der einen
oder anderen Wa[a]gschale wieder fühlbar zu machen.

Aber zwei gewaltige Hypotheken belasteten andrerseits die deutsche Politik nach 1919. Die eine ergab sich aus der Unsinnigkeit der
Pariser Vorortverträge. Es ist hier nicht auf jene Bestimmungen des
Diktats einzugehen, die vor allem auf militärischem und wirtschaftlichem Gebiet die Lage für Deutschland zunächst noch hoffnungslo-
ser und unerträglicher gestalteten. Aber als *dauerhaftes* politisches
Moment ist die *Gesamt*wirkung von Versailles einzustellen, im Sinne
eines Zustands, der Deutschland Licht und Atem nahm und das
Deutschtum auseinanderriß, ein Zustand, der zugleich unzählige
Keime des Streits und der Auflösung in sich trug. Die zweite Hypothek, die auf der deutschen Politik lastete, bestand in einer Erscheinung, die das Ostwestproblem aufs äußerste verwickelte: Die sieg-
reiche Entente, England und Frankreich, behandelten die Ost- und
vor allem Südostfragen in einem ganz anderen Umfange wie bisher
als eigene. In hohem Grade machte sich zunächst die Lücke fühlbar,
die der Fortfall der „zweiten deutschen Großmacht" in die deutsche
Ost- und Südostfront gerissen hatte. Indem die Westmächte das von
ihnen geschaffene Konglomerat von Mittelstaaten zwischen der
Ostsee und dem Schwarzen Meer und der Adria als ihren Exponenten im Osten betrachteten und verwendeten, ergab sich zweierlei:
einmal wurden östliche und westliche Interessen und Gesichtspunkte in gefährlicher Weise vermengt, sodann den Südoststaaten
ein über ihre wirkliche Macht und Bedeutung weit hinausgehendes
politisches Gewicht verliehen. Auf diesen Zusammenhang kommen
wir noch zurück.

Wir wenden uns zunächst der Ostfront im engeren Sinne zu. Hier
war in erster Linie eine Tatsache zu verzeichnen, die das ganze Bild

immerhin verschob: der Alpdruck Bismarcks, nämlich die schwere Folge der Option zwischen Rußland und Oesterreich-Ungarn war gegenstandslos geworden, weil das letztere nicht mehr bestand. Ein neuer Faktor war andererseits in Gestalt des neugeschaffenen Polen gegeben. Deutschland trat von nun an im Osten nicht mehr einer, sondern zwei Mächten gegenüber, die allerdings infolge der 1919 getroffenen Gebietsregelung untereinander im Gegensatze standen. War einerseits durch das Dazwischenschieben Polens die unmittelbare deutsch-russische Reibungsfläche verschwunden, so ergab sich andererseits ein deutsch-polnischer Widerstreit aus der Tatsache, daß Polen ehemals deutsche Gebiete, vor allem der sogenannte Korridor zugeteilt worden waren. Das Ergebnis war für das deutsche Westostproblem, was *Rußland* betrifft, eine erleichterte Lage, d. h. eine gesteigerte Möglichkeit für die deutsche Politik in Europa den Rückhalt in Rußland zu finden, umso mehr, als auch dieses gegen Polen Gebietsansprüche erhob. Indessen wurde das Ausnützen dieser Lage durch die weltanschaulichen Gegensätze und Gefahren erschwert. Dazu kam, daß Sowjetrußland allmählich die überlieferten Ansprüche der Zaren auf eine Vormachtstellung in Südosteuropa – nunmehr in gefährlicher, unentwirrbarer Vermischung mit bolschewistischer Expansion – immer stärker wieder aufnahm. Es war ferner ein neues Handicap für Deutschland in der West-Ostfrage eben durch das Verhältnis zu Polen insofern entstanden, als dieser Staat von London und Paris in ihr Spiel gegen Berlin als Figur eingestellt wurde.

Kann man in diesem Uebergreifen des Westens nach dem *Osten* eines der wichtigsten Elemente der politischen Entwicklung nach dem ersten Weltkriege erblicken, so gilt das erst recht für die *Süd*ostpolitik der Westmächte. Der Donauraum ist geradezu das Schulbeispiel für eine gegen die Natur der Dinge getriebene und deshalb verhängnisvolle Politik geworden. Faßt man die uns hier lediglich beschäftigenden Grundelemente ins Auge, so muß man sofort die wirklichen Verhältnisse dem *Schein* gegenüberstellen, jenem Schein, den die Westmächte gern als real betrachten *wollten* und ihrer Politik zu Grunde legten. Dieser Schein läßt sich etwa dahin kennzeichnen, daß jenes im Donauraum geschaffene Staatenmosaik eine vom deutschen Wirtschaftsraum abtrennbare (und abgetrennte) Vielheit (oder vielleicht auch Einheit) bilde, die unter dem Schutz und mit der Geldhilfe der Westmächte sich als Wall gegen den angeblichen deutschen Drang nach Südosten verwenden ließe. Dies wurde umsomehr für möglich angesehen, als das Rumpfösterreich zwischen Deutschland und den übrigen Donauländern als Barriere eingeschoben, ferner in der Tschechoslowakei ein unnatürliches Staatsgebilde geschaffen worden war, das als Pfahl im deutschen Fleisch zu wirken bestimmt war und geeignet erschien. Die allen diesen Bildungen zu Grunde liegenden natürlichen Gegebenheiten sehen dagegen ganz anders aus. Der gesamte Donauraum – zunächst einmal von *seinem* Standpunkt aus gesehen – muß auf Grund der Natur der geographischen Voraussetzungen und der wirtschaftlichen Verhältnisse im deutschen Wirtschaftsraum seine unentbehrliche Ergänzung erblicken; ihn davon abzuspalten, ist gleichbedeutend mit dem Durchschneiden seines Lebensnervs. Was uns hier aber beschäftigt, die Leitfaktoren der *deutschen* Politik, weisen diese in genau die gleiche Richtung. Die wirtschaftlichen Gesichtspunkte sind hier im einzelnen nicht auszuführen. Politisch ist die Lage die, daß die freie Entfaltung und Eigenständigkeit der Völker des Donauraums sowohl dem russischen „Drang nach Westen" wie dem Bolschewismus als solchem wie endlich den wirtschaftlich verbrämten imperialistischen Zielen der Angelsachsen gegenüber des deutschen Rückhalts als unentbehrlicher Voraussetzung bedarf. Umgekehrt ist mit unangefochtener, entwicklungsfähiger deutscher Stellung in Europa zwischen Westen und Osten ein Vorherrschen fremden – westlichen und östlichen – Einflusses im Donauraum unvereinbar.

Die Lage Deutschlands zwischen Osten und Westen bildete nach alledem das Kernproblem für die deutsche Politik auch nach 1919[3]. Wir haben schon angedeutet, daß in der deutschen Mittellage neben Gefahren und Schwierigkeiten auch *Aktiva* zu finden sind. Ein solches Aktivum sehr wesentlicher Art ist in ihrer *europäischen* Bedeutung, d. h. der Tatsache gegeben, daß ein gesundes Europa auf die Dauer niemals bestanden hat und nicht bestehen wird ohne Deutschland als gesundes und starkes Herz. Es ist die Tragödie nicht nur Deutschlands, sondern des Erdteils, daß der Gedanke so selten verstanden und verwirklicht worden ist. Niemals vielleicht ist diese europäische Notwendigkeit so klar hervorgetreten wie seit dem ersten Weltkriege, und es sollte eigentlich nicht so schwierig sein, zu dieser Erkenntnis durchzudringen und nach ihr zu handeln, – *wenn* die Vernunft in der Welt regierte, was bekanntlich leider nicht der Fall ist. Diese „europäische" Seite der deutschen Mittellage ist ein Kapitel für sich, das gesonderter Behandlung bedarf.

Wir fassen noch einmal kurz zusammen, wie sich die deutsche Mittellage nach 1919 gestaltet hat: Sie wurde in *einer* Hinsicht *ent*lastet, nämlich durch die jetzt ausserhalb des unmittelbaren deutschen

[3 Dieser Satz. ist im Manuskript gestrichen. Allerdings ist nicht erkennbar, wer die Streichung vorgenommen hat.]

Interessenkreises liegenden weltpolitischen Gegensätze zwischen den angelsächsischen Mächten, Russland und Japan; diese Gegensätze verschärften sich trotz gelegentlich anderen Anscheins von Tag zu Tag. Auf der anderen Seite wurde die Lage Deutschland[s] stark *be*lastet durch zwei Umstände: Die Entstehung Polens mit seinen unnatürlich ausgreifenden Westgrenzen und das vor allem mit dem Ende der Donaumonarchie immer verwickelter gewordene Südostproblem, von den Westmächten für ihre gegen Deutschland gerichteten Ziele ausgenutzt und auch von Sowjetrussland mehr und mehr in den Dienst imperialistischer und bolschewistischer Zwecke gestellt. Es ist klar, dass unter solchen Umständen auch nach 1919 jenes Bismarcksche „Grundgefühl" für die deutsche Mittellage unentbehrliches Erfordernis der deutschen Staatskunst blieb. Wenn wir zu Beginn dieses Aufsatzes nach den Konstanten der Aussenpolitik Deutschlands gefragt haben, so werden wir antworten: Die wichtigste Konstante besteht in der unabänderlichen Notwendigkeit, in jedem Augenblick und in jeder Lage die Faktoren im Westen und im Osten mit eben diesem „Grundgefühl" abzuschätzen, sie in das politische Schachspiel als Figuren richtig einzusetzen und zwischen ihnen die deutschen Lebensnotwendigkeiten sicherzustellen.

Abkürzungsverzeichnis

AA	Auswärtiges Amt
ADAP	Akten zur deutschen auswärtigen Politik
AP	Auswärtige Politik. Monatshefte des Deutschen Instituts für Außenpolitische Forschung [etc.]
BA	Bundesarchiv Koblenz
DBFP	Documents on British Foreign Policy
FDLR	Franklin D. Roosevelt Library Hyde Park (New York)
FO	Foreign Office
FRUS	Foreign Relations of the United States
HZ	Historische Zeitschrift
IfZ	Institut für Zeitgeschichte München
MWT	Mitteleuropäischer Wirtschaftstag
NA	National Archives Washington, D. C.
PA/AA	Politisches Archiv des Auswärtigen Amtes Bonn
PRO	Public Record Office London
Tagebücher	Die Hassell-Tagebücher 1938–1944
VfZG	Vierteljahrshefte für Zeitgeschichte

Abbildungsnachweis

Privatbesitz: S. 17, 23, 53, 65, 77, 84, 94, 104
Public Record Office, London: S. 116
Bundesarchiv, Koblenz: S. 126, 171, 173
Süddeutscher Verlag, München: Umschlagbild

Anmerkungen

Einleitung

1 *Ulrich von Hassell,* Das Ringen um den Staat der Zukunft, in: Schweizer Monatshefte 44 (1964/65), S. 314 ff.

2 Vgl. *Hans Rothfels,* Die deutsche Opposition gegen Hitler. Eine Würdigung, 1949 und 1958, erweiterte Ausgabe Frankfurt a. M. 1969. (Zu den folgenden, von *Hermann Graml* besorgten Ausgaben vgl. die Rezension von *Werner Conze,* in: HZ 228 (1979), S. 764 f.) Die Studie ist für das Verständnis der deutschen Widerstandsbewegung, und namentlich der konservativen „Opposition", nach wie vor unverzichtbar. (Zitiert wird nach der letzten Ausgabe, Frankfurt a. M. 1986, jedoch mit vollständigem Titel.) *Gerhard Ritter,* Carl Goerdeler und die deutsche Widerstandsbewegung, Stuttgart 1954 u. ö. (Im folgenden wird nach der Taschenbuchausgabe, München 1964 u. ö., zitiert.) *Peter Hoffmann,* Widerstand – Staatsstreich – Attentat. Der Kampf der Opposition gegen Hitler (1969), München-Zürich ⁴1985. Vgl. zuletzt: *Gregor Schöllgen,* Ulrich von Hassell, in: *Rudolf Lill/Heinrich Oberreuter* (Hrsg.), 20. Juli. Portraits des Widerstands, Düsseldorf-Wien 1984, S. 135 ff.

3 Vgl. vor allem: *Jens Petersen,* Hitler-Mussolini. Die Entstehung der Achse Berlin–Rom 1933–1936, Tübingen 1973.

4 *Peter Krüger,* Die Außenpolitik der Republik von Weimar, Darmstadt 1985.

5 Vgl. *Gregor Schöllgen,* Wurzeln konservativer Opposition. Ulrich von Hassell und der Übergang vom Kaiserreich zur Weimarer Republik, in: Geschichte in Wissenschaft und Unterricht 38 (1987), S. 478 ff.

6 Die Hassell-Tagebücher 1938–1944. *Ulrich von Hassell,* Aufzeichnungen vom Anderen Deutschland. Nach der Handschrift revidierte und erweiterte Ausgabe, unter Mitarbeit von *P. Reiß* hrsg. von *F. Frhr. Hiller von Gaertringen,* Berlin 1988.

7 *Rothfels,* Die deutsche Opposition, S. 110.

8 Vgl.: Das Urteil im Wilhelmstraßen-Prozeß [. . .], Schwäbisch Gmünd 1950, z. B. S. 25 ff.

9 Die sogenannten Gefängniserinnerungen – in der maschinen-

schriftlichen Transkription etwa 300 Seiten – wurden von Ulrich
von Hassell in den vier Wochen vor seiner Hinrichtung zu
Papier gebracht und im April 1945, kurz vor dem Einmarsch der
Roten Armee nach Berlin, von der sich auflösenden Gestapo seinem ältesten Sohn überlassen. Hassell schrieb seine in weiten
Passagen druckreifen Erinnerungen auf alle Materialien, deren
er in der Zelle habhaft werden konnte, so z. B. auf die Rückseite
von Glückwunschtelegrammen zu seinem 60. Geburtstag, die
der Gestapo-Beamte bei Hassells Verhaftung in dessen Schreibtisch gefunden hatte.

Kapitel I.1.

1 Vgl. dazu und zum folgenden *Gregor Schöllgen*, Das Zeitalter des
Imperialismus (= Oldenbourg Grundriß der Geschichte, Bd. 15),
München ²1990.

2 *Otto Hintze*, Die Hohenzollern und ihr Werk. Fünfhundert Jahre
vaterländischer Geschichte, Berlin 1915, S. 679.

3 Vgl. zu dieser Problematik *Gregor Schöllgen*, Die Großmacht als
Weltmacht. Idee, Wirklichkeit und Perzeption deutscher „Weltpolitik" im Zeitalter des Imperialismus, in: HZ 248 (1989), S. 79 ff.

4 *Ulrich von Hassell [Senior]*, Erinnerungen aus meinem Leben
1848–1918, Stuttgart 1919, S. 218.

5 *Ders.*, Tirpitz. Sein Leben und Wirken mit Berücksichtigung seiner Beziehungen zu Albrecht von Stosch, Stuttgart 1920.

6 Vgl. dazu und zum folgenden die in Anm. 4 und 5 genannten
Bücher von *Hassell [Senior]*; Artikel „Hassell, v., Christ., A.,
Ulrich", in: Reichshandbuch der Deutschen Gesellschaft. Das
Handbuch der Persönlichkeiten in Wort und Bild, Bd. 1, Berlin
1930, sowie die Personalakten Ulrich von Hassells, in: PA/AA
(vgl. dazu im einzelnen das Quellenverzeichnis dieses Buches).

7 *Ulrich von Hassell*, Chinas Erwachen um die Jahrhundertwende.
Bilder aus dem Fernen Osten, in: Gelbe Hefte 16 (1939/40),
S. 193 ff.

8 *Christian Augustin*, Zur Frage der Gewinnbeteiligung der Angestellten, in: Monatsschrift für Stadt und Land 62 (1905),
S. 240 ff., Zitate S. 243 bzw. 241; *ders.*, Arbeiten und nicht verzweifeln, ebd. 61 (1904), S. 1182 ff. In dieser Zeit wurden an glei-
chem Ort auch einige kürzere Rezensionen Hassells publiziert.

9 *Ders.*, Im Wandel der Außenpolitik. Von der französischen Revolution bis zum Weltkrieg. Bildnisskizzen, München 1939, S. 232

und 220. Aber nicht nur auf seinen Schwiegervater hat sich Hassell immer wieder bezogen, auch die Ideen seines Schwagers, Wolfgang von Tirpitz, hat er gelegentlich ins Gespräch gebracht, so z. B. im April 1931 gegenüber dem Staatssekretär des AA, Bernhard Wilhelm von Bülow, dem er eine Aufzeichnung seines Schwagers über eine Unterredung mit Churchill übersandte. Vgl. Hassell an Bülow, 21. April 1931, in: PA/AA, Geheimakten 1920–1936, Politik 2/Jugoslawien: Akten betr. Politische Beziehungen Jugoslawiens zu Deutschland, Bd. 1.

10 *Hassell*, Im Wandel der Außenpolitik, S. 220 bzw. 9.

11 *Viscount D'Abernon*, Ein Botschafter der Zeitenwende. Memoiren, Bd. 3, Leipzig o. J., S. 206.

12 Vgl. z. B. das Schreiben an seine Mutter vom 17. Juli 1926, in: Die Weizsäcker-Papiere 1900–1932, hrsg. von *L. E. Hill*, Berlin–Frankfurt a. M.–Wien 1982, S. 376.

13 Das diplomatische Revirement, in: Berliner Tageblatt, 29. Juli 1926.

14 Welczeck an Wolff, 18. August 1926, Abschrift in: PA/AA, Botschaft Madrid: Akten betr. das Generalkonsulat in Barcelona, Bd. 7.

15 Vgl. z. B.: Vossische Zeitung, 13. Dezember 1928 (Überschrift: „Tirpitz' Schwiegersohn"); Berliner Tageblatt, 14. Dezember 1928; Kreuzzeitung, 14. Dezember 1928.

16 Vgl. dazu *Hassell*, Chinas Erwachen, a. a. O.

17 Vgl. die Akten des Generalkonsulats Genua, PA/AA.

18 Wie sein Vater sich erinnerte, erreichte Hassell die Nachricht, der Krieg sei unvermeidlich, auf einer Reise durch die Schweiz. Vgl. *Hassell [Senior]*, Tirpitz, S. 224.

19 Hassell an Bülow, 16. Dezember 1931, Abschrift in: PA/AA, Personalia: Akten betr. Ulrich von Hassell, Bd. 3. Immerhin hatte Hassell – als Folge seiner Verwundung – im Frühjahr 1923 einen schweren Zusammenbruch erlebt, der ihn für Wochen arbeitsunfähig machte. Auch in den folgenden Jahren hatte er noch gelegentlich mit inneren Blutungen zu tun.

Kapitel I.2.

1 Vgl. dazu *Klaus von der Groeben/Hans-Jürgen von der Heide*, Geschichte des Deutschen Landkreistages, Köln–Berlin 1981, S. 30–55.

2 Vgl. *Hans Luther*, Politiker ohne Partei. Erinnerungen, Stuttgart

1960, S. 62. Vgl. die fachliche Auseinandersetzung mit dem Geschäftsführer des Städtetages: *Ulrich von Hassell,* Krieg und Selbstverwaltung, in: Zeitschrift für Selbstverwaltung, 1. Jg. (April 1918), S. 6 ff.

3 Vgl. *von der Groeben/von der Heide,* Geschichte des deutschen Landkreistages, S. 33, 46 und 145. Darüber hinaus nutzte Hassell z. B. auch gelegentlich seine Corps-Verbindungen. Vgl. zu diesen Fragen *Hans-Karl Behrend,* Die Besetzung der Landratsstellen in Ostpreußen, Brandenburg, Pommern und der Grenzmark von 1919 bis 1933, phil. Diss., Berlin 1956, bes. S. 95, 97 und 99.

4 Die folgenden Überlegungen halten sich passagenweise an: *Schöllgen,* Wurzeln konservativer Opposition, a. a. O.

5 Die Studie erschien als Heft 40 der „Beiträge zur Kriegswirtschaft", hrsg. vom Kriegsernährungsamt, Berlin 1918.

6 Hassell zeichnete von Heft 1 des 1. Jahrganges bis Heft 18/19 des 2. Jahrganges als Herausgeber verantwortlich. Neben Artikeln wurden in der Zeitschrift auch zahlreiche öffentliche Stellungnahmen des Verbandes publiziert, die Hassell in seiner Eigenschaft als dessen Direktor unterzeichnet hatte, so – als letzte Äußerung Hassells dieser Art – ein Schreiben an die Fraktionen der deutschen Parteien vom 24. November 1919 betr. den „Entwurf des Umsatzsteuergesetzes" (Bd. 2, S. 452 ff.).

7 Zitiert nach: *von der Groeben/von der Heide,* Geschichte des Deutschen Landkreistages, S. 48.

8 *Ulrich von Hassell,* Volkswirtschaft in der Weltwirtschaft, in: Der Tag, 1. April 1917.

9 *Ders.,* Revolution, Verwaltung und Selbstverwaltung, ebd., 8. Februar 1919.

10 *Ders.,* Preußens Erste Kammer, ebd., 7. September 1918.

11 *Ders.,* Die Selbstverwaltung in der Wahlreform, ebd., 5. Januar 1918.

12 *Oswald Spengler,* Preußentum und Sozialismus, München 1919. Vgl. dazu *Detlef Felken,* Oswald Spengler. Konservativer Denker zwischen Kaiserreich und Diktatur, München 1988, bes. S. 95 ff.

13 *Heinrich Brüning,* Memoiren 1918–1934, Stuttgart 1970, S. 17.

14 *Ulrich von Hassell,* Wir jungen Konservativen. Ein Aufruf, in: Der Tag, 24. November 1918. Der Artikel ist im Anhang der vorliegenden Studie (Dokument I) im Wortlaut veröffentlicht.

15 Vgl. dazu *Gerhard Schulz,* Der ‚Nationale Klub von 1919' zu Berlin. Zum politischen Zerfall einer Gesellschaft, in: *ders.,* Das Zeitalter der Gesellschaft. Aufsätze zur politischen Sozialgeschichte der Neuzeit, München 1969, S. 299 ff.; *Heidrun Holzbach,* Das „System Hugenberg". Die Organisation bürgerlicher Samm-

lungspolitik vor dem Aufstieg der NSDAP, Stuttgart 1981, S. 138 ff.

16 Vgl. *Joachim v. Winterfeldt-Menkin*, Jahreszeiten des Lebens. Das Buch meiner Erinnerungen, Berlin 1942, S. 252.

17 Vgl. *Johannes Erger*, Der Kapp-Lüttwitz-Putsch. Ein Beitrag zur deutschen Innenpolitik 1919/20, Düsseldorf 1967, S. 86 u. 95. Dieser Befund wird auch durch Hassells „Gefängniserinnerungen" bestätigt. Ob der zu diesem Zeitpunkt schon todkranke Generaloberst Hammerstein, Schwiegersohn des Generals von Lüttwitz, auf jene Episode anspielte, als er Hassell im März 1943 „beschwörend" warnte: „Macht nur keinen Kapp-Putsch!", läßt sich nicht mit Bestimmtheit sagen. Hassell jedenfalls hielt die Warnung für „berechtigt, denn das Ausbleiben einer organisierten Aktion rückt die Versuchung zu verzweifeltem Einzelvorgehen näher" (Tagebücher, S. 356).

18 Vgl. *Jan Striesow*, Die Deutschnationale Volkspartei und die Völkisch-Radikalen 1918–1922, Frankfurt a. M. 1981, S. 79.

19 Vgl. *Werner Liebe*, Die Deutschnationale Volkspartei 1918–1924, Düsseldorf 1956, S. 20.

20 Vgl. ebd., S. 20; *Striesow*, Die Deutschnationale Volkspartei, S. 544, Anm. 79.

21 *Striesow*, Die Deutschnationale Volkspartei, S. 149.

22 *Ulrich von Hassell*, Lebensnotwendigkeiten der Deutschnationalen Volkspartei, in: Eiserne Blätter, 1. Jg. (1919), S. 212.

23 *Striesow*, Die Deutschnationale Volkspartei, S. 149.

24 Zitiert nach *Liebe*, Die Deutschnationale Volkspartei, S. 115.

25 Zitiert nach *Striesow*, Die Deutschnationale Volkspartei, S. 153.

26 Vgl. ebd., S. 156.

27 Zitiert nach ebd., S. 155.

28 Zitiert nach *Liebe*, Die Deutschnationale Volkspartei, S. 115.

29 *Hassell*, Lebensnotwendigkeiten, a. a. O., S. 210.

30 *Eberhard Kolb*, Die Weimarer Republik, München [2]1988, S. 12.

31 Zum Antisemitismus in der Anfangsphase der Weimarer Republik vgl. *Hermann Greive*, Geschichte des modernen Antisemitismus in Deutschland, Darmstadt 1983, S. 104 ff.; *Heinrich August Winkler*, Die deutsche Gesellschaft der Weimarer Republik und der Antisemitismus, in: *Bernd Martin/Ernst Schulin* (Hrsg.), Die Juden als Minderheit in der Geschichte, München 1981, S. 271 ff., bes. S. 280: „Um die Massen nach rechts zu ziehen, war der Antisemitismus ein willkommenes Mittel."

32 Vgl. Anm. 22.

33 *Hassell*, Lebensnotwendigkeiten, a. a. O., S. 212.

34 *Ulrich von Hassell*, Eine Anregung zum Betriebsrätegesetz, in: Die

Post, 6. Oktober 1919. Hassell setzte sich hier für den Vorschlag der DNVP ein, den Entwurf eines Betriebsrätegesetzes „durch ein *Rahmengesetz* zu ersetzen, dessen Ausführung den *wirtschaftlichen Berufsvertretungen* zu überlassen oder doch ihrer entscheidenden Mitwirkung anzuvertrauen wäre".

35 Dieses und die folgenden Zitate nach: *Hassell,* Wir jungen Konservativen, a. a. O.

36 *Ulrich von Hassell,* Alte und neue Mehrheiten, in: *Der Tag,* 29. März 1919.

37 *Ders.,* Wir jungen Konservativen, a. a. O.

38 *Ders.,* Alte und neue Mehrheiten, a. a. O.

39 *Ulrich von Hassell,* Revolution und Verwaltungsreform, in: Deutsche Politik 4 (1919), S. 372 ff., Zitat S. 372.

40 Ebd., S. 375.

41 Ebd., S. 373 f.

42 Ebd., S. 374. Über die Abgrenzung und die jeweiligen Kompetenzen von Selbstverwaltung und staatlichem Verwaltungsapparat heißt es bereits im November 1917: „Die *Selbstverwaltung* beruht wesentlich auf der Tätigkeitsform der ‚Beratung'; es handelt sich da um Interessenabwägung, und die kollegiale Bearbeitung ist ohne weiteres als zweckmäßig gegeben. Ganz anders in der eigentlichen Staatsverwaltung. *Die Exekutive, die hier in Frage steht, beruht auf Autorität und bedeutet Entscheidung.* Hier ist das Feld des einzelnen Beamten, der als Vertreter des Staatsgedankens und Staatsinteresses bestellt ist, als solcher empfindet und die Verantwortung der Entscheidung übernehmen muß." (*Ulrich von Hassell,* Gedanken zur Verwaltungsreform, in: Deutsche Politik 2 [1917], S. 1448 ff., Zitat S. 1452 f.) Auch an dieser Sicht der Dinge hat Hassell im wesentlichen festgehalten, und zwar sowohl 1918/19 als auch 1938–44.

43 Die Formulierung entstammt jenem vermutlich im Februar 1940 verfaßten Programm konservativer Oppositioneller, an dessen Ausarbeitung Hassell zumindest maßgeblich mitgewirkt haben dürfte. Gerade Formulierungen wie die zitierte legen diesen Schluß nahe. Zitiert nach: Tagebücher, S. 453.

44 Vgl. *Marianne Meyer-Krahmer,* Carl Goerdeler und sein Weg in den Widerstand. Eine Reise in die Welt meines Vaters, Freiburg i. Br. 1989, S. 33 ff.

45 *Hassell,* Revolution und Verwaltungsreform, a. a. O., S. 373. Im übrigen hatte Hassell noch keineswegs den „Glauben verloren, daß wir Deutsche, wenn nicht heute, so doch im Laufe der Zeit, einen Weg finden werden, der uns vor sklavischer Nachahmung westlicher Musterdemokratien bewahrt" (ebd.).

46 *Max Weber,* Der Reichspräsident, in: Gesammelte politische
   Schriften, hrsg. von *J. Winckelmann,* Tübingen ³1971, S. 500. Vgl.
   dazu *Gregor Schöllgen,* Max Webers Anliegen. Rationalisierung
   als Forderung und Hypothek, Darmstadt 1985, S. 89 ff.

47 *Schulz,* Der ‚Nationale Klub von 1919', a. a. O., S. 300.

48 *Ulrich von Hassell,* Das Ringen um den Staat der Zukunft, S. 318.

49 Vgl. Anm. 14.

50 Vgl. z. B. *Gregor Schöllgen,* Imperialismus und Gleichgewicht.
   Deutschland, England und die orientalische Frage, München
   1984, S. 417 ff.

51 Zitiert nach der Einleitung *Wolf Ulrich von Hassells* zur ersten
   Auflage der Tagebücher seines Vaters, Zürich–Freiburg i. B.
   1946, S. 10. Tatsächlich haben sich Hassell und die DNVP in den
   kommenden Jahren immer weiter auseinandergelebt.

52 Aufzeichnung des Vizekonsuls Sonnenhol über die „Verhandlung vor dem Volksgerichtshof am 7. 9. 1944 Fall Hassell", in:
   ADAP, E VIII, Nr. 228: „H. behauptete", so heißt es dort weiter,
   „dies aus seinem nationalen Pflichtbewußtsein getan zu haben.
   Er sei nicht mit dem Weimarer System einverstanden gewesen
   [. . .]"

Kapitel II. 1.

1 Vgl. *Walter Görlitz,* Hindenburg. Ein Lebensbild, Bonn 1953,
   S. 263; *Otto Schmidt,* Umdenken oder Anarchie. Männer –
   Schicksale – Lehren, Göttingen 1959, S. 195.

2 Vgl. z. B. sein Schreiben an das AA vom 30. April 1925, Abschrift
   in: PA/AA, Botschaft Madrid: Akten betr. das Generalkonsulat
   in Barcelona, Bd. 7.

3 Der deutsche Volkswirt, 6. Jg., Nr. 52, 23. September 1932, S. 1691.

4 *Viscount D'Abernon,* Ein Botschafter der Zeitwende, Bd. 3, S. 206.

5 Vgl. *Fritz Klein,* Zur Vorbereitung der faschistischen Diktatur
   durch die deutsche Großbourgeoisie (1929–1932), in: Zeitschrift
   für Geschichtswissenschaft 1 (1953), S. 872 ff., bes. S. 897; vgl.
   z. B. auch den Tagesbericht des Reichsbankpräsidenten Luther
   vom 12. 6. 1931, in: Politik und Wirtschaft in der Krise
   1930–1932. Quellen zur Ära Brüning, bearb. von *I. Maurer* und
   U. Wengst, Düsseldorf 1980, bes. S. 657 f.

6 Vgl. *Hermann Pünder,* Politik in der Reichskanzlei. Aufzeichnungen aus den Jahren 1929–1932, hrsg. von *T. Vogelsang,* Stuttgart
   1961, S. 127 (= 29. Mai 1932).

7 Vgl. z. B. die am 5. November 1926 publizierten Korrespondentenberichte der dänischen Zeitungen „Köbenhavn", „Politiken", „Berlingske Tidende" und „Nationaltidende"; deutsche Übersetzungen in den Akten (PA/AA).

8 Welche Aussagekraft hingegen Orden haben, sei dahingestellt. Hassell war immerhin Träger u. a. folgender Auszeichnungen: III. Klasse der ersten Stufe des chinesischen Doppelten DrachenOrdens; Großherrlicher Türkischer Osmanie-Orden IV. Klasse; Stern des Ordens Isabellas der Katholischen; Großkreuz des Königlich Dänischen Danebrogordens; Großkreuz des Ordens der Jugoslawischen Krone; Großkreuz des Mauritius- und Lazarus-Ordens; Kaiserlich Japanischer Orden der Aufgehenden Sonne I. Klasse; Königlich Bulgarischer St. Alexander-Orden I. Klasse (Quelle: PA/AA, Personalia: Akten betr. Ulrich von Hassell).

9 Vgl. die Hinweise in: PA/AA, Botschaft Rom (Quirinal): Akten betr. privaten Briefwechsel des Botschafters von Hassell, Bd. 4 und 6.

10 Vgl. z. B. *Ulrich von Hassell,* Die Bedeutung des politischen Gedankens Dantes für die Gegenwart, in: Deutsches Dante-Jahrbuch 16, Neue Folge (1934), S. 103 ff.; leicht gekürzte Fassung in: Forschungen und Fortschritte 11 (1935), S. 140 ff.; vgl. auch: *ders.,* Deutschlands und Italiens europäische Sendung im Zeichen Dantes, in: *Nationalsozialistische Monatshefte* 12 (1941), S. 912 ff. Dieser Artikel folgt in weiten Passagen seinen Vorgängern.

11 *Ludwig Curtius,* Deutsche und antike Welt. Lebenserinnerungen, Sonderausg. Stuttgart 1950, S. 349.

12 Vgl. den Vorgang in: Document Center, Berlin, Akten der Reichskulturkammer: U. v. Hassell, sowie das Schreiben des „Reichsdozentenführers" an das AA, 28. Januar 1942, in: PA/AA, Personalia: Akten betr. Ulrich von Hassell, Bd. 4. Aus einer entsprechenden Aktennotiz geht hervor, daß seitens des Amtes keine Bedenken bestanden. Vgl. dazu auch: *Friedrich Berber,* Zwischen Macht und Gewissen. Lebenserinnerungen, München 1986, S. 155; *Heinrich Becker* u. a. (Hrsg.), Die Universität Göttingen unter dem Nationalsozialismus. Das verdrängte Kapitel ihrer 250jährigen Geschichte, München 1987, S. 39 f. und 113.

13 Vgl. Anm. 7 sowie: Hassells Bericht an das AA vom 4. Juni 1930, in PA/AA, Abtlg. II, Politik 2/Jugoslawien: Akten betr. Politische Beziehung Jugoslawiens zu Deutschland, Bd. 3.

14 Hassell an AA, 29. Juni 1920, ADAP, A/III, Nr. 170.

15 Hassell an AA, 7. Juni 1920, ebd., Nr. 159.

16 Anlage eines Schreibens Berenberg-Goßlers vom 4. Januar 1921,
    Abschrift in: PA/AA, Sonderreferat W.: Akten betr. Italien: Wirt-
    schaft Italien, Bd. 1.

17 Vgl. Hassell an Deutsche Botschaft Madrid, 13. Februar 1923, in:
    PA/AA, Botschaft Madrid: Akten betr. das Generalkonsulat in
    Barcelona, Bd. 7.

18 Vgl. z. B. die „Aufzeichnung über die wirtschaftliche Lage Spa-
    niens zu Anfang 1924", Anlage zu einem Schreiben an das AA
    vom 20. März 1924, in: PA/AA, Abtlg. II, Wirtschaft 1/Spanien:
    Akten betr. Allgemeine wirtschaftliche Lage Spaniens, Bd. 1,
    oder seinen Bericht über das Gewerkschaftswesen in Barcelona
    vom 8. November 1921, Abschrift ebd., Politik 19/Spanien:
    Akten betr. Bolschewismus, Kommunismus in Spanien, Bd. 1.

19 Vgl. z. B. Hassells Schreiben an den Deutschen Industrie- und
    Handelstag, 12. Januar 1923, Abschrift in: PA/AA, Botschaft
    Madrid: Akten betr. Handelskammer in Barcelona, Bd. 1, sowie
    den dort folgenden Schriftwechsel zwischen Hassell, dem AA
    und dem Reichswirtschaftsministerium.

20 Zu Hassells wirtschafts- und kulturpolitischen Aktivitäten in Spa-
    nien vgl.: *Georg Schreiber*, Ulrich von Hassell, Generalkonsul in
    Barcelona. Spanisch-deutsche Wirtschaftsbeziehungen nach dem
    ersten Weltkrieg, in: Gesammelte Aufsätze zur Kulturgeschich-
    te Spaniens, Bd. 11, hrsg. von *J. Vincke*, Münster 1955, S. 235 ff.

21 Zitate aus dem umfangreichen „Bericht des Generalkonsuls *v.
    Hassell* über seine Dienstreise durch Asturien, Galizien und
    Andalusien" vom 3. März 1924, Abschrift in: PA/AA, Botschaft
    Madrid: Akten betr. das Generalkonsulat in Barcelona, Bd. 7.
    Weitere Berichte ebd. sowie z. B.: PA/AA, Abtlg. II, Wirtschaft
    1/Spanien: Akten betr. allgemeine wirtschaftliche Lage Spaniens.

22 Hassell an AA, 10. November 1922, Abschrift in: PA/AA,
    Abtlg. II, Politik 25/Spanien: Akten betr. das Deutschtum in Spa-
    nien, Bd. 1.

23 Vgl. in diesem Zusammenhang auch seine rückblickenden
    Betrachtungen zum Thema: *Ulrich von Hassell*, Der evangelische
    Pfarrer im Auslandsdeutschtum, in: Der Pfarrerspiegel, hrsg. v.
    S. Stehmann, Berlin 1940, S. 390 ff.

24 Hassell an AA, 23. Januar 1923, Abschrift in: PA/AA, Abtlg. II,
    Politik 2/Spanien: Akten betr. Politische Beziehungen Spaniens
    zu Deutschland.

25 Vgl. seinen Reisebericht vom 3. März 1924, wie Anm. 18.

26 Vgl. z. B. *Ulrich von Hassell*, Der hispanische Gedanke in der
    Welt, in: Süddeutsche Monatshefte 20 (1922/23), S. 244 ff.: *ders.*,
    Deutschland auf dem Erdball, ebd. 21 (1923/24), S. 218 ff.

27 *Hassell,* Deutschland auf dem Erdball, a. a. O., S. 219.

28 Ebd., S. 220.

29 Ebd., S. 222. Die umstandslose Benutzung des Rassebegriffs bei der Analyse von Deutschlands bzw. Europas Stellung und Zukunft in der Welt, die den Artikel insgesamt charakterisiert, wirkt natürlich auf den Leser der Nachkriegszeit höchst befremdlich. Es ist jedoch zu bedenken, daß auch der Rassebegriff in der Zwischenkriegszeit noch nicht als diskreditiert galt, vielmehr einen populären Bestandteil anthropologischer, historischer oder politischer Weltbilder und Erklärungen bildete. Unter anderem eben *deshalb* konnte er ja dann von Hitler aufgegriffen und pervertiert werden. – Bemerkenswert auch, wie wenig Hassell seine Skepsis gegenüber der anglo-amerikanischen Welt und insbesondere ihrer politischen Kultur abgebaut hatte.

Kapitel II.2.

1 Vgl. das Schreiben an seine Mutter vom 25. Juli 1926, in: Die Weizsäcker-Papiere 1900–1932, S. 376: „Hassell ist freilich ein ehrgeiziger Mann und in meinem Alter; das erleichtert die Lage nicht".

2 *Ernst von Weizsäcker,* Erinnerungen, München–Leipzig–Freiburg i. Br. 1950, S. 72.

3 Die Weizsäcker-Papiere, S. 33.

4 Schreiben an Neurath, 9. März 1937, in: PA/AA, Personalia: Akten betr. Ulrich von Hassell, Bd. 4.

5 Nordschleswigsche Zeitung, 1. Mai 1930.

6 So anläßlich seines Antrittsbesuchs beim jugoslawischen Außenminister. Vgl. Hassell an AA, 28. Mai 1930, in: PA/AA, Abtlg. II, Politik 2/Jugoslawien: Akten betr. Politische Beziehungen Jugoslawiens zu Deutschland, Bd. 3.

7 Weizsäcker an seine Mutter, 24. März 1929, in: Die Weizsäcker-Papiere 1900–1932, S. 389.

8 PA/AA, Abtlg. IV. Nd, Politik 2: Akten betr. Politische Beziehungen Deutschland–Dänemark, Bd. 7.

9 Hassell an AA, 20. Januar 1928, ebd.

10 Hassell an AA, 13. Februar 1928, ebd.

11 ADAP, B V, Nr. 205.

12 Hassell an AA, 13. August 1927, Fundort wie Anm. 8.

13 Hassell an Stresemann, 13. Oktober 1927, ebd. Handschriftlicher Zusatz: „Meine Frau und ich würden sich natürlich über Ihren

Besuch besonders freuen und bitten, bei uns Quartier nehmen zu wollen."

14 Hassell an AA, 4. Januar 1927, sowie das dort als Anm. 7 abgedruckte Antworttelegramm Schuberts, ADAP, B IV, Nr. 5.

15 Schreiben vom 30. November, Abschrift in: PA/AA, Gesandtschaft Kopenhagen: Akten betr. Das Ostseeproblem.

16 Aufzeichnung vom 30. November 1928, Abschrift ebd. (Hervorhebungen von mir, G. S.). Die Aufzeichnung ist nicht signiert, die Autorenschaft Hassells ergibt sich aber aus dem in Anm. 15 genannten Schreiben.

17 Aufzeichnung vom 7. August 1929, Abschrift ebd.

18 Aufzeichnung vom 5. November 1930, Anlage eines Schreibens an Bülow vom 6. November 1930, in: PA/AA, Geheimakten 1920–1936, Politik 2/Jugoslawien: Akten betr. Politische Beziehungen Jugoslawiens zu Deutschland, Bd. 1.

19 Hassell an AA, 28. Mai 1930, in: PA/AA, Abtlg. II, Politik 2/Jugoslawien: Akten betr. Politische Beziehungen Jugoslawiens zu Deutschland, Bd. 3.

20 Aufzeichnung vom 5. November 1930, wie Anm. 18.

21 Wie Anm. 19.

22 Aufzeichnung vom 5. November 1930, wie Anm. 18.

23 PA/AA, Abtlg. II, Politik 2/Jugoslawien: Akten betr. Politische Beziehungen Jugoslawiens zu Deutschland, Bd. 3.

24 Aufzeichnung Hassells vom 17. April 1931, in: ADAP, B XVII, Nr. 90.

25 Ebd.

26 Aufzeichnung vom 18. August 1931, Anlage eines Schreibens an Bülow vom 25. August 1931, Abschrift in: PA/AA, Abtlg. II, Politik 2/Jugoslawien: Akten betr. Politische Beziehungen Jugoslawiens zu Deutschland, Bd. 3.

27 Aufzeichnung vom 17. April 1931, ADAP, B XVII, Nr. 90.

28 Aufzeichnung vom 18. August 1931, wie Anm. 26. Ähnlich z. B. in seiner Aufzeichnung vom 17. April 1941, wie Anm. 27.

29 Hassell an Bülow, 30. August 1932, in: PA/AA, Geheimakten 1920–1936, Politik 2/Jugoslawien: Akten betr. Politische Beziehungen Jugoslawiens zu Deutschland, Bd. 1.

30 Deutsche Fassung des Interviews in: Deutsches Volksblatt, 23. Februar 1932.

31 Bericht Hassells über seine „Unterredung mit König Alexander von Jugoslavien am 21. Januar 1932", ohne Datum, in: PA/AA, Geheimakten 1920–1936, Politik 2/Jugoslawien: Akten betr. Politische Beziehungen Jugoslawiens zu Deutschland, Bd. 1.

32 Ebd.

33 Politischer Bericht vom 19. Dezember 1930, wie Anm. 23.

34 Vgl. Köpke an Hassell, 24. Januar 1931, in: ADAP, B XVI,
Nr. 185; Schoen an Köpke, 5. Februar 1931, in: PA/AA, Abtlg.
II, Politik 2/Jugoslawien: Akten betr. Politische Beziehungen Jugo-
slawiens zu Deutschland, Bd. 3.

35 ADAP, B XVI, Nr. 185.

36 Hassell an AA, 10. Juni 1931, in: ADAP, B XVII, Nr. 176.

37 Abschrift in: PA/AA, Botschaft Rom (Quirinal): Akten, Bd. 196.

Kapitel II.3.

1 Hassell an Neurath, 25. Oktober 1933, ADAP, C II/1, Nr. 28.
Noch im November 1941 zeichnete Hassell von Mussolini das
Bild „des wohl interessantesten Mannes [. . .], mit dem er draußen zu tun gehabt habe" (Die Mittwochsgesellschaft. Protokolle
aus dem geistigen Deutschland 1932 bis 1944, hrsg. von *K. Scholder*, Berlin 1982, S. 278).

2 Vgl. Hassell an AA, 18. Juni 1936, ADAP, C V/2, Nr. 381.

3 Der deutsche Volkswirt, 6. Jg., Nr. 52, 23. September 1932.

4 Bericht über seine „Unterredung mit König Alexander von
Jugoslavien am 21. Januar 1932", in: PA/AA, Geheimakten
1920–1936, Politik 2/Jugoslawien: Akten betr. Politische Beziehungen Jugoslawiens zu Deutschland, Bd. 1.

5 Deutsche Fassung der Erklärung in: Deutsches Volksblatt,
23. Februar 1932 (Hervorhebungen im Original). Der ganze Text
der Presseerklärung ist als Dokument II im Anhang dieser Studie veröffentlicht.

6 *Petersen*, Hitler-Mussolini, S. 117.

7 Hassell an Neurath, 8. März 1933, Abschrift in: PA/AA, Botschaft Rom (Quirinal): Akten, Bd. 196.

8 *Hassell*, Das Ringen um den Staat der Zukunft, a. a. O., S. 326
bzw. 319.

9 Aufzeichnung des Vizekonsuls Sonnenhol über die „Verhandlungen vor dem Volksgerichtshof am 7.9. 1944 Fall Hassell",
ADAP, E VIII, Nr. 228.

10 Dem NSKK trat der Diplomat u. a. bei, um die Annahme eines SS-
Ranges zu umgehen: Hitler hatte für den bevorstehenden Berlin-
Besuch Mussolinis Uniformzwang angeordnet. Im diesem Zusammenhang war z. B. Neurath zum „SS-Gruppenführer" ernannt
worden. Vgl. zu diesen Fragen auch *Hiller von Gaertringens* Einleitung zu Hassells Tagebüchern, S. 38 f./Anm. 16, und *Hans-Jürgen*

Döscher, Das Auswärtige Amt im Dritten Reich. Diplomatie im Schatten der ‚Endlösung‘, Berlin 1987, S. 70: Angaben über die Parteizugehörigkeit bleiben „so lange unbefriedigend, wie die Beweggründe der Bewerber ungeklärt sind [. . .] So wenig aus der Zugehörigkeit zur NSDAP a priori weitreichende Schlußfolgerungen hinsichtlich der politischen Überzeugung gezogen werden dürfen, so wenig sind diese bei fehlender Mitgliedschaft angezeigt.“ Vergleichbares dürfte wohl auch für die frühen Lippenbekenntnisse des Botschafters gelten, der eben u. a. auch dadurch seine Stellung behaupten zu können hoffte. In diesem Sinne stellte Hassell beispielsweise in seinem Dante-Vortrag vom Januar 1934 unter Berufung auf Moeller van den Bruck fest, „daß das größte am Preußentum nicht der Militarismus war, sondern jener Geist der Hingabe an eine große Sache und der Unterordnung unter den Führer [. . .]“ (Die Bedeutung des politischen Gedankens Dante's für die Gegenwart, in der Fassung der „Forschungen und Fortschritte“, S. 141 f.) Allerdings finden sich dort eben auch die Forderungen, daß Europa sich auf einen „echten, wahren Frieden“ besinnen, daß die *europäischen Länder ihre Mannigfaltigkeit voll erhalten*“ sollten etc. (ebd., S. 141). Beide Passagen wurden im übrigen auch in seinen 1941 in den „Nationalsozialistischen Monatsheften“ publizierten Dante-Aufsatz (a. a. O.) übernommen.

11 Zu Hassells Einsatz für jüdische Schriftsteller und Journalisten vgl. *Petersen*, Hitler-Mussolini, S. 118/Anm. 78. Allerdings ist unverkennbar, daß auch Hassell, wie die meisten in- und ausländischen Beobachter, den neuen Antisemitismus zunächst unterschätzte bzw. die langfristigen Absichten Hitlers verkannte. Vgl. z. B. seine diesbezüglich aufschlußreiche Aufzeichnung vom 10. Juni 1933 über eine Unterredung mit Mussolini, ADAP, C I/ 2, Nr. 301. Wohl so erklärt sich auch seine gelegentliche Anlehnung an die offizielle Sprachregelung, etwa seine Rede von den „ganz- bzw. halbbolschewistischen Juden“ wie Litwinow (Hassell an AA, 3. Oktober 1935, ADAP, C IV/2, Nr. 323).

12 *Hans Bernd Gisevius*, Bis zum bitteren Ende, Bd. 2, Zürich 1946, S. 194.

13 *Hugh Redwald Trevor-Roper*, Hitlers Kriegsziele, in: *Wolfgang Michalka* (Hrsg.), Nationalsozialistische Außenpolitik, Darmstadt 1978, S. 31 ff., bes. S. 38 f.

14 *Galeazzo Ciano*, Tagebücher 1937/38, Hamburg 1949, S. 113.

15 Vgl. etwa seine Schreiben an diese vom 13. Mai 1935, Abschriften in: PA/AA, Botschaft Rom (Quirinal): Akten betr. privaten Briefwechsel des Botschafters von Hassell, Bd. 6, in welchen er seinen Berlin-Besuch ankündigt und weitere Besprechungen anregt.

16 Vgl. z. B. *Weizsäcker,* Erinnerungen, S. 143; *Rolf Italiaander,* Besie-
geltes Leben. Begegnungen auf vollendeten Wegen, Goslar o. J.,
S. 62; *Friedrich Glum,* Zwischen Wissenschaft, Wirtschaft und
Politik. Erlebtes und Erdachtes in vier Reichen, Bonn 1964,
S. 304; weitere Belege bei *Petersen,* Hitler-Mussolini,
S. 117/Anm. 77.

17 *Hans-Adolf Jacobsen,* Nationalsozialistische Außenpolitik
1933–1938, Frankfurt a. M.–Berlin 1968, S. 348 und 368.

18 *Erich Kordt,* Nicht aus den Akten . . ., Stuttgart 1950, S. 72.

19 Belege bei *Petersen,* Hitler-Mussolini, S. 117/Anm. 78, und bei
Ritter, Goerdeler S. 499/Anm. 249.

20 Unsignierte Aufzeichnung Hassells vom 11. April 1934,
Abschrift in: PA/AA, Botschaft Rom (Quirinal): Akten, Bd. 14.
Vgl. auch das Protokoll des Kanzlers Reisinger über die offizielle Entschuldigung Wirths gegenüber Hassell vom 14. April
1934, ebd.

21 *Weizsäcker,* Erinnerungen, S. 143.

22 Das politische Tagebuch Alfred Rosenbergs aus den Jahren
1934/35 und 1939/40, hrsg. von *M.-G. Seraphim,* Göttingen–Berlin–Frankfurt a. M. 1956, S. 17.

23 Die Berichte sind für die Zeit vom Januar bis zum Juni 1934
erhalten in: BA, NS 43/50.

24 Engelberg an Thost, 19. März 1934, ebd.

25 Ders. an dens., 27. März 1934, ebd.

26 Ders. an dens., 9. Feb. 1934, ebd.

27 Ebd. Ganz in diesem Sinne äußerte sich auch *Joseph Goebbels* in
seinen Tagebüchern. So hielt er bereits unter dem Datum des
4. Juni 1933 fest, Hassell sei ein „begeisterungsloser Spießer",
„ganz unfähig" und müsse daher „weg" (Die Tagebücher von
Joseph Goebbels. Sämtliche Fragmente, hrsg. von *E. Fröhlich,*
4 Bde., München u. a. 1987, Zitat Bd. 2, S. 425 f.). Am 15. Januar
1938 notierte er dann, daß u. a. der Botschafterposten in Rom
„neu besetzt werden" müsse: „Jedenfalls muß nach Rom ein
richtiger Nazi." (Ebd., Bd. 3, S. 403.)

28 *Weizsäcker,* Erinnerungen, S. 144.

29 PA/AA, Botschaft Rom (Quirinal): Akten, Bd. 196.

30 ADAP, B XXI, Nr. 251 (Hassells Bericht); vgl. dazu: ebd., Nr. 270,
sowie ADAP, C I/1, Nr. 173.

31 Vgl. z. B. seinen Politischen Bericht vom 20. April 1933, ADAP, C
I/1, Nr. 173.

32 ADAP, C I/1, Nr. 109. Zur Geschichte der Verhandlungen vgl.
Petersen, Hitler-Mussolini, S. 137 ff. Der Vertragstext sah u. a.
vor, sich über alle Fragen, welche die vier Mächte angingen, „ins

Einvernehmen zu setzen" und „im Rahmen des Völkerbundes eine Politik wirksamer Zusammenarbeit zwischen allen Mächten zur Erhaltung des Friedens zur Anwendung zu bringen". Vgl. den Text in: ADAP, C I/2, Nr. 292.

33 ADAP, C I/2, Nr. 448. Die weiteren, z. T. schon erwähnten Punkte 6–12 befassen sich mit dem deutsch-italienischen Verhältnis, vornehmlich in Südosteuropa.

34 ADAP, C II/1, Nr. 28. Neurath hielt Hassells Warnung für eine „unnötige Predigt".

35 Aufzeichnung [Hassells] vom 24. September 1933, ADAP, C I/2, Nr. 448.

36 ADAP, C I/2, Nr. 152.

37 Vgl. z. B. Hassell an AA, 15. Februar 1934, ADAP, C II/2, Nr. 257.

38 Vgl. seinen Politischen Bericht vom 17. März 1934 nebst Anlagen, ADAP, C II/2, Nr. 332.

39 PA/AA, Botschaft Rom (Quirinal): Akten, Bd. 12.

40 Vgl. Hassell an Köpke, 28. März 1934, ADAP, C II/2, Nr. 363. Hassell hatte diese Information von einem „Amtsbruder". Zu Hassells Rolle in dieser Phase deutsch-italienischer Beziehungen vgl. auch: *Marc Poulain*, Außenpolitik zwischen Machtpolitik und Dogma. Die deutsch-italienischen Beziehungen von der Jahreswende 1932/33 bis zur Stresa-Konferenz, phil. Diss., Frankfurt a. M. 1971.

41 Vgl. Bülow an die deutsche Delegation zur Weltwirtschaftskonferenz in London, 13. Juni 1933, ADAP, C I/2, Nr. 308.

42 Vgl. Hassell an AA, 21. Juni 1934, ADAP, C III/1, Nr. 26.

43 Hassell an Neurath, 23. Juli 1934, Abschrift im Besitz der Familie von Hassell (Ebenhausen).

44 *Curtius*, Deutsche und antike Welt, S. 349.

45 Hassell an AA, 8. August 1934, ADAP, C III/1, Nr. 152.

46 Zu den italienischen Reaktionen vgl. *Petersen*, Hitler–Mussolini, S. 395 ff.

47 Hassell an Neurath, 1. April 1935, ADAP, C IV/1, Nr. 5.

48 ADAP, C IV/1, Nr. 61.

49 Vgl. dazu z. B.: *Gustav Schmidt*, England in der Krise. Grundzüge und Grundlagen der britischen Appeasement-Politik (1930–1937), Opladen 1981.

50 ADAP, C IV/1, Nr. 120.

51 Hassell an AA, 31. Mai 1935, ADAP, C IV/1, Nr. 121.

52 Hassell an AA, 5. Juli 1935, ADAP, C IV/1, Nr. 194. Vgl. auch seine Ausführungen vom 9. Juli, Anlage eines Schreibens an Köpke vom 10. Juli 1935, ebd., Nr. 202.

53 Hassell an AA, 21. Juni 1935, ADAP, C IV/1, Nr. 164. Auch dieser

Bericht löste eine Debatte aus. In Berlin sah man keine Veranlassung, „die Italiener aus dieser Lage [d. h. Abessinien, G. S.] frühzeitig zu befreien. Vielleicht wird sich daraus einmal eine Situation ergeben, in der wir die österreichische Frage mit Italien behandeln und lösen können" (Neurath an Hassell, 24. Juni 1935, ebd., Nr. 166).

54 ADAP, C IV/2, Nr. 360. Im übrigen hielt jetzt auch Mussolini Stresa endgültig für eine „erledigte Sache" (Hassell an AA, 16. November 1935, ebd., Nr. 414).

55 Vgl. vor allem: *Petersen,* Hitler-Mussolini, S. 430 ff.; *Manfred Funke,* Sanktionen und Kanonen. Hitler, Mussolini und der internationale Abessinienkonflikt 1934–36, Düsseldorf ²1971.

56 Hassell an AA, 7. Januar 1936, ADAP, C IV/2, Nr. 485.

57 Aufzeichnung Altenburgs vom 9. Januar 1936, ADAP, C IV/2, Nr. 487. Vgl. Hassells Stellungnahme zu diesen und anderen Einwänden in seinem Politischen Bericht vom 6. Februar 1936, ebd., Nr. 545.

58 Vgl. *Friedrich Hoßbach,* Zwischen Wehrmacht und Hitler 1934–1938, Göttingen ²1965, S. 83 f.

59 Veröffentlicht bei: *Esmonde Robertson,* Zur Wiederbesetzung des Rheinlandes 1936, in: VfZG 10 (1962), S. 178 ff., Dokument Nr. 8, S. 202 ff.

60 Vgl. seine Aufzeichnung vom 20. Februar 1936, ADAP, C IV/2, Nr. 575. Nach Hassells privater Aufzeichnung hatte der Außenminister damit seine zuvor ihm gegenüber geäußerten schweren Bedenken aufgegeben.

61 So Hassell in seiner privaten Aufzeichnung, zitiert nach: *Robertson,* Zur Wiederbesetzung des Rheinlandes, a. a. O.

62 Hassell an AA, 22. Februar 1936, ADAP, C IV/2, Nr. 579. Vgl. auch die italienische Version dieses Passus im Telegramm Hassells an das AA, 3. März 1936, ebd., Nr. 603.

63 Hassell an AA, 7. März, ADAP, C V/1, Nr. 18. Vgl. auch Hassell an Neurath, 9. März 1936, ebd., Nr. 45.

64 Veröffentlicht bei *Robertson,* Zur Wiederbesetzung des Rheinlandes, S. 204 f.

65 Tagebücher, S. 366 (9. 6. 1943).

66 *Ulrich von Hassell,* Cavour und Bismarck, Leipzig ²1937, Zitate S. 15 u. 18 f.

67 Am 4. April 1936 konnte Hassell z. B. nach Berlin telegraphieren (ADAP, C V/1, Nr. 255), daß Italien nicht an den Generalstabsbesprechungen teilnehmen werde, die am 19. März von den Locarno-Mächten (außer Deutschland) in London vereinbart worden waren.

68 Hassell an AA, 5. Oktober 1936, ADAP, C V/2, Nr. 572.

69 Zu Hassells Haltung in dieser Frage vgl. *Margret Boveri*, Der Verrat im 20. Jahrhundert [1956–60], Gesamtausg. Reinbek 1976, S. 148: „Was er als junger Diplomat unmittelbar nach dem Ersten Weltkrieg in Spanien erlebte, hatte ihn zur Überzeugung gebracht, daß es richtig sei, im Spanischen Bürgerkrieg zugunsten der Weißen einzugreifen."

70 Zitiert nach: Dokumente der Deutschen Politik und Geschichte von 1848 bis zur Gegenwart, hrsg. von *J. Hohlfeld*, Berlin o. J., Bd. IV (1933–1938), Nr. 117.

71 Hassell an AA, 11. Juli 1936, ADAP, D I, Nr. 155.

72 Hassell an AA, 17. Juli 1936, ADAP, C V/2, Nr. 457.

73 Neurath an Hassell, 31. August 1936, ADAP, C V/2, Nr. 523.

74 ADAP, C VI/1, Nr. 86.

75 Hassell an AA, 18. Dezember 1936, ADAP, D III, Nr. 157.

76 Ebd. Auch die folgenden Zitate entstammen dieser Quelle.

77 *Ulrich von Hassell*, Deutschlands und Italiens europäische Sendung, Köln 1937, S. 19. Der Vortrag ist im Anhang zu dieser Studie (Dokument III) wiederveröffentlicht. Er ist weit über seinen zitierten tagespolitischen Aspekt hinaus von grundsätzlichem Interesse, da er *in nuce* das für die entsprechenden Vorstellungen des Diplomaten während des Krieges charakteristische Europakonzept enthält (vgl. dazu im einzelnen Kap. II.3.). Auch die abschließenden Bemerkungen sind durchaus typisch, in diesem Falle für den Botschafter des „Dritten Reiches". Sie enthalten einerseits, in freilich sehr rudimentärer Form, die für einen Spitzenbeamten der Zeit charakteristische Verbindlichkeitserklärung an die Adresse des Nationalsozialismus und andererseits, wie zitiert, den Appell zu friedlicher Zusammenarbeit in Europa.

78 Aufzeichnung vom 18. Dezember 1936 (wie Anm. 74).

79 Aufzeichnung Hassells vom 16. Januar 1937, ADAP, D I, Nr. 199. Vgl. z. B. auch seine Aufzeichnung vom 30. Januar 1937, ebd. Nr. 207. In einem Politischen Bericht vom 18. Februar 1937 (ADAP, C VI/1, Nr. 216) prognostizierte Hassell: „Kommt es zu Ereignissen, die eine Gleichschaltung Österreichs mit dem nationalsozialistischen Deutschland am Horizont erscheinen lassen, so ist – jedenfalls heute noch – mit italienischem offenen oder versteckten Widerstande zu rechnen."

80 Aufzeichnung Hassells vom 17. März 1937, ADAP, C VI/2, Nr. 281.

81 Aufzeichnung Hassells vom 24. März 1937, ADAP, C VI/2, Nr. 292.

82 ADAP, C VI/2, Nr. 312.

83 Anlage zu einem Schreiben Hassells an Neurath vom 15. Juli 1937, ADAP, C VI/2, Nr. 469.

84 Anlage zu einem Schreiben Neuraths an Weizsäcker vom 25. Juli 1937, ADAP, C VI/2, Nr. 494. In Berlin war man der Ansicht, daß eine „zu deutliche Anspielung auf die Viererpaktidee [. . .] Polen und Russen auf den Plan" riefe (Weizsäcker an Hassell, 27. Juli 1937, ebd., Nr. 496).

85 Neurath an Weizsäcker, 31. Juli 1937, ADAP, C VI/2, Nr. 502.

86 Vgl. dazu im einzelnen: *Wolfgang Michalka*, Ribbentrop und die deutsche Weltpolitik 1933–1940. Außenpolitische Konzeptionen und Entscheidungsprozesse im Dritten Reich, München 1980, bes. S. 247 ff.

87 Zitiert nach der Einleitung *Wolf Ulrich von Hassells* zur ersten Auflage der Tagebücher seines Vaters (1946), S. 13.

88 *Ciano*, Tagebücher, S. 38.

89 Wie Anm. 86.

90 *Ciano*, Tagebücher, S. 38 f.

91 Besitz der Familie von Hassell (Ebenhausen).

92 Ebd.

93 *Marion Thielenhaus*, Zwischen Anpassung und Widerstand: Deutsche Diplomaten 1938–1941. Die politischen Aktivitäten der Beamtengruppe um Ernst von Weizsäcker im Auswärtigen Amt, Paderborn 1984, S. 28.

94 Neurath an Hassell, 18. Januar 1938, in: PA/AA, Personalia: Akten betr. Ulrich von Hassell, Bd. 4.

95 *Ciano*, Tagebücher, S. 113. Vgl. zu diesen Vorgängen auch *Erich Kordt*, Wahn und Wirklichkeit. Die Außenpolitik des Dritten Reiches. Versuch einer Darstellung, Stuttgart 1948, S. 241/Anm. 1. *Ciano* (vgl. Tagebücher, S. 81) mußte freilich auf Anweisung Mussolinis Anfang Januar 1938 noch einmal zugunsten Hassells in Berlin intervenieren. Die Mitteilung *Weizsäckers* (Erinnerungen, S. 144), Hassell selbst habe die „Gegenaktion" in die Wege geleitet, ist sonst nicht belegt.

96 Vgl. z. B.: *Gottfried Nostiz*, „Abschied von den Freunden", Manuskript, Sils Maria (Engadin), August 1945, IfZ, ZS 1273; *Werner Otto von Hentig*, Aufzeichnungen 1945–1968, Bd. 3, Manuskript, IfZ, ED 113; *Weizsäcker*, Erinnerungen, S. 143 f. und 343; *Ciano*, Tagebücher, S. 8; *Rudolf Nadolny*, Mein Beitrag. Erinnerungen eines Botschafters des Deutschen Reiches, hrsg. von G. Wollstein, Köln 1985, S. 309 und 312; *Henderson* an FO, 10. Februar 1938, Abschrift in: Nachlaß Henderson, PRO/FO, 800/269, wo es u. a. heißt, Hassell sei zu keiner Zeit „a great partisan of extremist Nazi views, axes and ideologies" gewesen. Zu Ilse v. Has-

sell vgl. z. B. *Boveri*, Verrat, S. 166: „Diese Frau war unter allen
deutschen Diplomatenfrauen die offenherzigste und unbeküm-
mertste Kritikerin des Hitler-Regimes. In Rom erregten die Aus-
sprüche, die sie tat, je nach Einstellung Entsetzen oder Entzük-
ken. Selbst Frau von Hassells Freunde aber waren der Meinung,
sie seien allzu ‚indiskret'."

Kapitel III. 1.

1 *Döscher,* Das Auswärtige Amt im Dritten Reich, S. 252. Aus Hassells Personalakte geht hervor, daß er zunächst in Wilmersdorf,
   Rüdesheimer Platz 11, und seit Ende des Jahres 1943 in Potsdam,
   Seestraße 35, wohnte.
2 Tagebücher, S. 55 (1. 10. 1938).
3 Tagebücher, S. 53 (29. 9. 1938).
4 Tagebücher, S. 85 (22. 3. 1939).
5 Ebd.
6 Tagebücher, S. 88 (5. 4. 1939).
7 So ist z. B. in der Eintragung vom 10. August 1939 von Versor-
   gungsmängeln die Rede, „noch *ehe* der Krieg angefangen hat"
   (Tagebücher, S. 106).
8 Beispielsweise war ihm „ziemlich klar, daß die Bolschewiken
   [. . .] den Pakt mit uns gemacht haben [. . .], um uns zu ermutigen
   und Europa aufeinander zu hetzen" (Tagebücher, S. 115, 27. 8.
   1939).
9 Tagebücher, S. 108 (17./18. 8. 1939).
10 Ebd. Allerdings hatte er gleichzeitig die Zeit des Wartens „bis
   dahin allein" als ein „furchtbares Risiko" bezeichnet.
11 Vgl. dazu z. B. bereits: *Walther Hofer,* Die Entfesselung des Zweiten Weltkrieges. Eine Studie über die internationalen Beziehungen im Sommer 1939. Mit Dokumenten, Frankfurt a. M.–Hamburg 1960.
12 Tagebücher, S. 119 (31. 8. 1939).
13 *Weizsäcker,* Erinnerungen, S. 259.
14 Vgl. bereits die Aufzeichnung Köpkes vom 1. Juni 1931 (ADAP,
   B XVII, Nr. 158), in welcher von den „besonders freundschaftli-
   chen und vertrauensvollen Beziehungen" zwischen den beiden
   Diplomaten die Rede ist. Daß diese bis in die unmittelbare Vorkriegszeit andauerten, zeigen Hassells Tagebücher der Jahre
   1938/39, aber beispielsweise auch manche Briefe Hendersons.
   Vgl. z. B. Henderson an Halifax, 15. September 1938, DBFP,

3. Serie, Bd. II, No. 886; ders. an dens., 17. August 1939, ebd., Bd. VII, No. 46.

15 Vgl. die Telegramme und Briefe Hendersons an Halifax vom 31. August 1939, DBFP, 3. Serie, Bd. VII, No. 579, 581 und 628. Auch Henderson erwähnt die Mission Hassells in seinen Memoiren: „Early the next morning I obtained from another source in touch with Goering more definite, if unauthorised, details of the German proposals [. . .]" (*Nevile Henderson*, Failure of a Mission. Berlin 1937–1939, London 1940, S. 274). Aus naheliegenden Gründen nannte Henderson nicht den Namen seines Kontaktmannes.

16 Vgl. zu dem gesamten Vorgang: Tagebücher, S. 119 ff. (31. 8. 1939).

17 Tagebücher, S. 123.

18 Tagebücher, S. 72 (20. 12. 1938).

19 Tagebücher, S. 109 f. (17./18. 8. 1939).

20 Beck und Goerdeler. Gemeinschaftsdokumente für den Frieden 1941–1944, hrsg. von *W. Ritter von Schramm*, München 1965, S. 30.

21 Vgl. z. B. *Klaus Hildebrand*, Das Dritte Reich, München ³1987, S. 97.

22 *Gisevius*, Bis zum bitteren Ende, Bd. 2, S. 212.

23 Tagebücher, S. 62 (25. 11. 1938).

24 Sämtliche Zitate nach: Tagebücher, S. 125 f. (11. 10. 1939). Letzteres bezieht sich natürlich auf die Überlassung Ostpolens an die Sowjetunion.

25 Ebd., S. 126.

26 Tagebücher, S. 306 (24. 3. 1942).

27 Tagebücher, S. 307 (28. 3. 1943).

28 *Gisevius*, Bis zum bitteren Ende, Bd. 2, S. 213.

29 Sämtliche Zitate nach: Tagebücher, S. 288 ff. (21. 12. 1941, Forts.).

30 Vgl. dazu *Ger van Roon*, Neuordnung im Widerstand. Der Kreisauer Kreis innerhalb der deutschen Widerstandsbewegung, München 1967, S. 270 f.; *Hoffmann*, Widerstand, S. 443 ff. und S. 788 f.

31 Vgl. das Schreiben Moltkes an seine Frau vom 9. Januar 1943, in: *Helmuth James von Moltke*, Briefe an Freya 1939–1945, hrsg. von *B. Ruhm von Oppen*, München 1988, S. 450 f.

32 Tagebücher, S. 347 (22. 1. 1943).

33 Vgl. sein Schreiben an Wolf Ulrich von Hassell vom 25. Juni 1946, teilweise zitiert in der ersten Auflage der Tagebücher, S. 370 f. Das Zitat entstammt: *Eugen Gerstenmaier*, Streit und Friede hat seine Zeit. Ein Lebensbericht, Frankfurt a. M.–Ber-

lin–Wien 1981, S. 168. Ähnliches berichtete auch schon *Gottfried von Nostiz*, Abschied von den Freunden . . ., IfZ, ZS 1273.

34 Vgl. Die Mittwochsgesellschaft. Protokolle, S. 354.

35 Vgl. ebd., S. 278 ff., 305 f. und 337 f. Da Hassell seinen eigentlichen Wohnsitz in Ebenhausen hatte, fanden die Vorträge im Hause Popitz statt.

36 Ebd., Einleitung des Hrsg., S. 30. Vgl. auch Kaltenbrunner an Bormann, 23. August 1944, in: „Spiegelbild einer Verschwörung". Die Opposition gegen Hitler und der Staatsstreich vom 20. Juli 1944 in der SD-Berichterstattung. Geheime Dokumente aus dem ehemaligen Reichssicherheitshauptamt, hrsg. von *H.-A. Jacobsen*, 2 Bde., Stuttgart 1984, Bd. 1, bes. S. 289 f.

37 *Gisevius*, Bis zum bitteren Ende, Bd. 2, S. 194.

38 Tagebücher, S. 49 (17. 9. 1938).

39 *Boveri*, Verrat, S. 166. Vgl. in diesem Zusammenhang auch die treffende Charakterisierung (ebd., S. 148): „Wer von Hassell persönlich gekannt hat, weiß, daß er ein ganzer Mann war, mit allen Stärken und Schwächen einer ausgeprägten Persönlichkeit. Dazu gehörten der Ehrgeiz und die Anpassungsfähigkeit, ohne die er in seiner Laufbahn es nicht zum Botschafter gebracht hätte."

40 Vgl. dazu: *Bernd Martin*, Friedensinitiativen und Machtpolitik im Zweiten Weltkrieg 1939–1942, Düsseldorf 1974, S. 177; *Klaus Wittmann*, Schwedens Wirtschaftsbeziehungen zum Dritten Reich 1933–1945, München–Wien 1978, S. 150 ff.

41 ADAP, D VII, Nr. 402.

42 ADAP, D VIII, Nr. 42. Vgl. auch seine Telegramme aus Kopenhagen und Stockholm vom 2. bzw. 3. September 1939, ADAP, D VII, Nr. 552 bzw. 568, sowie den kurzen Bericht in seinen Tagebüchern, S. 124 f.

43 *Ulrich von Hassell*, Deutschland und die Neutralen, in: Der Norden 11 (1939), S. 385 ff.

44 *Hjalmar Schacht*, Abrechnung mit Hitler, Hamburg–Stuttgart 1948. Diese Tätigkeit Hassells ist allerdings sonst nirgends belegt.

45 Vgl. das Quellen- und Literaturverzeichnis im Anhang dieser Arbeit.

46 Vgl. z. B. die Korrespondenz zwischen Hassell, dem AA und der „Parteiamtlichen Prüfungskommission" der NSDAP vom Oktober 1938, die dazu führte, daß auf Weizsäckers Vorschlag hin ein bereits in den Druckfahnen vorliegender Aufsatz zum Thema „Die Achse Berlin–Rom" nicht veröffentlicht wurde (PA/AA, Personalia: Akten betr. Ulrich von Hassell, Bd. 4).

47 Tagebücher, S. 295.

48 *Ulrich von Hassell*, Lebensraum oder Imperialismus?, in: Europa. Handbuch der politischen, wirtschaftlichen und kulturellen Entwicklung des neuen Europa, hrsg. vom Deutschen Institut für Außenpolitische Forschung, Leipzig 1943, S. 27 ff., Zitat S. 33.

49 Vgl. *Friedbert Glück*, Der Mitteleuropäische Wirtschaftstag. Beispiel organischer Entwicklungsarbeit, in: *Theodor Zotschew* (Hrsg.), Wirtschaftswissenschaftliche Südosteuropa-Forschung. Grundlagen und Erkenntnisse, München 1963, S. 109 ff.; Griff nach Südosteuropa. Neue Dokumente über die Politik des deutschen Imperialismus und Militarismus gegenüber Südosteuropa im Zweiten Weltkrieg, hrsg. von *W. Schumann*, Berlin [Ost] 1973.

50 Tagebücher, S. 68 (20. 12. 1938).

51 Vgl. dazu *Manfred Asendorf*, Ulrich von Hassells Europakonzeption und der Mitteleuropäische Wirtschaftstag, in: Jahrbuch des Instituts für deutsche Geschichte 7 (1978), S. 387 ff., hier S. 403 f.

52 Tagebücher, S. 339 (20. 12. 1942).

53 Hassell an Wilmowsky, 20. Febr. 1943, Abschrift in: PA/AA, Inland IIg,13: Akten betr. Personalien H-N. Vgl. auch Wilmowsky an Weizsäcker, 25. Februar 1943, Abschrift ebd.

54 Vgl. *Rolf Krengel*, Das Deutsche Institut für Wirtschaftsforschung (Institut für Konjunkturforschung) 1925 bis 1979, Berlin 1985, S. 76.

55 Tagebücher, S. 353.

56 Die Denkschrift ist veröffentlicht in: Anatomie der Aggression. Neue Dokumente zu den Kriegszielen des faschistischen deutschen Imperialismus im Zweiten Weltkrieg, hrsg. von *G. Hass und W. Schumann*, Berlin [Ost] 1972, S. 137 ff., Zitat S. 148. Hassell hatte im Frühjahr 1941 seine erste Studienreise nach Südosteuropa unternommen, die ihn im Auftrage des MWT nach Jugoslawien, Bulgarien, Rumänien und Ungarn führte. Vgl. dazu Tagebücher, S. 233 ff., sowie den 40seitigen „Auszug aus einem Bericht über die Südostreise des Botschafters z. V. von Hassell zum Studium des Verkehrsproblems unter dem Gesichtspunkt der Tätigkeit des Mitteleuropäischen Wirtschaftstages. 18. März–5. April 1941", Abschrift im Institut für Wirtschaftsforschung, Berlin.

57 Tagebücher, S. 207.

Kapitel III.2.

1 Allerdings hatte bereits der Punkt 8 der „Atlantik-Charta" vom
14. August 1941 Hassell stutzig gemacht. Vgl. seine Tagebucheintragung vom 30. August (Tagebücher, S. 267). Die Auslegung,
„daß England–Amerika nicht nur gegen Hitler kämpften, sondern Deutschland überhaupt niederschlagen [...] wollten", sei
zwar „keineswegs zwingend, aber doch sehr einleuchtend". Vgl.
zu diesem Thema zuletzt: *Michael Balfour*, Withstanding Hitler in
Germany 1933–45, London–New York 1988, S. 111 ff.

2 *Gerhard Schulz*, Nationalpatriotismus im Widerstand. Ein Problem der europäischen Krise und des Zweiten Weltkriegs – nach
vier Jahrzehnten Widerstandsgeschichte, in: VfZG 32 (1984),
S. 332 ff., Zitat S. 348.

3 Zu den Vatikan-Gesprächen vgl. *Peter Ludlow*, Papst Pius XII., die
britische Regierung und die deutsche Opposition im Winter
1939/40, in: VfZG 22 (1974), S. 299 ff.; zu Goerdelers Initiative
vgl. *Ritter*, Goerdeler, S. 331 ff.

4 *Ritter*, Goerdeler, S. 271.

5 *J. Lonsdale Bryans*, Blind Victory (Secret Communications, Halifax-Hassell), London u. a. 1951, S. 22. Vgl. auch die Kurzfassung
in: VfZG 1 (1953), S. 547 ff.

6 Englische Übersetzung des Schreibens vom 8. Oktober 1940 in:
PRO/FO, 371/26542. Vgl. auch den Hinweis auf diesen „anthro-
pological treatise" bei *Lonsdale Bryans*, Blind Victory, S. 26.
Gegenüber dem britischen Botschafter in Rom, Sir Percy
Loraine, führte er aus, „that it would have a great effect on Hitler
to read some or all of a book by himself [...], from which Hitler
would convince himself that the present conjunction of astral
bodies provided the right moment for his retirement from affairs
of state to the artist's studio" (Loraine an Skrine-Stevenson,
18. Januar 1940, Nachlaß Halifax, PRO/FO, 800/326).

7 Abschrift des Briefes im Nachlaß Halifax, PRO/FO, 800/326; ein
kurzer Auszug auch in: *Lonsdale Bryans*, Blind Victory, S. 168.
Bezeichnenderweise galt auch dem Italiener Goering als ein
potentieller Ansprechpartner innerhalb der nationalsozialistischen Führungsschicht, namentlich Ribbentrop hingegen als
Exponent des radikalen Flügels. Hitler realisiere nicht ganz, was
vorgehe!

8 Vgl. die „Minutes" zum Vorgang „Peace Moves: Mr. Lonsdale
Bryans" vom Januar/Februar 1941, in: PRO/FO, 371/26542. Vgl.

auch das schon zitierte Schreiben Lonsdale Bryans an den Direktor des Schwarzhäupter Verlages vom 8. Oktober 1940, ebd., in welchem er auf diese „wichtige Unterredung" Bezug nimmt. Allerdings sei es ihm damals nicht gelungen, den „Gang der Ereignisse", d. h. den Kriegsausbruch aufzuhalten!

9 Vgl. Brocket an Halifax, 4. Januar 1940; Halifax an Brocket, 6. Januar 1940 (Abschrift), Nachlaß Halifax, PRO/FO, 800/326. Zur Rolle Brockets vgl. *Richard Lamb*, The Ghosts of Peace 1935–1945, The Chantry u. a. 1987, S. 130 ff.

10 Aufzeichnung vom 8. Januar 1940 (Abschrift), Nachlaß Halifax, PRO/FO, 800/326 (Übersetzung v. Verf.).

11 Aufzeichnung vom 9. Januar 1940, ebd. (Übersetzung v. Verf.).

12 FO an Loraine, 13. Januar 1940, ebd.

13 Die entsprechenden Dokumente sind aus dem Nachlaß Halifax hinausgenommen worden und bis zum Jahre 2016 gesperrt.

14 Abschrift des Briefes vom 10. Februar 1940, in: Nachlaß Halifax, PRO/FO, 800/398; Auszug bei *Lonsdale Bryans*, Blind Victory, S. 168 ff.

15 Ebd., S. 63.

16 *Ritter*, Goerdeler, S. 273.

17 Vgl. Tagebücher, S. 168 ff. Immerhin hielt Hassell es „für möglich, daß er ein Agent Halifax' ist [. . .] Er scheint eine Mischung von Politiker, Literat und Globetrotter zu sein."

18 *Lonsdale Bryans*, Blind Victory, S. 70. Das „Statement" Hassells ist veröffentlicht in seinen Tagebüchern, S. 172. Das Original sowie der Begleitbrief befinden sich im Nachlaß Halifax, PRO/FO, 800/398. Die Zeilen lauten: „Dear Mr. Bryans, according to your wishes I beg to include a note on the principles considered to be essential for the restablishment of permanent peace. With kind regards yours very sincer[e]ly Ulrich v. Hassell".

19 Vgl. dazu *Hermann Graml*, Die außenpolitischen Vorstellungen des deutschen Widerstandes, in: *Walter Schmitthenner/Hans Buchheim* (Hrsg.), Der deutsche Widerstand gegen Hitler. Vier historisch-kritische Studien, Köln-Berlin 1966, S. 15 ff.; *Klaus Hildebrand*, Die ostpolitischen Vorstellungen im deutschen Widerstand, in: Geschichte in Wissenschaft und Unterricht 29 (1978), S. 213 ff.

20 Vgl. z. B. zuletzt *Bernd-Jürgen Wendt*, Konservative Honoratioren – Eine Alternative zu Hitler? Englandkontakte des deutschen Widerstandes im Jahre 1938, in: *Dirk Stegmann* u. a. (Hrsg.), Deutscher Konservatismus im 19. und 20. Jahrhundert. Festschrift für Fritz Fischer, Bonn 1983, S. 347 ff., bes. S. 351.

21 Aufzeichnung über die Unterredung zwischen Hitler und Hali

fax vom 19. November 1937, in: ADAP, D 1, Nr. 19. Vgl. zu dieser Frage *Gregor Schöllgen*, Der Irrweg einer Tradition. Grundlagen der britischen Deutschlandpolitik 1937/38, in: HZ, Beiheft 8 (Beiträge zur britischen Geschichte im 20. Jahrhundert, hrsg. von *T. Schieder*), 1983, S. 117 ff.

22 The Times, 1. April 1939.

23 Der Friedensplan ist im Wortlaut veröffentlicht bei *Ritter,* Goerdeler, Anhang V, S. 551.

24 Tagebücher, S. 246.

25 Vgl. Brocket an Halifax, 25. Februar 1940, Nachlaß Halifax, PRO/FO, 800/326, und die dort folgenden Dokumente. Vgl. auch *Lonsdale Bryans,* Blind Victory, S. 73 ff. Die These, es habe über diese Frage Meinungsverschiedenheiten im Foreign Office gegeben, läßt sich durch die – freilich nicht vollständigen – Dokumente, insbesondere im Nachlaß Halifax, nicht erhärten. Vgl. zu dieser These z. B. *Michael Harrison,* Lord of London – a biography of the 2nd Duke of Westminster, London 1966, S. 226. Harrison sieht – ähnlich wie schon Lonsdale Bryans selbst – in Cadogan den eigentlichen Gegner dieser Kontakte, während sich Halifax durchaus einiges von ihnen versprochen habe.

26 The Diaries of Sir Alexander Cadogan 1938–1945, hrsg. von *D. Dilks,* London 1971, S. 263.

27 Ebd., S. 256 f.

28 Tagebücher, S. 189 (15. 4. 1940).

29 *Peter Hoffmann* etwa hält es für unwahrscheinlich, „that a formula could have been found to satisfy the perceived requirements of both sides" (Peace through Coup d'État: The Foreign Office Contacts of the German Resistance 1933–1944, in: Central European History 19 [1986], S. 3 ff., Zitat S. 42).

30 Veröffentlicht in: *Lothar Kettenacker* (Hrsg.), Das „Andere Deutschland" im Zweiten Weltkrieg. Emigration und Widerstand in internationaler Perspektive, Stuttgart 1977, S. 164 ff.

31 Vgl. die „Minutes" zum Vorgang „Peace Moves: Mr. Lonsdale Bryans", PRO/FO, 371/26542.

32 *Lonsdale Bryans,* Blind Victory, S. 139.

33 *Thielenhaus,* Zwischen Anpassung und Widerstand, S. 181, vermutet sogar, „daß er ein Doppelspiel mit dem ehemaligen Botschafter trieb".

34 Die folgenden Stellungnahmen entstammen den Akten „Germany", vor allem: PRO/FO, 371/24387 (C 2339) und 371/24389 (C 3439).

35 Vgl. dazu *Ritter,* Goerdeler, S. 337 f.

36 Vgl. den Vorgang in den Akten: PRO/FO, 371/26543.

37 Der Plan ist veröffentlicht bei *Ritter,* Goerdeler, S. 551. Vgl. dazu
z. B. das Schreiben Cadogans an den Erzbischof von York vom
20. September 1941 (Abschrift), PRO/FO, 371/26543.

38 Abschrift ebd. (Übersetzung v. Verf.) Eden stimmte zu.

39 Tagebücher, S. 341.

40 Vgl. dazu Burckhardts Mitteilung gegenüber Harold C. Deutsch
aus dem Jahre 1958; *Harold C. Deutsch,* Verschwörung gegen den
Krieg. Der Widerstand in den Jahren 1939–1940, München 1969,
S. 329 f., Anm. 161.

41 Vgl. das Telegramm des Foreign Office an die amerikanische
Regierung vom 18. November 1941, PRO/FO, 371/26543. In der
britischen Presse waren Gerüchte aufgetaucht, Burckhardt wolle
über einen deutschen Friedensfühler sprechen. Vgl.: Manchester
Guardian, 13. November 1941.

42 Tagebücher, S. 297 f. Zu Burckhardts ambivalenter Haltung
gegenüber Hassell, zumal in den Jahren 1938/39, vgl. *Schulz,*
Nationalpatriotismus im Widerstand, S. 345/Anm. 42 f.

43 Vgl. *Deutsch,* Verschwörung, S. 317 f. Kirk galt als einer der wichtigsten Ansprechpartner der deutschen Oppositionellen. Das
belegen nicht nur die Tagebucheintragungen Hassells, sondern
z. B. auch einige Briefe des Grafen Moltke oder die Memoiren
von George F. Kennan, der einige Zeit zusammen mit Kirk an
der amerikanischen Botschaft in Berlin arbeitete: *George F. Kennan,* Memoiren eines Diplomaten. Memoirs 1925–1950, Stuttgart
1968, bes. S. 126; *Moltke,* Briefe an Freya, z. B. sein Schreiben
vom 10. Oktober 1940 (S. 206 f.), in welchem es heißt, daß die
Abberufung und damit das „Fehlen" von Kirk „eine sehr große
Lücke bedeuten".

44 Vgl. den „Report by the Under Secretary of State (Welles) on His
Special Mission to Europe", FRUS 1940/1, S. 21 ff., Zitat S. 57.

45 Tagebücher, S. 175 (11. 3. 1940).

46 Der Vorgang findet sich in den Akten „Persönlicher Stab Reichsführer SS", BA, NS 19/3897. Vgl. zu diesen Kontakten auch:
Carolsue Holland, The foreign contacts made by the German
opposition to Hitler, phil. Diss., Pennsylvania 1967, S. 167 ff.

47 Tagebücher, S. 249 (5. 5. 1941). Der Amerikaner war ihm „durch
die Familie G[öring] zugeführt" worden (ebd., S. 340, 20. 12.
1942). Stallforth selbst gab an, Anfang Mai in Deutschland eingetroffen zu sein. Der Geschäftsmann war im Sommer des Jahres 1940 schon einmal in Berlin gewesen und bei dieser Gelegenheit auch mit Göring zusammengetroffen, der dann allerdings
ein Jahr später ein weiteres Treffen ablehnte. Diese Angaben
machte Stallforth gegenüber Vertretern des amerikanischen

Geheimdienstes. Vgl. dazu die folgende Anm. Über seine erste
Reise wurden ebenfalls offizielle Stellen informiert. Vgl. dazu
das „Memorandum of Conversation" zwischen „Mr. Frederick
(or Frederico) Stallforth" und Joseph Flack vom Department of
State, 19. August 1940, NA, Record Group 59, 740.0011: Euro-
pean War 1939/6061. Schon in dieser Aufzeichnung heißt es
bezeichnenderweise: „Although his conversation covered consi-
derable ground he had nothing in particular to say." Über Kontakte zu deutschen Oppositionellen findet sich kein Hinweis.
Etwa zur gleichen Zeit ging auch der britischen Botschaft in
Washington ein Memorandum über die Aktivitäten des
Geschäftsmannes und Amateurdiplomaten Stallforth in
Deutschland zu. Vgl. Hoyer Millar (Britische Botschaft
Washington) an J. Balfour (FO), PRO/FO, 371/24384, nebst Anlagen. Aus *diesem* Dokument geht hervor, daß Stallforth in
Deutschland nicht nur mit Göring, sondern u. a. auch mit Hitler
und Himmler zusammengetroffen war. Nach britischer Einschätzung handelte es sich bei Stallforth um einen „magnificent gate-
crasher". Als der Amerikaner dann im Mai 1941 seine Reise nach
Europa antrat, die ihn u. a. wieder nach Deutschland führen und
dann auch in den erwähnten Kontakt zu Hassell bringen sollte,
war die Haltung des FO eindeutig: „I am in any case inclined to
refuse him a visa for the United Kingdom if he seeks to come
here." (FO an Halifax, 19. Mai 1941, PRO/FO, 371/26520).

48 Vgl. – auch für das folgende – die Anlagen zu einem nicht
datierten Schreiben Donovans an Roosevelt (vermutlich Anfang
Oktober 1941), in: FDRL, Nachlaß Roosevelt, PSF, Box 4: Safe
Germany. Eine Antwort oder ein Kommentar des Präsidenten
konnte nicht ermittelt werden.

49 Vgl. Donovan an Roosevelt, 13. Oktober 1941, ebd., Box 141,
COI 1941. Die Quintessenz seiner Ausführungen lautete: „My
personal belief is that the fate of the world is in the hands of the
Christian President of the United States [. . .]"!

50 Übereinstimmend: Der Bericht der Sekretärin (BA, NS 19/3897)
und *Hassell*, Tagebücher, S. 276 (4. 10. 1941). Daß sich in den
zitierten Memoranden des amerikanischen Geheimdienstes
weder ein Hinweis auf die „sehr gute" Aufnahme der Hassellschen Vorschläge noch auf das von Stallforth vorgeschlagene
Treffen in Lissabon findet, kann nicht weiter überraschen.

51 Schriftliche Mitteilung Hassells an die Sekretärin Boensel, BA,
NS 19/3897.

52 Tagebücher, S. 276 f. (4. 10. 1941).

53 Tagebücher, S. 272 (20. 9. 1941).

54 *Alexander B. Maley,* The Epic of the German Underground, in: Human Events, Bd. 3, Nr. 9, 27. Februar 1946. (Vgl. dazu auch *Rothfels,* Die deutsche Opposition, S. 34 und S. 169 f.; *Hoffmann,* Widerstand, S. 262.) Der Artikel stellte den wohl ersten Versuch dar, die amerikanische Öffentlichkeit über die Existenz einer deutschen Widerstandsbewegung, über ihre Ziele und über ihre Aktivitäten aufzuklären. Die Vorschläge Hassells, die dieser nach Maleys Bericht im Namen der Generäle Beck und Hammerstein verfaßt hat, sind dort wie folgt wiedergegeben: „(1) Resignation, voluntary or enforced, of Hitler and all his government; (2) withdrawal of German armed forces to the borders of the Weimar Republic, excepting the Saar, Danzig and Austria; (3) settlement of the Polish Corridor issue along the lines suggested by Marshal Pilsudski of Poland (exchange of the Corridor for the four eastern districts of East Prussia); (4) no reparations to be asked by either side."

Maley, der mit der Siebten Armee nach Deutschland gekommen war, schien ausgesprochen gut informiert gewesen zu sein. Indessen gibt sein Bericht keinerlei Auskunft über die Quellen seines Wissens. Das gilt auch für die Hassell betreffenden Passagen. Nach allem, was wir wissen, dürften aber die hier wiedergegebenen Vorschläge an die amerikanische Adresse tatsächlich von dem Diplomaten stammen, obgleich erstens der Name Stallforth's nicht genannt wird und zweitens die Datierung fraglich ist: Nach Maleys Bericht hat der Unterhändler Washington erst am 1. Dezember erreicht und am 7. Dezember auch mit dem Präsidenten gesprochen. Bislang konnte freilich in den entsprechenden Akten nur das erläuterte Interview mit dem amerikanischen Geheimdienst vom 30. September verifiziert werden.

55 Tagebücher, S. 272 (20.9. 1941). *Gerhart Hass* (Von München bis Pearl Harbor. Geschichte der deutsch-amerikanischen Beziehungen 1938–1941, Berlin [Ost] 1965, S. 226 ff.) kam auf der Grundlage der ihm zur Verfügung stehenden Archivalien zu dem Schluß, daß Stallforth ein „Agent der Gestapo" gewesen sei oder doch zumindest ein „Doppelspiel" getrieben habe. Vgl. dazu auch Anm. 47.

56 Vgl. dazu auch *Ritter,* Goerdeler, S. 449.

57 Vgl. die auszugsweise Veröffentlichung in den Tagebüchern, S. 309 ff.

58 Vgl. den Bericht über die Zusammenkunft, Anlage eines Schreibens der Sicherheitspolizei an das AA vom 22. Mai 1942, PA/AA, Inland IIg, 13: Akten betr. Personalien H–N. Dort auch der

gesamte Vorgang. Vgl. zu den weiteren Folgen z. B. auch Tagebücher, S. 358.

59 Mitteilung des Unterstaatssekretärs im AA, Luther, „für den Par-
teigenossen Picot" vom 1. Juni 1942, ebd.

60 Der neue Chef behielt sich eine „persönliche Entscheidung" vor.
Zwischenbescheid für das Büro des Reichsaußenministers,
30. Juni 1942, ebd.

61 Mitteilung Luthers für Picot, 6. Oktober 1942, ebd.

62 Tagebücher, S. 318 f. (1. 8. 1942).

63 Vgl. Tagebücher, S. 316 f.; *Weizsäcker*, Erinnerungen, S. 343.
Gegen Ende des Jahres schien sich die Situation dann jedoch
wieder zu entspannen: In „ganz anderem Ton wie vor einigen
Wochen" führte Weizsäcker jetzt aus, „vor zwei Monaten hätte
ich das Visum bestimmt nicht bekommen, *jetzt* sehe er nicht
mehr so klar. Trotz scharfen Ohrenspitzens habe er nichts wieder
gegen mich gehört. Damals sei Heydrich der gewesen, der mich
verfolgt habe [. . .]" (ebd., S. 340, 30. 12. 1942)

64 Kaltenbrunner an Bormann, 21. November 1944, in: „Spiegelbild
einer Verschwörung", S. 492 f.

65 Tagebücher, S. 382. *Boveri*, Verrat, S. 222, weist darauf hin, daß
Hassell diesen Schritt „ganz einfach" auch deshalb in Erwägung
zog, „weil er Diplomat war und weil jeder echte Diplomat den
Wunsch haben muß, nach allen Seiten, auch mit dem Feind zu
verhandeln".

66 Vgl. zuletzt: *Ingeborg Fleischhauer*, Die Chance des Sonderfriedens.
Deutsch-sowjetische Geheimgespräche 1941–1945, Berlin 1986.

67 Vgl. *Andreas Hillgruber*, Sowjetische Außenpolitik im Zweiten
Weltkrieg, Königstein/Ts.-Düsseldorf 1979.

68 *Karl Dietrich Bracher*, Die deutsche Diktatur. Entstehung, Struktur, Folgen des Nationalsozialismus, Köln ⁵1976, S. 474 f.

69 Ebd., S. 476. Überdies waren sie – und auch auf diesen häufig
übersehenen Sachverhalt hat Bracher hingewiesen (ebd.) – „als
politisches Programm für Kontakte und Verhandlungen mit dem
übrigen europäischen Widerstand unrealistisch". Schon deshalb
ist es sicher kein Zufall, daß es niemals zu nennenswerten Kontaktversuchen zwischen der deutschen Opposition und anderen
Widerstandsbewegungen in Europa gekommen ist.

70 Dieser Sachverhalt ist auch den Oppositionellen nicht entgangen. So notierte z. B. Hassell im Februar 1940 in sein Tagebuch
(S. 164), daß der „Identifikationsprozeß immer weiter" gehe.
Diese Haltung hat ja dann auch noch in der Reaktion der Alliierten auf den gescheiterten Staatsstreich eine deutliche Rolle
gespielt. Vgl. dazu zusammenfassend: *Walther Hofer*, Das Atten-

tat der Offiziere und das Ausland, in: *Lill/Oberreuter* (Hrsg.), 20. Juli, S. 47 ff.

71 Vgl. *Ian Colvin,* Vansittart in Office [. . .], London 1965.

72 Veröffentlicht in: Die Britischen Amtlichen Dokumente über den Ursprung des Weltkriegs 1898–1914, Bd. 3, Anhang A.

73 PRO/FO, 371/24389 (Übersetzung v. Verf.). Daß namentlich Vansittarts Haltung in ihren Grundzügen bereits 1938 festlag, zeigt *Wendt,* Konservative Honoratioren, a. a. O., bes. S. 364 ff.

74 PRO/FO, 371/24407.

Kapitel III.3.

1 *Ulrich von Hassell,* Im Wandel der Außenpolitik, a. a. O.; *ders.,* Das Drama des Mittelmeers, Berlin 1940; *ders.,* Europäische Lebensfragen im Lichte der Gegenwart, Berlin o. J. [1943]; *ders.,* Pyrrhus, München 1947.

2 Z. B.: Der in den „Berliner Monatsheften" (21 [1943], S. 14 ff.) publizierte Aufsatz „Cavour und Bismarck" ist im wesentlichen ein Wiederabdruck der gleichnamigen, 1936 publizierten Studie (Leipzig ^{2}1937), die wiederum gleichzeitig in italienischer Fassung erschienen war (in: Nuova Antologia, 71. Jg., April 1936, S. 377 ff.). Der Aufsatz „Pyrrhus. Ein Vorspiel der Mittelmeerpolitik" wurde zweimal publiziert, und zwar in: Deutsche Zukunft, 14. bzw. 21. Januar 1940, und in: Weiße Blätter 1940, S. 81 ff., und ist überdies mit dem einleitenden Kapitel des Buches „Das Drama des Mittelmeers" identisch. Ähnliches gilt für die 1939 publizierte Tirpitz-Studie: „Tirpitz und die Weltpolitik", in: Deutsche Allgemeine Zeitung, 2. April 1939; „Tirpitz' außenpolitische Gedankenwelt", in: Berliner Monatshefte 17 (1939), S. 318 ff.; leicht modifiziert wiederveröffentlicht unter dem Titel „Preuße und Weltpolitiker", in: „Im Wandel der Außenpolitik", S. 219 ff.

3 *Hassell,* Im Wandel der Außenpolitik, Vorwort, S. 7.

4 Ebd.

5 *Ders.,* Untergang des Abendlandes?, in: Europäische Lebensfragen, S. 23.

6 Wie Anm. 1. Die fünf Arbeiten wurden erstmals in der Zeitschrift „Auswärtige Politik" publiziert.

7 *Ders.,* Untergang des Abendlandes?, ebd., S. 15 f.

8 Ebd., S. 11, 15 u. ö.

9 Ebd., S. 11.

10 Ebd., S. 17.

11 Ebd., S. 11 f.

12 Ebd., S. 33.

13 Ebd., S. 20.

14 Ebd., S. 21.

15 Ebd., S. 20.

16 Ebd., S. 28. Als Beispiele nannte Hassell das „systematische Unterwühlen der politischen Verhältnisse dieser Länder", das „erpresserische" Erzwingen der Abtretung Bessarabiens durch Rumänien sowie die sowjetische Bulgarien- und Jugoslawienpolitik in den Jahren 1940/41.

17 Ebd., S. 26.

18 Ebd., S. 24.

19 Ebd., S. 10.

20 Ebd., S. 12.

21 Ebd., S. 10; vgl. z. B. auch: *Ulrich von Hassell,* Gedanken über die Niederlande und das Reich, in: AP 11 (1944), S. 129 ff., bes. S. 134 und 138.

22 *Ders.,* Ein neues Mittelmeer?, in: AP 9 (1942), S. 1010 ff., Zitat S. 1023.

23 *Ders.,* Ein neues europäisches Gleichgewicht?, in: AP 10 (1943), S. 697 ff., Zitat S. 702. Einen interessanten zeitgenössischen Versuch einer Bestimmung des Hegemonie-Begriffs bildet die voluminöse, erstmals 1938 publizierte Untersuchung von *Heinrich Triepel,* Die Hegemonie. Ein Buch von führenden Staaten, Stuttgart ²1943. Auch Triepel ging davon aus, daß Hegemonie nicht unbedingt mit dauernder Vorherrschaft identisch sei (z. B. S. 134 und S. 251 ff.).

24 Vgl. dazu im allgemeinen: *Ludwig Dehio,* Gleichgewicht oder Hegemonie. Betrachtungen über ein Grundproblem der neueren Staatengeschichte, Krefeld o. J. [1948].

25 Vgl. *Schöllgen,* Das Zeitalter des Imperialismus, S. 75 ff. und 161 ff.

26 *Ulrich von Hassell,* Dominium maris baltici, in: ders., Europäische Lebensfragen, S. 67 ff., Zitate S. 98 f.

27 Ebd., S. 99 f.

28 *Ders.,* Das Drama des Mittelmeeres, S. 162–164.

29 Das zeigt sich beispielsweise in *Hassells* Studie „Vom ‚Fuß der Berge' zum Mittelmeer" aus dem Jahre 1942 (in: ders., Europäische Lebensfragen, S. 104 ff.), die sich – einmal mehr die Bedeutung der deutsch-italienischen Kooperation betonend – mit der italienischen Politik seit den Tagen Cavours befaßt. Zwar betont Hassell auch hier Italiens Einfluß und Stellung im

Mittelmeer, „auf die es nach der geographischen Lage und der ihm innewohnenden Volkskraft Anspruch hat" (ebd., S. 135). Von Italiens „besonderer" Berufung, an der Lösung der Mittelmeerfragen „bestimmend" mitzuwirken, ist allerdings keine Rede mehr.

30 *Ulrich von Hassell,* Europäische Verkehrsprobleme, mitteleuropäisch und donaueuropäisch gesehen, in: Donaueuropa 2 (1942), S. 243 ff., Zitat S. 251.

31 *Ders.,* Großeuropa, in: *ders.,* Europäische Lebensfragen, S. 35 ff., Zitat S. 66.

32 Ebd.

33 *Ders.,* „Iberoeuropa", in: AP 10 (1943), S. 162 ff., Zitate S. 163 bzw. 176. Zur Lage Spaniens nach dem Bürgerkrieg vgl. den an seine Barcelona-Erfahrungen anknüpfenden Bericht „Im neuen Spanien", in: Deutsche Zukunft, 4. Juni 1939.

34 *Ders.,* Großeuropa, a. a. O., S. 65.

35 *Ulrich von Hassell,* Die Neuordnung im Südostraum, in: Berliner Monatshefte 19 (1941), S. 601 ff., Zitat S. 611.

36 *Ders.,* Europäische Verkehrsprobleme, a. a. O., S. 243.

37 *Ders.,* Großeuropa, a. a. O., S. 56. Großeuropa „bedarf als ein Ganzes der angedeuteten sich dort bietenden wirtschaftlichen Ergänzung und unterliegt daher dem Gebot, sie sicherzustellen". Der europäische „Gesamtauftrag" kann nur als „gesichert betrachtet werden, wenn in Nordafrika kein militärischer Faktor vorhanden ist, der die europäischen Interessen bedrohen könnte".

38 Hassell war überzeugt, daß die Tage der englischen Herrschaft in Ägypten – unabhängig vom Kriegsausgang – gezählt seien. Dann werde es sich für Kontinentaleuropa darum handeln, enge wirtschaftliche Beziehungen zu Ägypten als „selbständigem Partner" herzustellen (ebd., S. 57).

39 Ebd., S. 56. Zu der in diesem Zusammenhang interessanten Frage nach der Überwindung der „natürlichen Gegensätze" zwischen Italien und Frankreich vgl. *Ulrich von Hassell,* Zwei Schwestern, in: Auswärtige Politik 10 (1943), S. 565 ff.

40 *Ders.,* Europäische Verkehrsprobleme, a. a. O., S. 250.

41 *Ders.,* Die Knochen des pommerschen Musketiers?, in: *ders.,* Europäische Lebensfragen, S. 136 ff., Zitate S. 165 und 167.

42 *Ulrich von Hassell,* Prinz Eugens europäische Sendung, in: AP 10 (1943), S. 369 ff., Zitate S. 375 f.

43 *Ders.,* Die Knochen des pommerschen Musketiers?, a. a. O., S. 167 f.

44 *Ulrich von Hassell,* Deutschlands wirtschaftliche Interessen und

Aufgaben in Südosteuropa, in: Zeitschrift für Politik 31 (1941), S. 481 ff.; *ders.*, Deutschland und der Südosten im Rahmen der zukünftigen europäischen Wirtschaft, in: Vierjahresplan 5 (1941), S. 322 ff. Die beiden Artikel sind in einigen Passagen identisch. Der erstgenannte stellt eine Niederschrift seines Vortrages dar.

45 *Ders.*, Deutschland und der Südosten, a. a. O., S. 324.

46 *Ulrich von Hassell*, Sondergutachten: Südosteuropa. Bemerkungen zum Ausgleich der deutschen und italienischen Wirtschaftsinteressen, Abschrift in: Bibliothek des Instituts für Weltwirtschaft Kiel, C 42167, S. 4. Nach einem handschriftlichen Vermerk auf diesem Exemplar handelte es sich bei dem 56seitigen Dokument um einen „Auszug aus einem Bericht des Botschafters v. Hassell zum Studium der Verkehrsprobleme 1941". Die Denkschrift setzte im übrigen, und natürlich nicht überraschend, „einen siegreichen Ausgang des Krieges" voraus (ebd., S. 1).

47 *Ders.*, Die Knochen des pommerschen Musketiers?, a. a. O., S. 168.

48 Vgl. z. B. *ders.*, Untergang des Abendlandes?, a. a. O., S. 34; *ders.*, Großeuropa, a. a. O., S. 64; *ders.*, Dominium maris baltici, a. a. O., S. 102; *ders.*, Gedanken über die Niederlande und das Reich, a. a. O., S. 138, u. v. a. m.

49 *Ders.*, Deutschlands und Italiens europäische Sendung, S. 5.

50 *Ulrich von Hassell*, a. a. O., S. 33. Vgl. dazu Hassells Tagebucheintragung vom 24. Januar 1942 (Tagebücher, S. 295): „Nach Tisch hielt ich meinen Vortrag über ‚Lebensraum und Imperialismus', ich hatte nicht das Gefühl, daß die Mehrzahl ihn wirklich verstand."

51 *Hassell*, Lebensraum oder Imperialismus?, a. a. O., S. 32.

52 Ebd., S. 33.

53 *Ders.*, Europäische Verkehrsprobleme, a. a. O., S. 243. Auch seine Sicht des Krieges als „Katastrophe" bzw. „europäische Selbstzerfleischung" (ebd., S. 245 bzw. 251) entsprach sicher nicht der offiziellen Sicht der Dinge um die Jahreswende 1941/42.

54 Vgl. z. B. Europa-Föderationspläne der Widerstandsbewegungen 1940–1945. Eine Dokumentation, hrsg. von *W. Lipgens*, München 1968.

55 Vgl. z. B. die Arbeiten von *Graml*, Die außenpolitischen Vorstellungen des deutschen Widerstandes, a. a. O., und *Hildebrand*, Die ostpolitischen Vorstellungen im deutschen Widerstand, a. a. O.

56 In diesem Sinne hat bereits *Graml* (Die außenpolitischen Vor-stellungen, a. a. O., S. 37) zutreffend von der konservativen „Vorstellung einer deutschen Führung in ganz Europa" gespro-chen: „[. . .] vor ihnen entstand die verführerische Vision eines Deutschen Reiches mittelalterlichen Umfangs und preußisch-konservativer Prägung."

57 *Hassell*, Europäische Verkehrsprobleme, a. a. O., S. 243. Auf den sich in solchen Äußerungen offenbarenden grundsätzlichen Unterschied hat auch *Hildebrand* hingewiesen (Die ostpoliti-schen Vorstellungen, a. a. O., S. 232): „Jede simple Identifizie-rung mit Hitlers außenpolitischem ‚Programm' verbietet sich aus offensichtlichen Gründen, es sei denn, man wolle zwischen dem Bemühen um Frieden und dem Hang zum Krieg, zwischen großmächtlichem Führungsanspruch und globaler Rassenherr-schaft, zwischen der Respektierung und der Mißachtung des Völkerrechts, zwischen dem Eintreten für den Schutz nationaler und rassischer Minderheiten und der Praxis des Genocids nicht mehr unterscheiden."

58 *Hassell*, Die Knochen des pommerschen Musketiers?, a. a. O., S. 166 f. Vgl. dazu auch *ders.*, Im Wandel der Außenpolitik, S. 193. Zur deutschen Orientpolitik vor 1914 vgl. *Schöllgen*, Imperialismus und Gleichgewicht.

59 *Ulrich von Hassell*, Bismarck und der Reichsgedanke, in: Die neue Rundschau 52 (1941), S. 65 ff., Zitate S. 65 und 71.

60 Ebd., S. 70 (Hervorhebung von mir, G. S.).

61 *Ulrich von Hassell*, Diplomatie als Spiel, in: Die Neue Rund-schau 51 (1940), S. 90 ff., Zitat S. 92.

62 Tagebücher, S. 436 (10. 7. 1944).

63 Vgl. den Anhang dieser Studie, Dokument Nr. IV.

64 Diese immer wieder zitierte Formulierung aus Hassells letztem Manuskript wurde von seiner Frau – wohl wegen des engen sachlichen Zusammenhangs mit der entsprechenden Passage – in die erste Fassung der Tagebücher aufgenommen. Vgl. dort S. 356.

65 In: A. a. O., S. 314 ff., Zitat S. 315. Zur Geschichte des Manu-skripts vgl. die Vorbemerkung von Fritz Rieter, ebd., S. 313.

66 *Hildebrand*, Das Dritte Reich, S. 98.

67 *Ulrich von Hassell*, Der organische Staatsgedanke des Freiherrn vom Stein, in: Weiße Blätter 1939, S. 249 ff., Zitate, S. 251 f.

68 Ebd., S. 252.

69 Ebd., S. 253 und 256.

70 *Hassell*, Das Ringen um den Staat der Zukunft, a. a. O., S. 319.

71 *Hans Mommsen*, Die Geschichte des deutschen Widerstands im

Lichte der neueren Forschung, in: Aus Politik und Zeitgeschichte, B 50/1986, S. 3 ff., Zitat S. 12.

72 Tagebücher, S. 128 f. (11. 10. 1939).

73 Vgl. Kap. I.2.

74 *Hassell*, Das Ringen um den Staat der Zukunft, a. a. O., S. 320.

75 Ebd., S. 321.

76 Ebd., S. 322.

77 Ebd., S. 323. Überdies stand für den Diplomaten Hassell außer
Zweifel, daß durch Vorgänge wie die des November 1938 „der
moralische Kredit des Dritten Reiches" im Ausland schwer
geschädigt wurde.

78 Ebd., S. 324.

79 Die Dokumente sind im Wortlaut veröffentlicht in: Tagebücher,
S. 449 ff.

80 *Ritter*, Goerdeler, S. 330.

81 Ebd., S. 306 und 329. Ritters Buch enthält die nach wie vor
erschöpfendste Darstellung und Analyse der oppositionellen
„Zukunftspläne für Deutschland" (vgl. insbesondere das
13. Kapitel, S. 282 ff.). Neuere Studien kommen in ihren
Erkenntnissen bislang kaum über diesen Forschungsstand hinaus. Vgl. z. B.: *Hans Mommsen*, Verfassungs- und Verwaltungsreformpläne der Widerstandsgruppen des 20. Juli, in: *Jürgen
Schmädeke/Peter Steinbach* (Hrsg.), Der Widerstand gegen den
Nationalsozialismus. Die deutsche Gesellschaft und der Widerstand gegen Hitler, München-Zürich 1985, S. 570 ff.

82 Vgl. zuletzt: Tagebücher, S. 449 f.

83 *Wilhelm Ritter von Schramm*, Das andere Deutschland und der
Wirtschaftsraum Europa, in: Wehr und Wirtschaft 7 (1964),
S. 294 ff., Zitat S. 296. Zum Text dieses und anderer Dokumente
vgl.: Beck und Goerdeler. Das dort zum Thema „Verfassung"
Gesagte (S. 147 ff.) erinnert in mancher Hinsicht und nicht nur
wegen der Forderung, die Gemeinde-, Stadt- und Kreisverwal-
tungen „wieder voll als organische Selbstverwaltungen auszu-
bauen" (S. 148), an Ideen Hassells.

84 Im „Programm" wird einerseits auf den „immer abenteuerliche-
ren Charakter" der deutschen Außenpolitik seit Beginn des Jahres 1938 hingewiesen und andererseits die Entschlossenheit
bekundet, „den Krieg [. . .] mit aller Kraft weiterzuführen, bis
ein Friede gesichert ist, der den Bestand, die Unabhängigkeit,
die Lebensbetätigung und die Sicherheit des deutschen Reichs
und Volks gewährleistet und gegenüber Polen im wesentlichen
die alte Reichsgrenze wiederherstellt" (vgl. die Punkte 7. und 1.
des Programms, Tagebücher, S. 451 f.). Beides entsprach der

Auffassung der konservativen Opposition, wie sie beispiels-
weise auch in Hassells bereits erläutertem, etwa zur gleichen
Zeit formuliertem „Statement" für die britische Regierung zum
Ausdruck kam.

85 Vgl. Art. 1.1.–1.3. des Grundgesetzes, Tagebücher, S. 455.

86 Vgl. die Art. 13. und 14. des Grundgesetzes, ebd., S. 460 f.

87 Punkt 9.m) des Programms; vgl. auch Art. 15.6. des Grundgesetzes, ebd., S. 454 bzw. 461.

88 Vgl. die Punkte 9.h) und 9.p) des Programms, ebd., S. 453 f.

89 Vgl. dazu Kap. I.2. dieser Arbeit.

90 Art. 1.11. des Grundgesetzes, Tagebücher, S. 456.

91 Punkt 9.1) des Programms, ebd., S. 453. Vgl. auch Punkt 5, ebd.,
S. 451, sowie Art. 1.11. des Grundgesetzes, ebd., S. 456.

92 *Hassell,* Der organische Staatsgedanke des Freiherrn vom Stein,
a. a. O., S. 252.

93 *Ders.,* Das Ringen um den Staat der Zukunft, a. a. O., S. 326.

94 Ebd., S. 325.

95 Auch hier ist u. a. von dem „Grundsatz" die Rede, „für das
politische Leben des Reichs eine Mitarbeit des Volks und eine
Kontrolle des Staatslebens auf der Grundlage der örtlichen
und körperschaftlichen Selbstverwaltung sicherzustellen"
(Punkt 9. f) des Programms), Tagebücher, S. 453.

96 *Hassell,* Der organische Staatsgedanke des Freiherrn vom Stein,
a. a. O., S. 255. Hassell bezog sich gerade hier ausdrücklich auf
den preußischen Reformer. Bis zum November 1918 galt es im
übrigen vielen, auch liberalen Beobachtern wie z. B. Max
Weber als ausgemacht, daß das deutsche Volk für eine vollständige Parlamentarisierung noch nicht „reif" sei und auf diese
sowie andere Aufgaben erst durch politische Erziehung „vorbereitet" werden müsse. Vgl. dazu z. B. *Schöllgen,* Max Webers
Anliegen, S. 89–116.

97 *Hassell,* Der organische Staatsgedanke des Freiherrn vom Stein,
a. a. O., S. 256.

98 Vgl. Art. 7 des Grundgesetzes, Tagebücher, S. 459.

99 Statthalter sollten an der Spitze der Länder als Verwaltungsbe-
zirke des Reiches stehen und die Aufsicht des Staates über die
Länder als Gebietskörperschaften ausüben. Mithin sollte in
Zukunft alle Staatsgewalt beim Reich liegen, das als Rechts-
nachfolger der Länder galt. Wie und von wem die Statthalter,
aber etwa auch die „Landeshauptmänner" als oberste Selbstver-
waltungsbehörden der Länder, ernannt werden sollten, bleibt
letztlich offen (vgl. Art. 2.5. des Grundgesetzes, ebd., S. 457).

100 Art. 10.1. bzw. 10.2. des Grundgesetzes, ebd., S. 459.

101 *Hassell*, Der organische Staatsgedanke des Freiherrn vom Stein, a. a. O., S. 256.
102 *Ders.*, Das Ringen um den Staat der Zukunft, a. a. O., S. 326.
103 *Mommsen*, Verfassungs- und Verwaltungsreformpläne, a. a. O., S. 589 (Hervorhebung von mir, G. S.).
104 Diese partiellen Übereinstimmungen der Ideen und Konzepte erklärten sich bekanntlich nicht zuletzt aus dem Umstand, daß sie ihre Entstehung dem gleichen Ereignis mitverdanken: dem Kriegsende und der deutschen „Revolution" 1918/19. Vgl. z. B. *Klemens von Klemperer*, Konservative Bewegungen. Zwischen Kaiserreich und Nationalsozialismus, München-Wien o. J.
105 *Hassell*, Das Ringen um den Staat der Zukunft, a. a. O., S. 315.
106 *Ritter*, Goerdeler, S. 331. Bereits Ritter hatte die Frage gestellt, ob die Diktatur des „großen Volksverführers" lediglich durch eine Diktatur „hoher Staatsbeamter ersetzt werden" sollte (ebd., S. 330). Ob freilich der Verfassungsplan „überhaupt nicht als Zukunftsideal betrachtet" werden kann (ebd., S. 331), muß wohl mit Blick auf einige seiner Bestandteile im Falle Hassells bezweifelt werden.
107 Tagebücher, S. 366 (9. 6. 1943).

Kapitel III.4.

1 Tagebücher, S. 249 (5. 5. 1941).
2 Tagebücher, S. 257 (16. 6. 1941).
3 Tagebücher, S. 275 (20. 9. 1941).
4 Tagebücher, S. 293 (24. 1. 1942). Es handelt sich hier vermutlich um die berühmte Denkschrift „Das Ziel". Zur Datierung vgl. *Lipgens* (Hrsg.), Europa-Föderationspläne, S. 123.
5 Tagebücher, S. 293 ff. (24. 1. 1942); vgl. dazu auch *Ritter*, Goerdeler, S. 361 f., und *Hoffmann*, Widerstand, S. 337.
6 Ebd.
7 Tagebücher, S. 418 bzw. S. 421 (7. bzw. 23. 2. 1944).
8 Tagebücher, S. 353 (6. 3. 1943).
9 Zitiert nach *Hoffmann*, Widerstand, S. 370.
10 Vgl. z. B. seine Tagebucheintragungen vom 15. Juni und 1. November 1941 (Tagebücher, S. 257 bzw. S. 280).
11 Tagebücher, S. 62 (25. 11. 1938).
12 Tagebücher, S. 248 (4. 5. 1941).
13 Tagebücher, S. 257 (15. 6. 1941). Diese Eintragungen belegen, wie umfassend Hassell informiert war.

14 Tagebücher, S. 280. Die Vermutung, daß auch Hassell im „Gegensatz zum Verhalten anderer Mitglieder des Widerstandes, die
   unter dem Eindruck der Ausrottungsmaßnahmen zur Einschrän-
   kung ihrer durch die Tradition des Antisemitismus geprägten
   Vorurteile tendierten, [. . .] eher einen umgekehrten Weg beschritten" habe, ist sicher nicht haltbar (*Christof Dipper,* Der Widerstand
   und die Juden, in: *Schmädeke/Steinbach* [Hrsg.], Der Widerstand
   gegen den Nationalsozialismus, S. 598 ff., hier S. 608).

15 Tagebücher, S. 339 f.

16 Tagebücher, S. 280.

17 Tagebücher, S. 426 (14. 4. 1944).

18 Tagebücher, S. 342.

19 Schulenburg war der Kandidat Stauffenbergs. Vgl. dazu: *John
   W. Wheeler-Bennett,* Die Nemesis der Macht. Die deutsche Armee
   in der Politik 1918–1945, Düsseldorf 1954, S. 643 f.; *Ritter,* Goerdeler, S. 388 und S. 575 ff.; *Hoffmann,* Widerstand, S. 453 f. Darüber hinaus tauchten gelegentlich auch weitere Namen auf, wie
   etwa diejenigen von Heinrich Brüning, Julius Curtius, Franz von
   Papen oder Hjalmar Schacht. Zu Brüning vgl. *Ritter,* a. a. O., und
   Hoffmann, a. a. O., zu Papen und Schacht *Wheeler-Bennett,* a. a. O.,
   zu Curtius *Gerstenmaier,* Streit und Friede hat seine Zeit, S. 168.

20 Vgl. insbesondere: *Rothfels,* Die deutsche Opposition; *Ritter,*
   Goerdeler; *Hoffmann,* Widerstand.

21 *Boveri,* Verrat, S. 165.

22 Zitiert nach dem Nachwort *Ilse von Hassells* zur ersten Auflage
   der „Tagebücher" ihres Mannes, S. 365.

23 Vgl. insbesondere: „Spiegelbild einer Verschwörung", passim;
   PA/AA, Abtlg. Inland II g, 59: Akten betr. Sabotage und Attentate. 20. Juli 1944; Aufzeichnungen des Vizekonsuls Sonnenhol
   vom 7. September 1944, ADAP, E VIII, Nr. 228 f. Letztere entstammen der genannten Aktengruppe „Inland II g".

24 *Werner Stephan,* Acht Jahrzehnte erlebtes Deutschland. Ein Liberaler in vier Epochen, Düsseldorf 1983, S. 275.

25 Brief im Besitz der Familie von Hassell (Ebenhausen).

26 Aufzeichnung Sonnenhols vom 7. September 1944, ADAP,
   E VIII, Nr. 228.

27 „Spiegelbild einer Verschwörung", S. 542.

28 Zitiert nach der Einleitung *Wolf Ulrich von Hassells* zur ersten
   Auflage der „Tagebücher" seines Vaters, S. 14.

29 *Hoffmann,* Widerstand, S. 648.

30 Aufzeichnung Sonnenhols (wie Anm. 23). Im übrigen stellte
   auch das Gericht in seiner Urteilsbegründung fest, Hassell
   könne nicht nachgewiesen werden, „daß er noch 1944 über die

Weiterentwicklung unterrichtet wurde" („Spiegelbild einer Verschwörung", S. 543).

31 Wagner an Oberreichsanwalt Lautz, 3. September 1944, nebst
anliegender Aufzeichnung, Abschriften in: PA/AA, Abtlg.
Inland II g, 59: Akten betr. Sabotage und Attentate, 20. Juli 1944.

32 PA/AA, Personalia: Akten betr. Persönliche Geldangelegenheiten
des Ulrich von Hassell, Bd. 2. Noch am 9. Januar 1945 schickte
eine andere Stelle innerhalb des AA an Hassell eine Nachricht
bezüglich der Abrechnung seines Umzuges von Rom nach Ebenhausen (vgl. PA/AA, Personalia: Akten betr. Ulrich von Hassell,
Bd. 5). Erst 17 Jahre später, am 20. Juli 1961, besann sich das
Auswärtige Amt anläßlich der Enthüllung einer Gedenktafel seiner im Zusammenhang mit dem 20. Juli hingerichteten Angehörigen. Vgl. die Rede des damaligen Außenministers, Heinrich
von Brentano, veröffentlicht in: Bulletin des Presse- und Informationsamtes der Bundesregierung, 21. Juli 1961, Nr. 133,
S. 1301 f. (Der Name Hassells ist dort allerdings durchgehend
falsch geschrieben.) Weitere 8 Jahre später, am 21. Juli 1969,
stellte dann einer der Nachfolger Brentanos, Willy Brandt, im
Rahmen einer Kranzniederlegung im Auswärtigen Amt fest:
„Unser Auswärtiger Dienst, schwer bedrängt und böse miß-
braucht, hat seinen eigenen bedeutenden Anteil am Widerstand
gehabt. Die Männer, deren Namen auf dieser Tafel verzeichnet
sind, haben durch ihren gewaltsamen Tod eine gute Tradition
bekräftigt." (ebd., 22. Juli 1969, Nr. 96, S. 827)

33 „Spiegelbild einer Verschwörung", S. 534.

Schlußbetrachtung

1 *Ulrich von Hassell*, Pyrrhus, München 1947, Zitat S. 76. Vgl.
auch *ders.*, Pyrrhus. Ein Vorspiel der Mittelmeerpolitik, in:
Weiße Blätter, Mai/Juni 1940, S. 81 ff., und in: Deutsche Zukunft, 14. und 21. Januar 1941. Die beiden Versionen sind
identisch und stellen zugleich längere Fassungen des einfüh-
renden Kapitels dar zu: *Hassell*, Das Drama des Mittelmeeres,
S. 5 ff.

2 *Rothfels*, Die deutsche Opposition, S. 100. In ganz anderem
Lichte stellte sich dieses Scheitern z. B. für den britischen Historiker *Alan Bullock* dar (The Plot that Failed, in: Manchester Guardian, 20. Juli 1954): „. . . July 20 was one of those turning-points
at which German history failed to turn."

3 Ebd., S. 110 f.

4 *Nostiz*, Abschied von den Freunden, S. 19–22. Nostiz warf indessen auch die Frage auf, ob Hassell „darüber hinaus die Anlagen eines Staatsmannes" besessen habe.

5 *Eberhard Zeller*, Geist der Freiheit. Der zwanzigste Juli, München o. J. [1952], S. 39.

6 *Hermann Mau/Helmut Krausnick*, Deutsche Geschichte der jüngsten Vergangenheit 1933–1945, Bonn o. J. [1953], S. 179.

7 *Theodore Draper*, An Old-Line German Monarchist in Hitler's Reich, in: New York Times Magazine, 12. Oktober 1947 (Übersetzung v. Verf.).

8 Berlingske Tidende, 4. Oktober 1929.

9 *Karl Otmar von Aretin*, Der deutsche Widerstand gegen Hitler, in: *U. Catarius* (Hrsg.), Opposition gegen Hitler, Berlin 1984, S. 5 ff., Zitat S. 20.

10 *Boveri*, Verrat, S. 165.

11 Vgl. *Schöllgen*, Die Großmacht als Weltmacht, passim.

12 *Schulz*, Nationalpatriotismus im Widerstand, a. a. O., S. 361.

13 *Manfred Messerschmidt*, Motivationen der nationalkonservativen Opposition und des militärischen Widerstandes seit dem Frankreich-Feldzug, in: *Klaus Jürgen Müller* (Hrsg.), Der deutsche Widerstand 1933–1945, Paderborn u. a. 1986, S. 60 ff., Zitat S. 61.

14 *Boveri*, Verrat, S. 166 f.

15 Schreiben an A. E. Meyer vom 13. September 1944, zitiert nach: *Thomas Mann*, Tagebücher 1944–1. 4. 1946, hrsg. von *I. Jens*, Frankfurt a. M. 1986, S. 486/Anm. 5. der Hrsg.in. Mann kannte Hassell seit 1923. 1929 hatte der Diplomat dann in Kopenhagen zu seinen Ehren „eine ausgezeichnete, intelligente und formgewandte Rede" gehalten (ebd.).

16 *Hassell*, Das Ringen um den Staat der Zukunft, a. a. O., bes. S. 320 ff. Mit guten Gründen hat daher *Peter Steinbach* in einem Leserbrief an die „Frankfurter Allgemeine Zeitung" (4. Juli 1988) die Frage aufgeworfen, warum die „Vorstellung so schwer" sei, „daß es eine konservative Gegnerschaft zum NS-Regime gibt, die sich auf die Prinzipien des Konservatismus besinnt und deshalb nicht allein Widerstandsfähigkeit, sondern auch Widerstandskraft gewinnt"?

Quellen und Literatur

Im folgenden sind diejenigen (unveröffentlichten und gedruckten) Quellen und diejenige Literatur aufgeführt, auf die in dieser Arbeit Bezug genommen wird, sowie einige seit 1990 erschienene Titel.

Quellen

A. Schriften Ulrich von Hassells

Das Verzeichnis erhebt keinen Anspruch auf Vollständigkeit. Die in den beiden Bänden „Im Wandel der Außenpolitik" sowie „Europäische Lebensfragen im Lichte der Gegenwart" (vgl. II.) wiederveröffentlichten Aufsätze sind unter III. nicht noch einmal aufgeführt. Einige der unter III. rubrizierten Artikel hat Hassell unter dem Pseudonym „Christian Augustin" publiziert. Die Auflistung der Schriften erfolgt jeweils in chronologischer Reihenfolge nach dem Erscheinungsdatum. Zum diplomatischen Schriftwechsel Hassells vgl. unten PA/AA bzw. ADAP.

I. Tagebücher und Erinnerungen

Die Hassell-Tagebücher 1939–1944. Ulrich von Hassell. Aufzeichnungen vom Anderen Deutschland. Nach der Handschrift revidierte und erweiterte Ausgabe unter Mitarbeit von P. Reiß hrsg. F. Frhr. Hiller von Gaertringen, Berlin 1988.
Der Kreis schließt sich. Aufzeichnungen in der Haft 1944, hrsg. von M. von Hassell, Berlin 1994.

II. Selbständige Arbeiten

Die Einrichtungen der preußischen Landkreise auf dem Gebiete der Kriegswirtschaft, Berlin 1918.
Cavour und Bismarck, Leipzig ²1937.
Deutschlands und Italiens europäische Sendung, Stuttgart 1937.
Im Wandel der Außenpolitik. Von der französischen Revolution bis zum Weltkrieg. Bildnisskizzen [1939], München ⁴1943.
Das Drama des Mittelmeers, Berlin 1940.

Europäische Lebensfragen im Lichte der Gegenwart, Berlin o. J. [1943].
Pyrrhus [1944], München 1947.

III. *Aufsätze, Artikel, Beiträge*

Arbeiten und nicht verzweifeln, in: Monatsschrift für Stadt und
 Land 61 (1904), S. 1182–1186.
Zur Frage der Gewinnbeteiligung der Angestellten, in: Monats-
 schrift für Stadt und Land 62 (1905), S. 240–244.
Englische Literatur, [Teil] 2: Zeitschriften und Magazine, in: Konser-
 vative Monatsschrift 66 (1908/09), S. 641–644.
Lieferungsverträge, Städte und Kreise, in: Der Tag, 27. Januar 1917.
Kriegswirtschaft und Organisation, in: Der Tag, 1. März 1917.
Volkswirtschaft in der Weltwirtschaft, in: Der Tag, 1. April 1917.
Die Selbstverwaltung der Landkreise, in: Der Tag, 4. Oktober 1917.
Gedanken zur Verwaltungsreform, in: Deutsche Politik 2 (1917),
 S. 1448–1454.
Die Selbstverwaltung in der Wahlreform, in: Der Tag, 5. Januar 1918.
Selbstverwaltung und Staatsverwaltung, in: Der Tag, 24. Februar
 1918.
Krieg und Selbstverwaltung, in: Zeitschrift für Selbstverwaltung,
 1. Jg., April 1918, S. 6–8.
Kreiskommunalverbände, Handel und Genossenschaften, in: Zeit-
 schrift für Selbstverwaltung, 1. Jg., Mai 1918, S. 49–51.
Die Selbstverwaltung in der Volkswirtschaft, in: Der Tag, 16. Mai
 1918.
Preußens Erste Kammer, in: Der Tag, 7. September 1918.
Wir jungen Konservativen. Ein Aufruf, in: Der Tag, 24. November
 1918.
Revolution, Verwaltung und Selbstverwaltung, in: Der Tag,
 8. Februar 1919.
Alte und neue Mehrheiten, in: Der Tag, 29. März 1919.
Preußen, in: Der Tag, 13. Juli 1919.
Eine Anregung zum Betriebsrätegesetz, in: Die Post, 6. Oktober 1919.
Lebensnotwendigkeiten der Deutschnationalen Volkspartei, in:
 Eiserne Blätter, 1. Jg. (1919), S. 209–213.
Leistungen und Aufgaben der Landkreise, in: Kommunale Praxis 19
 (1919), Sp. 675–678.
Revolution und Verwaltungsreform, in: Deutsche Politik 4 (1919),
 S. 372–375.
Der hispanische Gedanke in der Welt, in: Süddeutsche Monats-
 hefte 20 (1922/23), S. 244–247.
Deutschland auf dem Erdball, in: Süddeutsche Monatshefte 21
 (1923/24), S. 218–222.

Briefe Gneisenaus an Stosch, in: Deutsche Rundschau 53 (1927), S. 16–20.

Die Bedeutung des politischen Gedankens Dantes für die Gegenwart, in: Deutsches Dante-Jahrbuch 16, Neue Folge 7 (1934), S. 103–112.

Die Bedeutung des politischen Gedankens Dantes für die Gegenwart, in: Forschungen und Fortschritte 11 (1935), S. 140–142.

Cavour e Bismarck, in: Nuova Antologia, 71. Jg., April 1936, S. 377–385.

Der Ausfall von Menin, in: Corona 8 (1938), S. 546–557.

König Victor Emanuel III. Zu seinem 70. Geburtstage, in: Berliner Monatshefte 17 (1939), S. 916–920.

König Victor Emanuel III., in: Weiße Blätter 1939, S. 302–305.

Persönliche Erinnerungen an König Alexander I. von Jugoslawien, in: Berliner Monatshefte 17 (1939), S. 687–695.

Der organische Staatsgedanke des Freiherrn vom Stein, in: Weiße Blätter 1939, S. 249–256.

Tirpitz und die Weltpolitik, in: Deutsche Allgemeine Zeitung, 2. April 1939.

Christophorus, in: Eckart 15 (1939), S. 385–388.

Deutschland und die Neutralen, in: Der Norden 11 (1939), S. 385–387.

Im neuen Spanien, in: Deutsche Zukunft, 4. Juni 1939.

Chinas Erwachen um die Jahrhundertwende. Bilder aus dem Fernen Osten, in: Gelbe Hefte 16 (1939/40), S. 193–201.

Der evangelische Pfarrer im Auslandsdeutschtum, in: Der Pfarrerspiegel, hrsg. von S. Stehmann, Berlin 1940, S. 390–409.

Diplomatie als Spiel, in: Die Neue Rundschau 51 (1940), S. 90–92.

Il drama del Mediterraneo, in: Il giornale d'Italia, 27. August 1940.

Pyrrhus. Ein Vorspiel der Mittelmeerpolitik, in: Weiße Blätter 1940, S. 81–89.

Pyrrhus. Ein Vorspiel der Mittelmeerpolitik, in: Deutsche Zukunft, 14. und 21. Januar 1940.

Deutschlands und Italiens europäische Sendung im Zeichen Dantes, in: Nationalsozialistische Monatshefte 12 (1941), S. 911–918.

Zusammenarbeit steigert die Wirtschaftskraft Europas, in: Der deutsche Volkswirt, 31. Oktober 1941.

Deutschlands wirtschaftliche Interessen und Aufgaben in Südosteuropa, in: Zeitschrift für Politik 31 (1941), S. 481–488.

Deutschland und der Südosten im Rahmen der zukünftigen europäischen Wirtschaft, in: Der Vierjahresplan 5 (1941), S. 322–324.

Bismarck und der Reichsgedanke, in: Die Neue Rundschau 52 (1941), S. 65–71.

Die Neuordnung im Südostraum, in: Berliner Monatshefte 19 (1941), S. 601–611.

Europäische Verkehrsprobleme, mitteleuropäisch und donaueuropäisch gesehen, in: Donaueuropa 2 (1942), S. 243–252.

La collaborazione potenzia la forza economica dell'Europa, in: Rassengna Italiana, Serie 3, Bd. 56 (1942), S. 3–7.

Ein neues Mittelmeer?, in: Auswärtige Politik 9 (1942), S. 1010–1025.

Cavour und Bismarck, in: Berliner Monatshefte 21 (1943), S. 14–24.

Prinz Eugens europäische Sendung, in: Auswärtige Politik 10 (1943), S. 369–376.

„Iberoeuropa", in: Auswärtige Politik 10 (1943), S. 161–176.

Ein neues europäisches Gleichgewicht?, in: Auswärtige Politik 10 (1943), S. 697–702.

Zwei Schwestern, in: Auswärtige Politik 10 (1943), S. 565–572.

Lebensraum oder Imperialismus?, in: Europa. Handbuch der politischen, wirtschaftlichen und kulturellen Entwicklung des neuen Europa, hrsg. vom Deutschen Institut für Außenpolitische Forschung, Leipzig 1943, S. 27–33.

La missione europea dell'Italia e della Germanica, in: La Svastica 3 (1943), S. 3–4.

Gedanken über die Niederlande und das Reich, in: Auswärtige Politik 11 (1944), S. 129–138.

Das Ringen um den Staat der Zukunft [1939], in: Schweizer Monatshefte 44 (1964/65), S. 314–327.

Deutschland zwischen West und Ost, Manuskript [1944] (vgl. den Anhang dieser Studie, Dokument IV).

B. Unveröffentlichte Quellen

I. *Auswärtiges Amt, Politisches Archiv, Bonn (PA/AA)*

1. *Abteilung II*

– Politik 2/Jugoslawien: Akten betr. Politische Beziehungen Jugoslawiens zu Deutschland.
– Politik 2/Italien: Akten betr. Politische Beziehungen Italiens zu Deutschland.
– Wirtschaft 1/Spanien: Akten betr. Allgemeine wirtschaftliche Lage Spaniens.
– Politik 2/Spanien: Akten betr. Politische Beziehungen Spaniens zu Deutschland.
– Politik 12/Spanien: Akten betr. Pressewesen in Spanien.
– Politik 19/Spanien: Akten betr. Bolschewismus, Kommunismus in Spanien.

– Politik 25/Spanien: Akten betr. das Deutschtum in Spanien.
– Weltkrieg/Spanien: Akten betr. Weltkrieg.

2. Geheimakten 1920–1936

– Politik 2/Jugoslawien: Akten betr. Politische Beziehungen Jugoslawiens zu Deutschland.
– Politik 4/Italien: Akten betr. den Viermächtepakt.

3. Abteilung IV Nd

– Politik 2: Akten betr. Politische Beziehungen Deutschland-Däne-
mark.

4. Inland II g

– 13: Akten betr. Personalien H-N.
– 59: Akten betr. Sabotage und Attentate. 20. Juli 1944.

5. Sonderreferat Wirtschaft

– Akten betr. Italien: Wirtschaft Italien.

6. Akten der deutschen Auslandsvertretungen

– Akten des Deutschen Generalkonsulats Genua.
– Akten des Deutschen Generalkonsulats Barcelona.
– Akten der Deutschen Gesandtschaft Kopenhagen.
– Akten der Deutschen Gesandtschaft Belgrad.
– Akten der Deutschen Botschaft Madrid.
– Akten der Deutschen Botschaft Rom (Quirinal).

7. Personalia

– Vorakten Ulrich von Hassell, darin u. a.: Acta personalia des
Königlichen Kammergerichts zu Berlin, betr. die Prüfung und
Anstellung des Rechtskandidaten Ulrich von Hassell; Akten des
Königlichen Regierungs-Präsidenten in Stettin betr. Ulrich von
Hassell.
– Akten betr. Ulrich von Hassell.
– Akten betr. Persönliche Geldangelegenheiten: Ulrich von Hassell.

II. Bundesarchiv, Koblenz (BA)

1. NS 19: Persönlicher Stab Reichsführer SS.
2. NS 43: Außenpolitisches Amt der NSDAP.

III. *Institut für Zeitgeschichte, München (JfZ)*

    1. ED 113: Werner Otto von Hentig, Aufzeichnungen 1945–1968, 4 Bde.

    2. ZS 1273: Gottfried von Nostiz, Abschied von den Freunden, Manuskript, Sils Maria (Engadin), August 1945.

IV. *Bibliothek des Instituts für Weltwirtschaft, Kiel*

C 42 167: Ulrich von Hassell, Sondergutachten: Südosteuropa. Bemerkungen zum Ausgleich der deutschen und italienischen Wirtschaftsinteressen.

V. *Institut für Wirtschaftsforschung, Berlin*

Auszug aus einem Bericht über die Südostreise des Botschafters z. V. von Hassell (1941)

VI. *Document Center, Berlin*

Akten der Reichskulturkammer: U. v. Hassell

VII. *Public Record Office/Foreign Office, London (PRO/FO)*

    1. FO 371: General Correspondence.

    2. FO 800: Private Papers:
       – Nevile Henderson.
       – Edward Wood Halifax.

VIII. *National Archives, Washington, D. C (NA)*

Record Group 59, 740.0011: European War.

IX. *Franklin D. Roosevelt Library, Hyde Park, New York (FDRL)*

PSF:
– Box 4: Safe Germany.
– Box 141: Coordinator of Information 1941.

C. Gedruckte Dokumente

Akten zur deutschen auswärtigen Politik 1918–1945. Aus dem Archiv des Auswärtigen Amts, Serie A: 1918–1925, 4 Bde., Göttingen 1982 ff.; Serie B: 1925–1933, 21 Bde., Göttingen 1966 ff.; Serie C: 1933–1937, 6 Bde., Göttingen 1971 ff.; Serie D: 1937–1941, 13 Bde., Baden-Baden u.a. 1950 ff.; Serie E: 1941–1945, 8 Bde., Göttingen 1969 ff.

Anatomie der Aggression. Neue Dokumente zu den Kriegszielen des faschistischen deutschen Imperialismus im zweiten Welt-

krieg, hrsg. von G. Hass und W. Schumann, Berlin [Ost]
1972.

Beck und Goerdeler. Gemeinschaftsdokumente für den Frieden
1941–1944, hrsg. von W. Ritter von Schramm, München 1965.

Die Britischen Amtlichen Dokumente über den Ursprung des Weltkrieges 1898–1914, Bd. 3, Stuttgart u.a. 1929.

Bulletin des Presse- und Informationsamtes der Bundesregierung,
Bonn 1961 und 1969.

Documents on British Foreign Policy 1919–1939, 3. Serie: 1938–39,
hrsg. von E. L. Woodward und R. Butler, 9 Bde., London 1949 ff.

Dokumente der Deutschen Politik und Geschichte von 1848 bis zur
Gegenwart, hrsg. von J. Hohlfeld, Bd IV (1933–1938), Berlin o. J.

Europa-Föderationspläne der Widerstandsbewegungen 1940–1945.
Eine Dokumentation, hrsg. von W. Lipgens, München 1968.

Foreign Relations of the United States. Diplomatic Papers: 1940,
5 Bde., Washington 1959 ff.

Griff nach Südosteuropa. Neue Dokumente über die Politik des
deutschen Imperialismus und Militarismus gegenüber Südosteuropa im zweiten Weltkrieg, hrsg. von W. Schumann, Berlin
[Ost] 1973.

Die Mittwochsgesellschaft. Protokolle aus dem geistigen Deutschland 1932 bis 1944, hrsg. von K. Scholder, Berlin 1982.

Politik und Wirtschaft in der Krise 1930–1932. Quellen zur Ära Brüning, bearb. von I. Maurer und U. Wengst, Düsseldorf 1980.

Reichshandbuch der Deutschen Gesellschaft. Das Handbuch der
Persönlichkeiten in Wort und Bild, Bd. 1, Berlin 1930.

„Spiegelbild einer Verschwörung". Die Opposition gegen Hitler und
der Staatsstreich vom 20. Juli 1944 in der SD-Berichterstattung.
Geheime Dokumente aus dem ehemaligen Reichssicherheitshauptamt, hrsg. von H.-A. Jacobsen, 2 Bde., Stuttgart 1984.

Das Urteil im Wilhelmstraßen-Prozeß. Der amtliche Wortlaut der
Entscheidung im Fall Nr. 11 des Nürnberger Militärtribunals
gegen von Weizsäcker und andere, mit abweichender Urteilsbe-
gründung, Berichtigungsbeschlüssen, den grundlegenden Geset-
zesbestimmungen, einem Verzeichnis der Gerichtspersonen und
Zeugen und Einführungen von Dr. R. M. W. Kemper und Dr.
C. Haensel, hrsg. unter Mitwirkung von C. H. Tuerck, Schwäbisch
Gmünd 1950.

D. Zeitungen

- Berliner Tageblatt.
- Berlingske Tidende.
- Deutsche Allgemeine Zeitung.
- Deutsches Volksblatt.
- Il giornale d'Italia.
- Köbenhavn.
- Kreuzzeitung.
- Manchester Guardian.
- Nationaltidende.
- The New York Times.
- Nordschleswigsche Zeitung.
- Politiken.
- Die Post.
- Der Tag.
- The Times (London).
- Vossische Zeitung.

E. Briefe, Tagebücher, Memoiren etc.

Berber, Friedrich: Zwischen Macht und Gewissen. Lebenserinnerungen, hrsg. von I. Strauß, München 1986.

Brüning, Heinrich: Memoiren 1918–1934, Stuttgart 1970.

Cadogan, Alexander: The Diaries of Sir Alexander Cadogan 1938–1945, hrsg. von D. Dilks, London 1971.

Ciano, Galeazzo: Tagebücher 1937/38, Hamburg 1949.

Curtius, Ludwig: Deutsche und antike Welt. Lebenserinnerungen, Sonderausg. Stuttgart 1958.

D'Abernon, Viscount [Edgar V.]: Ein Botschafter der Zeitenwende. Memoiren, 3 Bde., Leipzig o. J.

Gerstenmaier, Eugen: Streit und Friede hat seine Zeit. Ein Lebensbericht, Frankfurt a. M.-Berlin-Wien 1981.

Gisevius, Hans Bernd: Bis zum bitteren Ende, 2 Bde., Zürich 1946.

Glum, Friedrich: Zwischen Wissenschaft, Wirtschaft und Politik. Erlebtes und Erdachtes in vier Reichen, Bonn 1964.

Goebbels, Joseph: Die Tagebücher von Joseph Goebbels. Sämtliche Fragmente, hrsg. von E. Fröhlich, 4 Bde., München u. a. 1987.

Hassell, Fey von: Niemals sich beugen. Erinnerungen einer Sondergefangenen der SS, München-Zürich 1990.

Hassell, Ulrich von [Senior]: Erinnerungen aus meinem Leben 1848–1918, Stuttgart 1919.

Henderson, Nevile: Failure of a Mission. Berlin 1937–1939, London 1940.

Hoßbach, Friedrich: Zwischen Wehrmacht und Hitler 1934–1938, Göttingen ²1965.

Italiaander, Rolf: Besiegeltes Leben. Begegnungen auf vollendeten Wegen, Goslar o. J.

Kardorff, Ursula von: Berliner Aufzeichnungen 1942–1945, hrsg. von P. Hartl, München 1992.

Kennan, George F.: Memoiren eines Diplomaten. Memoirs 1925–1960, Stuttgart 1968.

Kordt, Erich: Nicht aus den Akten …, Stuttgart 1950.

Lonsdale Bryans, J.: Blind Victory (Secret Communications, Halifax-Hassell), London u.a. 1951.

Luther, Hans: Politiker ohne Partei. Erinnerungen, Stuttgart 1960.

Mann, Thomas: Tagebücher 1944–1.4.1946, hrsg. von I. Jens, Frankfurt a. M. 1986.

Moltke, Helmuth James von: Briefe an Freya 1939–1945, hrsg. von B. Ruhm von Oppen, München 1988.

Nadolny, Rudolf: Mein Beitrag. Erinnerungen eines Botschafters des Deutschen Reiches, hrsg. von G. Wollstein, Köln 1985.

Pünder, Hermann: Politik in der Reichskanzlei. Aufzeichnungen aus den Jahren 1929–1932, hrsg. von T. Vogelsang, Stuttgart 1961.

Rosenberg, Alfred: Das politische Tagebuch Alfred Rosenbergs aus den Jahren 1934/35 und 1939/40, hrsg. von M.-G. Seraphim, Göttingen-Berlin-Frankfurt a. M. 1956.

Schacht, Hjalmar: Abrechnung mit Hitler, Hamburg-Stuttgart 1948.

Stephan, Werner: Acht Jahrzehnte erlebtes Deutschland. Ein Liberaler in vier Epochen, Düsseldorf 1983.

Weizsäcker, Ernst von: Erinnerungen, München-Leipzig-Freiburg i. Br. 1950.

–: Die Weizsäcker-Papiere 1900–1932, hrsg. von L. E. Hill, Berlin-Frankfurt a. M.-Wien 1982.

Winterfeldt-Menkin, Joachim v.: Jahreszeiten des Lebens. Das Buch meiner Erinnerungen, Berlin 1942.

Literatur

Aretin, Karl Otmar von: Der deutsche Widerstand gegen Hitler, in: U. Catarius (Hrsg.), Opposition gegen Hitler, Berlin 1984, S. 5 ff.

Asendorf, Manfred: Ulrich von Hassells Europakonzeption und der Mitteleuropäische Wirtschaftstag, in: Jahrbuch des Instituts für deutsche Geschichte 7 (1978), S. 387 ff.

Balfour, Michael: Withstanding Hitler in Germany 1933–45, London-New York 1988.

Becker, Heinrich/Dahms, Hans-Joachim/Wegeler, Cornelia (Hrsg.), Die Universität Göttingen unter dem Nationalsozialismus. Das verdrängte Kapitel ihrer 250jährigen Geschichte, München u. a. 1987.

Behrend, Hans-Karl: Die Besetzung der Landratsstellen in Ostpreußen, Brandenburg, Pommern und der Grenzmark von 1919 bis 1933, phil. Diss., Berlin 1956.

Benz, Wolfgang/Pehle, Walter H. (Hrsg.): Lexikon des deutschen Widerstandes, Frankfurt a. M. ²1994.

Boveri, Margret: Der Verrat im 20. Jahrhundert, Gesamtausg. Reinbek 1976.

Bracher, Karl Dietrich: Die deutsche Diktatur. Entstehung, Struktur, Folgen des Nationalsozialismus, Köln ⁵1976.

Bullock, Alan: The Plot that Failed, in: Manchester Guardian, 20. Juli 1954.

Colvin, Ian: Vansittart in office. An historical survey of the origins of the second world war based on the papers of Sir Robert Vansittart, London 1965.

Dehio, Ludwig: Gleichgewicht oder Hegemonie. Betrachtungen über ein Grundproblem der neueren Staatengeschichte, Krefeld o. J. [1948].

Deutsch, Harold C: Verschwörung gegen den Krieg. Der Widerstand in den Jahren 1939–1940, München 1969.

Dipper, Christof: Der Widerstand und die Juden, in: Schmädeke/Steinbach, Der Widerstand gegen den Nationalsozialismus, S. 598 ff.

Döscher, Hans-Jürgen: Das Auswärtige Amt im Dritten Reich. Diplomatie im Schatten der ‚Endlösung‘, Berlin 1987.

Draper, Theodore: An Old-Line German Monarchist in Hitler's Reich, in: New York Times Magazine, 12. Oktober 1947.

Erger, Johannes: Der Kapp-Lüttwitz-Putsch. Ein Beitrag zur deutschen Innenpolitik 1919/20, Düsseldorf 1967.

Felken, Detlef: Oswald Spengler. Konservativer Denker zwischen Kaiserreich und Diktatur, München 1988.

Fest, Joachim: Der Staatsstreich. Der lange Weg zum 20. Juli, Berlin 1994.

Fleischhauer, Ingeborg: Die Chance des Sonderfriedens. Deutschsowjetische Geheimgespräche 1941–1945, Berlin 1986.

Funke, Manfred: Sanktionen und Kanonen. Hitler, Mussolini und der internationale Abessinienkonflikt 1934–36, Düsseldorf ²1971.

Glück, Friedbert: Der Mitteleuropäische Wirtschaftstag. Beispiel organischer Entwicklungsarbeit, in: Theodor Zotschew (Hrsg.),

Wirtschaftswissenschaftliche Südosteuropa-Forschung. Grundlagen und Erkenntnisse, München 1963, S. 109 ff.

Görlitz, Walter: Hindenburg. Ein Lebensbild, Bonn 1953.

Graml, Hermann: Die außenpolitischen Vorstellungen des deutschen Widerstandes, in: Walter Schmitthenner/Hans Buchheim (Hrsg.), Der deutsche Widerstand gegen Hitler. Vier historisch-kritische Studien, Köln-Berlin 1966, S. 15 ff.

Greive, Hermann: Geschichte des modernen Antisemitismus in Deutschland, Darmstadt 1983.

Groeben, Klaus von der/Heide, Hans-Jürgen von der: Geschichte des Deutschen Landkreistages, Köln-Berlin 1981.

Harrison, Michael: Lord of London – a biography of the 2nd Duke of Westminster, London 1966.

Hass, Gerhart: Von München bis Pearl Harbor. Zur Geschichte der deutsch-amerikanischen Beziehungen 1938–1941, Berlin [Ost] 1965.

Hassell, Ulrich von [Senior]: Tirpitz. Sein Leben und Wirken mit Berücksichtigung seiner Beziehungen zu Albrecht von Stosch, Stuttgart 1920.

Hildebrand, Klaus: Die ostpolitischen Vorstellungen im deutschen Widerstand, in: Geschichte in Wissenschaft und Unterricht 29 (1978), S. 213 ff.

–: Das Dritte Reich, München [6]2003.

Hillgruber, Andreas: Sowjetische Außenpolitik im Zweiten Weltkrieg, Königstein/Ts.-Düsseldorf 1979.

Hintze, Otto: Die Hohenzollern und ihr Werk. Fünfhundert Jahre vaterländischer Geschichte, Berlin 1915.

Hofer, Walther: Die Entfesselung des Zweiten Weltkrieges. Eine Studie über die internationalen Beziehungen im Sommer 1939. Mit Dokumenten, Frankfurt a. M.-Hamburg 1960.

–: Das Attentat der Offiziere und das Ausland, in: Lill/Oberreuter, 20. Juli, S. 47 ff.

Hoffmann, Peter: Widerstand – Staatsstreich – Attentat. Der Kampf der Opposition gegen Hitler, München-Zürich [4]1985.

–: Peace through Coup d'Etat: The Foreign Office Contacts of the German Resistance 1939–1944, in: Central European History 19 (1986), S. 3 ff.

Holland, Carolsue: The foreign contacts made by the German opposition to Hitler, phil. Diss., Pennsylvania 1967.

Holzbach, Heidrun: Das „System Hugenberg". Die Organisation bürgerlicher Sammlungspolitik vor dem Aufstieg der NSDAP, Stuttgart 1981.

Jacobsen, Hans-Adolf: Nationalsozialistische Außenpolitik 1933–

1938, Frankfurt a. M.-Berlin 1968.

Kettenacker, Lothar (Hrsg.): Das „Andere Deutschland" im Zweiten Weltkrieg. Emigration und Widerstand in internationaler Perspektive, Stuttgart 1977.

Klein, Fritz: Zur Vorbereitung der faschistischen Diktatur durch die deutsche Großbourgeoisie (1929–1932), in: Zeitschrift für Geschichtswissenschaft 1 (1953), S. 872 ff.

Klemperer, Klemens von: Konservative Bewegungen. Zwischen Kaiserreich und Nationalsozialismus, München-Wien o. J.

–: Die verlassenen Verschwörer. Der deutsche Widerstand auf der Suche nach Verbündeten 1938–1945, Berlin 1994.

Kolb, Eberhard: Die Weimarer Republik, München [6]2002.

Kordt, Erich: Wahn und Wirklichkeit. Die Außenpolitik des Dritten Reiches. Versuch einer Darstellung, Stuttgart 1948.

Krengel, Rolf: Das Deutsche Institut für Wirtschaftsforschung (Institut für Konjunkturforschung), Berlin 1985.

Krüger, Peter: Die Außenpolitik der Republik von Weimar, Darmstadt 1985.

Lamb, Richard: The Ghosts of Peace 1935–1945, The Chantry u. a. 1987.

Liebe, Werner: Die Deutschnationale Volkspartei 1918–1924, Düsseldorf 1956.

Lill, Rudolf/Oberreuter, Heinrich (Hrsg.): 20.Juli. Portraits des Widerstands, Düsseldorf-Wien 1984.

Ludlow, Peter: Papst Pius XII., die britische Regierung und die deutsche Opposition im Winter 1939/40, in: VfZG 22 (1974), S. 299 ff.

Maley, Alexander B.: The Epic of the German Underground, in: Human Events, Bd. 3, Nr. 9, 27. Februar 1946.

Martin, Bernd: Friedensinitiativen und Machtpolitik im Zweiten Weltkrieg 1939–1942, Düsseldorf 1974.

Mau, Hermann/Krausnick, Helmut: Deutsche Geschichte der jüngsten Vergangenheit 1933-1945, Bonn o. J. [1953].

Messerschmidt, Manfred: Motivationen der nationalkonservativen Opposition und des militärischen Widerstandes seit dem Frankreich-Feldzug, in: Klaus-Jürgen Müller (Hrsg.), Der deutsche Widerstand 1933–1945, Paderborn u.a. 1986, S. 60 ff.

Meyer-Krahmer, Marianne: Carl Goerdeler und sein Weg in den Widerstand. Eine Reise in die Welt meines Vaters, Freiburg i. Br. 1989.

Michalka, Wolfgang: Ribbentrop und die deutsche Weltpolitik 1933–1940. Außenpolitische Konzeptionen und Entscheidungsprozesse im Dritten Reich, München 1980.

Mommsen, Hans: Verfassungs- und Verwaltungsreformpläne der

Widerstandsgruppen des 20. Juli, in: Schmädeke/Steinbach, Der Widerstand gegen den Nationalsozialismus, S. 570 ff.

–: Die Geschichte des deutschen Widerstands im Lichte der neueren Forschung, in: Aus Politik und Zeitgeschichte, B 50/1986, S. 3 ff.

–: Alternative zu Hitler. Studien zur Geschichte des deutschen Widerstandes, München 2000.

Petersen, Jens: Hitler-Mussolini. Die Entstehung der Achse Berlin-Rom 1933–1936, Tübingen 1973.

Poulain, Marc: Außenpolitik zwischen Machtpolitik und Dogma. Die deutsch-italienischen Beziehungen von der Jahreswende 1932/33 bis zur Stresa-Konferenz, phil. Diss., Frankfurt a. M. 1971.

Ritter, Gerhard: Carl Goerdeler und die deutsche Widerstandsbewegung (1954), Taschenbuchausg. München 1964.

Robertson, Esmonde: Zur Wiederbesetzung des Rheinlandes 1936, in: VfZG 10 (1962), S. 178 ff.

Roon, Ger van: Neuordnung im Widerstand. Der Kreisauer Kreis innerhalb der deutschen Widerstandsbewegung, München 1967.

Rothfels, Hans: Die deutsche Opposition gegen Hitler. Eine Würdigung (erweiterte Ausgabe 1969), Neuausg. Frankfurt a. M. 1986.

Schmädeke, Jürgen/Steinbach, Peter (Hrsg.): Der Widerstand gegen den Nationalsozialismus. Die deutsche Gesellschaft und der Widerstand gegen Hitler, München-Zürich 1985.

Schmidt, Gustav: England in der Krise. Grundzüge und Grundlagen der britischen Appeasement-Politik (1930–1937), Opladen 1981.

Schmidt, Otto: Umdenken oder Anarchie. Männer-Schicksale-Lehren, Göttingen 1959.

Schöllgen, Gregor: Wurzeln konservativer Opposition. Ulrich von Hassell und der Übergang vom Kaiserreich zur Weimarer Republik, in: Geschichte in Wissenschaft und Unterricht 38 (1987), S. 478 ff.

–: Ulrich von Hassell, in: Auswärtiges Amt (Hrsg.): Widerstand im Auswärtigen Dienst, Bonn [1994], S. 9–27.

–: Die Macht in der Mitte Europas. Stationen deutscher Außenpolitik von Friedrich dem Großen bis zur Gegenwart, München ²2000.

Schramm, Wilhelm Ritter von: Das andere Deutschland und der Wirtschaftsraum Europa, in: Wehr und Wirtschaft 7 (1964), S. 294 ff.

Schreiber, Georg: Ulrich von Hassell, Generalkonsul in Barcelona. Spanisch-Deutsche Wirtschaftsbeziehungen nach dem ersten Weltkrieg, in: Gesammelte Aufsätze zur Kulturgeschichte Spaniens, Bd. 11, hrsg. von J. Vincke, Münster 1955, S. 235 ff.

Schulz, Gerhard: Das Zeitalter der Gesellschaft. Aufsätze zur politischen Sozialgeschichte der Neuzeit, München 1969.

–: Nationalpatriotismus im Widerstand. Ein Problem der europäischen Krise und des Zweiten Weltkriegs – nach vier Jahrzehnten Widerstandsgeschichte, in: VfZG 32 (1984), S. 332 ff.

Spengler, Oswald: Preußentum und Sozialismus, München 1919.

Steinbach, Peter/Tuchel, Johannes (Hrsg.): Widerstand gegen den Nationalsozialismus, Berlin 1994.

–: Lexikon des Widerstandes 1933–1945, München ²1998.

Striesow, Jan: Die Deutschnationale Volkspartei und die Völkisch-Radikalen 1918–1922, Frankfurt a. M. 1981.

Thielenhaus, Marion: Zwischen Anpassung und Widerstand: Deutsche Diplomaten 1938–1941. Die politischen Aktivitäten der Beamtengruppe um Ernst von Weizsäcker im Auswärtigen Amt, Paderborn 1984.

Trevor-Roper, Hugh Redwald: Hitlers Kriegsziele, in: Wolfgang Michalka (Hrsg.), Nationalsozialistische Außenpolitik, Darmstadt 1978, S. 31 ff.

Triepel, Heinrich: Die Hegemonie. Ein Buch von führenden Staaten, Stuttgart ²1943.

Weber, Max: Gesammelte politische Schriften, hrsg. von J. Winckelmann, Tübingen ³1971.

Wendt, Bernd-Jürgen, Konservative Honoratioren – Eine Alternative zu Hitler? Englandkontakte des deutschen Widerstandes im Jahre 1938, in: Dirk Stegmann u.a. (Hrsg.), Deutscher Konservatismus im 19. und 20. Jahrhundert. Festschrift für Fritz Fischer, Bonn 1983, S. 347 ff.

Wheeler-Bennett, John W.: Die Nemesis der Macht. Die deutsche Armee in der Politik 1918–1945, Düsseldorf 1954.

Winkler, Heinrich August: Die deutsche Gesellschaft der Weimarer Republik und der Antisemitismus, in: Bernd Martin/Ernst Schulin (Hrsg.), Die Juden als Minderheit in der Geschichte, München 1981, S. 271 ff.

Wittmann, Klaus: Schwedens Wirtschaftsbeziehungen zum Dritten Reich 1933–1945, München-Wien 1978.

Zeller, Eberhard: Geist der Freiheit. Der zwanzigste Juli, München o. J. [1952].

Personenregister

Geschichte des Widerstands

Hans Mommsen
Alternative zu Hitler
Studien zur Geschichte des deutschen Widerstandes
2000. 424 Seiten. Paperback
Beck'sche Reihe Band 1373

Peter Steinbach/Johannes Tuchel (Hrsg.)
Lexikon des Widerstandes 1933–1945
2., überarbeitete und erweiterte Auflage. 1998. 251 Seiten.
Paperback
Beck'sche Reihe Band 1061

Peter Steinbach/Johannes Tuchel (Hrsg.)
Widerstand in Deutschland 1933–1945
Ein historisches Lesebuch
3., durchgesehene Auflage. 2000.
376 Seiten mit 8 Abbildungen. Paperback
Beck'sche Reihe Band 1282

Peter Hoffmann
Stauffenberg und der 20. Juli 1944
1998. 104 Seiten. Paperback
Beck'sche Reihe Band 2102
C. H. Beck Wissen

Freya von Moltke
Erinnerungen an Kreisau
1930–1945
2003. 138 Seiten mit 20 Abbildungen. Paperback
Beck'sche Reihe Band 1562

Karl Wilhelm Fricke/Peter Steinbach/Johannes Tuchel (Hrsg.)
Opposition und Widerstand in der DDR
Politische Lebensbilder
2002. 375 Seiten. Paperback
Beck'sche Reihe Band 1479

Verlag C. H. Beck München